BIBLIOTHÈQUE
DE PHILOSOPHIE CONTEMPORAINE

DE

L'INCONSCIENT

AU

CONSCIENT

PAR

LE Dʳ GUSTAVE GELEY

PARIS
LIBRAIRIE FÉLIX ALCAN
108, BOULEVARD SAINT-GERMAIN, VIᵉ

A LA MÊME LIBRAIRIE

OUVRAGES DU MÊME AUTEUR

Les preuves du transformisme *et les enseignements de la doctrine évolutionniste.* 1 vol in-8 avec planches......... 6 fr.

L'être subconscient. 4ᵉ édit., 1919. 1 vol. in-16...... 2 fr. 50

DE L'INCONSCIENT AU CONSCIENT

PAR

LE DOCTEUR GUSTAVE GELEY

PARIS
LIBRAIRIE FÉLIX ALCAN
108, BOULEVARD SAINT-GERMAIN, VIᵉ

1919
Tous droits de reproduction, de traduction et d'adaptation
réservés pour tous pays.

René PEROT

Nineteen hundred nineteen
Copyright by Gustave Grey

A Monsieur le Professeur Rocco SANTOLIQUIDO
DÉPUTÉ, CONSEILLER D'ÉTAT D'ITALIE,
GRAND OFFICIER DE LA LÉGION D'HONNEUR

*Je dédie ce livre,
avec respect, reconnaissance et affection.*
Dr GELEY.

PREFACE

BUT ET METHODE

Cet ouvrage est la suite logique de mes études sur *l'Etre Subconscient*.

Son but est de comprendre, dans une synthèse plus complète et plus vaste, l'évolution collective et l'évolution individuelle. Sa réalisation s'inspire du même procédé : exprimer les idées avec le plus de simplicité, le plus de clarté et le plus de concision qu'il soit possible ; éviter les longues analyses ou les développements ; écarter surtout les digressions faciles, à caractère imaginatif ou poétique.

J'ai voulu, avant tout, faire *œuvre de synthèse* et cette synthèse doit être considérée en elle-même, en dehors et au-dessus de détails négligés ou volontairement omis. Il n'est pas, en effet, une seule des questions envisagées qui ne nécessiterait, pour être approfondie, l'effort de toute une vie. C'est là l'œuvre propre des analystes et je la leur abandonne. La mienne est tout autre, puisqu'elle vise, avant tout, à la recherche idéale d'une vaste conception de philosophie générale, basée sur les faits.

Evidemment, une telle philosophie ne saurait avoir, dans l'état actuel des connaissances et de la conscience humaine, d'autre prétention que de constituer un essai, une ébauche ou, si l'on veut, un plan dont les grandes lignes et quelques détails sont seuls précisés.

De même qu'elle est forcément incomplète, cette philosophie ne saurait être pleinement originale. La plupart des solutions qu'elle propose, se retrouvent forcément, çà et là, plus ou moins nettes ou plus ou moins déformées, dans les divers systèmes naturalistes ou métaphysiques.

Dr GUSTAVE GELEY.

La conception générale de cet ouvrage est celle qui, après avoir inspiré la plupart des grands systèmes métaphysiques, a trouvé son exposition la plus nette et la plus concrète dans l'œuvre de Schopenhauer. Ses prémisses sont donc identiques ; mais son développement et ses conclusions sont totalement différents ; mon travail, en effet, tend précisément à combler l'abîme qui, pour Schopenhauer, sépare l'Inconscient du Conscient. De là, une interprétation tout autre de l'évolution universelle et individuelle. Cette interprétation, au lieu de conduire au pessimisme, guide, je ne dirai pas à l'optimisme (le terme étant déconsidéré et équivoque), mais à l'idéal invétéré de l'humanité, idéal conforme à ses espérances éternelles, les plus hautes et les plus sereines, de justice, de bonheur et de permanence individuelle.

Mais l'originalité vraie de la philosophie idéaliste que j'expose ici, la seule qu'elle revendique hautement, *c'est d'être scientifique*. Au lieu d'être enfermée dans un cadre dogmatique ou mystique, ou de tenir dans des formules purement intuitives ou aprioristiques, *elle est basée sur une démonstration positive*.

C'est à titre de philosophie scientifique, et à ce titre seulement, qu'elle doit être étudiée et discutée.

Pour édifier ma démonstration, je me suis efforcé de tenir compte de tous les faits connus, soit dans les sciences naturelles et la biologie générale, soit dans les données relatives à la constitution physiologique et psychologique de l'individu. Dans le choix des grandes hypothèses explicatives, j'ai recherché, avant tout, celles qui présentaient le double caractère d'être logiquement déduites des faits et capables de s'adapter à tous les faits d'un même groupe. Mon but constant a été d'arriver à des hypothèses de plus en plus vastes et de plus en plus générales ; jusqu'à découvrir, si possible, une hypothèse suffisamment vaste et suffisamment générale pour servir à l'interprétation globale de l'évolution individuelle et universelle.

Cette méthodologie générale ne saurait donner prise à la critique.

Mais j'ai été amené, peu à peu, par la force des choses, à inaugurer d'abord timidement, puis à adopter systématiquement, une méthodologie d'ordre secondaire, quoique néanmoins fort importante, sur laquelle je dois nécessairement m'expliquer dès maintenant.

En examinant les diverses sciences biologiques ou psychologiques, en étudiant les inductions, les déductions et les hypothèses classiques tirées de leurs données et admises par la généralité des savants contemporains, j'ai été frappé des très graves erreurs évidentes dues à l'oubli des principes de la méthodologie générale exposés ci-dessus.

Il n'est pas une seule des grandes hypothèses classiques sur l'évolution, sur la constitution de l'individu physique ou psychique, sur la vie et sur la conscience, qui soit capable de s'adapter à tous les faits évolutifs, à tous les faits physiologiques ou à tous les faits psychologiques; à plus forte raison n'en est-il aucune susceptible d'embrasser l'ensemble synthétique de l'évolution collective et individuelle.

Bien mieux, la plupart de ces hypothèses sont, évidemment et sûrement, en opposition, je le démontrerai, avec des faits bien établis.

Cherchant l'origine première et la cause de ces erreurs de généralisation, j'ai été amené à les trouver, avant tout, dans le *choix des faits primordiaux* sur lesquels ont été basées les inductions et les hypothèses qui constituent la charpente de la philosophie scientifique contemporaine. C'est que, dans toutes les sciences, mais spécialement en biologie et en psychologie, le choix des faits, en vue d'une explication synthétique, est susceptible de conduire à des méthodes antagonistes et par suite à des conceptions des choses divergentes et même opposées. On peut concevoir idéalement deux méthodes principales découlant ainsi du choix des faits.

La première de ces méthodes part du principe qu'il faut toujours, en sciences, aller du simple au complexe. Elle prend donc, comme point de départ, les faits les plus élémentaires, s'efforce de les comprendre ; puis passe aux phénomènes un peu plus complexes du même ordre, en leur appliquant la formule explicative déduite de l'étude approfondie des premiers et ainsi de suite, de la base au sommet.

La deuxième de ces méthodes part du principe qu'il n'existe, pour un ordre de faits quelconques, d'explication vraie que celle qui est susceptible de s'adapter à tous les faits de cet ordre. Elle cherchera, avant tout, une explication capable de s'appliquer aux phénomènes les plus complexes, car cette explication sera facilement étendue, *à fortiori*, aux phénomènes plus simples et moins élevés et sera forcément conforme à toutes les données acquises.

La méthode va ainsi du *sommet à la base*.

Il arrive fréquemment, bien entendu, que la seconde méthode aboutisse à une impossibilité. C'est que les données de fait sont insuffisantes. Elle avoue alors purement et simplement son impuissance et se réserve, dédaignant les petites explications de détails, forcément insuffisantes puisqu'elles n'envisagent qu'une face du problème.

De ces deux méthodes, la première, avant tout analytique, convient à la science pure. La deuxième, avant tout synthétique, est celle de la pure philosophie.

Or, quand il s'agit de questions ressortant à la fois de la science et de la philosophie, on doit se demander quelle est celle de ces deux méthodes qu'il faut adopter.

Une fois une vérité bien établie, il importe peu que l'explication connue des phénomènes divers parte de la base ou du sommet, soit ascendante ou descendante ; la synthèse étant assurée, il n'est plus possible de s'égarer. Mais lorsqu'il s'agit précisément de rechercher la vérité et d'asseoir la synthèse, il est indispensable de faire un choix et d'examiner avec soin quelle est la méthode la plus sûre et la plus féconde.

La première méthode est presque exclusivement employée. Son usage repose sur un dogme indiscuté de la science contemporaine. Voyons cependant d'un peu près, avant de nous décider, quelques-uns des premiers résultats, actuellement établis, qu'elle a donnés.

Dans l'étude philosophique des phénomènes de la vie, si l'on va du sommet à la base, de l'homme à l'animalité supérieure, de l'animalité supérieure à l'animalité inférieure, on est conduit à admettre que la conscience est ce qu'il y a de plus important dans la vie ; parce que c'est ce qu'il y a de plus important chez l'homme. Nous sommes donc amenés à trouver que la conscience, avec tout ce qui s'y rattache, s'étend, en se rétrécissant peu à peu, jusqu'aux animaux les moins évolués, chez lesquels elle existerait déjà à l'état d'ébauche.

Si, au contraire, nous allons de la base au sommet, la conclusion que nous devons tirer des phénomènes de la vie est tout opposée. C'est ce que Le Dantec, entre autres, s'est efforcé de faire ressortir (1).

Chez l'animal très inférieur, les réactions chimiques du milieu suffisent à déterminer les phénomènes vitaux. La méthode « ascendante » permet donc d'affirmer que dans tous les phénomènes de la vie, même chez les animaux supérieurs, il est inutile de chercher autre chose que le résultat de réactions chimiques. La forme spécifique d'un animal elle-même, nous le verrons, est, pour Le Dantec, simple fonction de ces réactions.

---

(1) Le Dantec : *Déterminisme biologique*.

Chez les plastides, existe un étroit déterminisme chimique et il n'y a pas de motif pour leur attribuer de la volonté ou de la liberté. Conclusion : le déterminisme biochimique est le même dans toute la série animale et la volonté ou la liberté, même chez l'homme, ne sont que des illusions.

La notion d'une conscience animale est superflue chez les plastides. Si donc elle existe chez les animaux supérieurs, ce n'est qu'à titre d'*épiphénomène* concordant aux réactions chimiques qui constitueraient le *phénomène* essentiel.

Enfin, l'animal très inférieur, tel que l'éponge ou le corail, n'étant, de toute évidence, qu'un simple complexus de vies élémentaires, on doit en inférer que même l'animal très complexe et très évolué, très centralisé en apparence, n'est cependant lui-même qu'un complexus analogue, existant et se maintenant de lui-même par affinité ou cohésion moléculaires, sans le secours d'un dynamisme supérieur et indépendant.

Tel est le raisonnement et telles sont les conclusions de la méthode « ascendante ». Ces conclusions sont-elles vraies ou sont-elles fausses ?

Le raisonnement est rigoureux et impeccable. Si les conclusions sont fausses, c'est seulement parce que la méthode est mauvaise.

Nous verrons, en réalité, par toute la suite de cet ouvrage, que, en dépit de la rigueur du raisonnement, les résultats de la méthode sont inacceptables et souvent absurdes.

C'est ce qu'il est facile d'établir dès maintenant, sans sortir du domaine de la biologie. Voici un exemple d'induction absurde et inévitable de la méthode ascendante : celui de la sensibilité.

Nous connaissons par expérience que nous sommes possesseurs de la sensibilité. Nous en induisons que la sensibilité appartient à l'humanité. Partant de ce sommet pour descendre l'échelle animale, nous jugeons que l'animal supérieur possède également la sensibilité, parce que ses manifestations de douleur ou de plaisir se rapprochent de nos propres manifestations.

Si nous continuons à descendre l'échelle animale, les manifestations sont moins nettes et, pour les animaux inférieurs, deviennent d'une interprétation douteuse.

« Les signes de la douleur, dit Richet (1), ne suffisent pas à affirmer la douleur. Qu'à une grenouille décapitée on pince la patte : elle se débattra, avec tous les signes extérieurs de la douleur, tout à fait comme si elle souffrait. Qu'on coupe en deux un lombric, les deux tronçons vont se débattre convulsivement. Dira-t-on qu'ils souffrent tous les deux, ou bien ce qui me paraît beaucoup plus rationnel, ne pensera-t-on pas que le traumatisme a déterminé une violente action réflexe? »

Donc, si nous attribuons de la sensibilité aux êtres les moins élevés de l'échelle animale, c'est par une induction descendante. Notre raisonnement va du sommet à la base.

Suivons la marche inverse : si nous examinons d'abord, en faisant abstraction de notre expérience personnelle, des animaux très inférieurs, nous serons portés logiquement à leur dénier la sensibilité, puisque toutes leurs réactions peuvent s'expliquer par des réflexes.

La sensibilité au plaisir ou à la douleur est, chez eux, une *hypothèse inutile*, et conformément au principe méthodologique de l'économie des hypothèses, elle doit être écartée.

Mais alors, pourquoi admettre cette sensibilité chez les animaux plus élevés? Tout peut aussi s'expliquer par des réflexes. Comme dit Richet (1), le cri d'un chien que l'on

---

(1) RICHET : *Psychologie générale.*

frappe peut n'être à la rigueur qu'un mouvement réflexe ! Et ce raisonnement n'est pas absurde, puisque c'était précisément celui des Cartésiens. Cependant, poussé jusqu'à la négation de la sensibilité humaine, il devient insoutenable. Il incite alors à mettre, comme Descartes, l'homme en dehors de l'animalité ; ce qui est évidemment une grossière et dangereuse erreur.

Donc, la méthode qui consiste à partir de la base pour expliquer l'un des phénomènes vitaux essentiels est prise en flagrant délit d'erreur. Elle est donc suspecte pour tous les autres. Sans doute, objectera-t-on, la méthode contraire peut aussi induire en erreur : « Témoin, dit Le Dantec (1), la fameuse observation de Carter, dans laquelle une amibe *guettait* à la sortie du corps maternel une jeune acinète sur le point d'éclore. L'acinète est un protozoaire muni, à l'état adulte, de tentacules vénimeux particulièrement dangereux pour l'amibe ; mais ces tentacules n'existent pas chez l'acinète jeune et l'amibe observée par Carter *savait* (!!) que la jeune acinète qui allait sortir du corps de sa mère serait comestible pendant les premiers temps de son existence. »

L'erreur est comique ; mais qui ne voit de suite qu'elle est absolument insignifiante au point de vue philosophique et qu'elle disparaît d'elle-même devant les connaissances nouvelles relatives à l'instinct. Cette erreur, ne portant que sur un point de détail, n'atteint en rien l'induction descendante qui accorde une conscience relative à toute l'animalité.

Même si c'était arbitrairement que l'induction s'étendait à l'animalité inférieure, cela serait sans importance : il n'y a pas d'inconvénient sérieux à attribuer à cette animalité, fut-ce arbitrairement, une conscience et une sensibilité rudimentaires.

Au contraire, les erreurs de la méthode ascendante sont

---

(1) LE DANTEC : *Le Déterminisme biologique.*

formidables, puisqu'elles iraient jusqu'à refuser aux animaux supérieurs cette conscience et cette sensibilité !

On voit combien Auguste Comte avait raison quand il disait : « Dès qu'il s'agit des caractères de l'animalité, nous devons partir de l'homme, et voir comment ils se dégradent peu à peu, plutôt que de partir de l'éponge et de chercher comment ils se développent. La vie animale de l'homme nous aide à comprendre celle de l'éponge, mais la réciproque n'est pas vraie ».

De la biologie, passons à la psychologie. Considérons, par exemple, les phénomènes dits de subconscience qui tiendront une si large place dans mon travail.

Là, surtout nous verrons étalée l'opposition entre les deux méthodes.

Dans une étude parue dans les *Annales des sciences psychiques*, j'avais préconisé la méthode synthétique, pour l'étude philosophique des phénomènes de subconscience. Je m'étais efforcé de montrer que, seule, l'étude des phénomènes les plus complexes permettrait de comprendre l'ensemble de la question ; tandis que l'étude, si approfondie fut-elle, des phénomènes élémentaires, serait toujours incapable d'apporter le moindre éclaircissement. Je concluais que, au point de vue philosophique bien entendu, seules étaient vraiment capitales l'étude et la compréhension des phénomènes supérieurs. (1)

Cet exposé méthodologique m'a valu de vives attaques, spécialement de la part de M. Boirac (2).

M. Boirac, comme faisait Le Dantec pour les phéno-

---

(1) Il faut remarquer expressément que, en ce qui concerne le subconscient, phénomènes élémentaires et phénomènes complexes sont également inexpliqués. Que l'on prenne les uns ou les autres pour point de départ, on va toujours *de l'inconnu à l'inconnu*. Le principe cartésien ne saurait donc être objecté à notre méthode.

(2) BOIRAC : *Annales des Sciences psychiques*, « et *L'Avenir des études psychiques*. ».

mènes biologiques, affirme que l'on doit étudier et interpréter, de la base au sommet, les phénomènes élémentaires d'abord, puis les phénomènes de plus en plus complexes.

A l'appui de son idée, il apporte la comparaison suivante : vouloir comprendre les phénomènes subconscients élevés, avant de comprendre les plus élémentaires, est aussi illogique que de vouloir comprendre le phénomène de la foudre en boule avant d'avoir compris les principes élémentaires de l'électricité.

A cela je pourrais répondre que c'est autre chose d'étudier les phénomènes de l'électricité et même les soumettre à des applications pratiques, et autre chose de comprendre l'essence de l'électricité. Notre *compréhension de l'électricité, notre compréhension philosophique* ne repose et ne reposera que sur des hypothèses provisoires, tant qu'on n'en aura pas compris les manifestations les plus complexes.

Aussi bien, rien de plus facile que d'opposer comparaison à comparaison ! En voici une autre que j'emprunterai à J. Loeb :

« Heureux les physiciens, s'écriait Loeb, de n'avoir jamais connu la méthode de recherches des coupes et des colorations ! Que fut-il advenu si, par fortune, une machine à vapeur fût tombée dans les mains d'un physicien histologiste ? Que de milliers de coupes, en surface et en épaisseur, diversement colorées et recolorées, que de dessins, que de figures, sans arriver sans doute à apprendre que la machine est une machine à feu et qu'elle sert à transformer la chaleur en mouvement ! » (Cité par Dastre).

Cette comparaison met en lumière le caractère distinctif des deux méthodes :

La méthode d'analyses restreintes, d'études approfondies de détails a une grande importance scientifique ; elle est sans valeur philosophique. La méthode de synthèse générale est la seule qui importe à la philosophie scientifique, parce que seule elle fait ressortir ce qu'il y a de vraiment important dans un ordre de faits.

Ce qu'il a de vraiment important, dans la machine à vapeur, c'est la chaudière et le mécanisme moteur. Quand on aura compris ce mécanisme, il ne sera vraiment pas difficile de comprendre le rôle des pièces accessoires, des roues et des freins. Mais ce serait folie de vouloir comprendre la locomotive par une étude, si complète fût-elle, d'un boulon détaché de la machine ou d'un rayon d'une roue !

Aux « physiciens histologistes » font évidemment pendant les psychistes cantonnés dans l'étude systématique des petits faits. Les uns et les autres aboutissent à la même impuissance.

Je conclus : *au point de vue philosophique* (le seul auquel je me place), dans un ordre de faits donné, seule importe la compréhension des faits les plus élevés, parce qu'elle comporte, *à fortiori*, celle de tous les autres. Seule, par conséquent, est féconde la méthode descendante qui part systématiquement de ces faits élevés.

Du reste, on juge l'arbre à ses fruits : c'est grâce à cette méthode, nous le verrons, qu'on arrive à expliquer tous les phénomènes de la vie et de la conscience, toute l'évolution collective et individuelle, à comprendre même le sens de l'univers.

Avec la méthode analytique et ascendante, au contraire, on ne voit rien, on n'arrive à rien, sinon à des erreurs de généralisation formidables, celles qui ont vicié toute la philosophie contemporaine ; quand toutefois l'on ne se perd pas purement et simplement dans un verbalisme insignifiant.

En voulant tirer, de phénomènes élémentaires, des enseignements généraux, on en arrive à dénier aux animaux la sensibilité et à réduire la conscience au rôle d'épiphénomène.

En prenant comme base, dans l'étude des faits psychologiques, les petites manifestations hypnoïdes ou hystériformes, on n'aboutit qu'à ramener toute la psychologie subconsciente même supérieure, à l'automatisme ou à la suggestibilité.

Pire encore, par fidélité aveugle à une méthode stérilisante, de très bons esprits sont fatalement voués à l'impuissance et gaspillent leur temps et leur peine à fabriquer ou à renouveler des étiquettes : à défaut de l'idée générale qui se dérobe, ils inventent le pythiatisme ou la métagnomie...

La méthode que nous avons choisie nous offre, comme guides, deux criteriums essentiels, *un criterium critique et un criterium pratique*.

Le critérium critique nous permettra de considérer comme fausse et de rejeter, sans plus ample examen, toute explication ou hypothèse qui, dans un ordre de faits connexes, ne s'adapte qu'à une partie de ces faits et non à tous les faits, spécialement aux plus complexes.

Le critérium pratique nous imposera, dans un ordre de faits connexes, l'étude systématique et immédiate des faits les plus élevés et les plus complexes.

Qu'il s'agisse de l'évolution universelle et des théories naturalistes, de l'individualité physiologique ou psychologique, ou même des plus hautes questions philosophiques, nous nous attaquerons, tout d'abord, aux faits les plus importants, qui sont les seuls importants ; négligeant momentanément la poussière des faits élémentaires et simples, qui s'expliqueront d'eux-mêmes ensuite.

Au lieu de piétiner dans cette menue poussière des faits élémentaires qui retarde indéfiniment, en l'obscurcissant, la marche ascendante, nous nous élancerons, par bonds, sur les sommets ; d'où nous pourrons ensuite, après nous être instruits par un large regard d'ensemble sur tout le domaine accessible, redescendre à loisir et sans peine, pour en explorer tous les recoins.

Notre travail est tout naturellement divisé en deux parties principales :

Le livre Ier est une étude critique des théories classiques relatives à l'évolution, à l'individualité physiologique, à l'individualité psychologique et aux principales philosophies évolutives ; en même temps qu'un aperçu des inductions essentielles du livre II.

Le livre IIe est l'exposé même de notre philosophie scientifique.

LIVRE PREMIER

L'UNIVERS ET L'INDIVIDU

D'APRES LES THEORIES SCIENTIFIQUES

ET PHILOSOPHIQUES CLASSIQUES

(Etude Critique)

PREMIERE PARTIE

LES THEORIES NATURALISTES CLASSIQUES DE L'EVOLUTION

LES THEORIES NATURALISTES CLASSIQUES

DE L'EVOLUTION

AVANT-PROPOS

Si l'évolution, considérée dans son ensemble, constitue aujourd'hui l'une des grandes hypothèses scientifiques les mieux établies, elle présente encore néanmoins, dans sa systématisation et dans sa philosophie, de sérieuses difficultés.

Le principe même de l'évolutionnisme, basé sur les preuves capitales tirées des sciences naturelles, défie toute réfutation tentée de bonne foi.

Par contre il est, dans la doctrine transformiste, telle qu'elle a été enseignée jusqu'à présent, des points faibles, de graves lacunes sur lesquelles spéculent ses adversaires. Ne pouvant plus ou n'osant plus attaquer l'évolutionnisme de front, ils gardent ainsi l'espoir d'en venir à bout par des voies détournées.

Il ne serait donc pas seulement puéril, il serait dangereux, au point de vue philosophique, de nier ou de dissimuler ces points faibles ou ces lacunes. Il importe, au contraire, en les mettant en pleine lumière, de chercher leur raison d'être et leur explication.

Les objections faites à l'évolutionnisme ne sont pas, je le répète, des objections de principe. Elles ne visent pas le fait même de l'évolution. Elles sont néanmoins redoutables, parce qu'elles ébranlent les deux piliers sur lesquels on avait basé le transformisme, c'est-à-dire ses notions classiques de *causalité* et de *modalité*.

C'est tout le mécanisme de l'évolution qui se trouve être maintenant sujet à révision. Ce mécanisme, on le sait, relevait de deux grandes hypothèses : l'hypothèse darwinienne et l'hypothèse lamarckienne.

L'hypothèse darwinienne attribuait un rôle essentiel à la *sélection naturelle*, c'est-à-dire à la survivance des plus aptes dans la lutte pour la vie ; les plus aptes étant ceux qui se distinguent de leurs congénères par un avantage physique ou psychologique relativement aux nécessités vitales ambiantes, et cet avantage étant apparu par hasard.

L'hypothèse lamarckienne accordait un rôle capital à *l'influence du milieu*, à l'usage ou au non usage des organes ; au besoin, créateur de nouvelles fonctions et de nouveaux organes.

Ces deux causes classiques, parfaitement conciliables ou même complémentaires l'une de l'autre, impliquaient nécessairement la notion de *modifications lentes, insensibles et innombrables*, pour la formation progressive des diverses espèces, depuis la ou les formes primitives et élémentaires jusqu'à l'homme.

A ces deux hypothèses générales sont venues s'ajouter, de nos jours, d'innombrables théories secondaires, destinées soit à établir des lois particulières, telles que celles de l'hérédité ; soit à combattre les objections, sans cesse renaissantes et multipliées, que l'analyse rigoureuse des faits apportait à la conception classique du transformisme.

Parmi ces théories, les unes se rattachent au **darwinisme**, les autres au **lamarckisme**, les autres eclectiquement aux deux systèmes. Les unes ne comportent que des explications purement mécaniques ; les autres s'élèvent aux conceptions dynamiques ; quelques unes enfin empiètent sur le domaine métaphysique (1).

Sur toutes, on peut porter le même jugement d'ensemble : elles font preuve d'une ingéniosité prodigieuse et d'une impuissance plus prodigieuse encore.

Je ne discuterai ni ces théories, ni leurs explications prétendues des difficultés du transformisme.

Les arguments innombrables, pour ou contre le transformisme, pour ou contre le naturalisme classique, qu'on a invoqués çà et là, ne sauraient comporter, tant qu'ils restent d'ordre secondaire, de conviction, ni de conclusion.

Fidèle à la méthode que j'ai exposée ci-dessus, *je négligerai ces arguments de détails et considérerai seules, immédiatement et directement, les difficultés essentielles et primordiales*, c'est-à-dire les seules difficultés réelles du transformisme. Peu importent les imperfections secondaires de l'édifice naturaliste ; il s'agit de voir si le corps même de cet édifice, sa charpente et ses clés de voûte, sont solides ou débiles.

Les difficultés capitales du transformisme classique sont au nombre de cinq.

En voici l'énumération :

1° *Les facteurs classiques sont impuissants à faire comprendre l'origine même des espèces.*

2° *Les facteurs classiques sont impuissants à faire comprendre l'origine des instincts.*

3° *Les facteurs classiques sont incapables d'expliquer les transformations brusques créatrices de nouvelles espèces.*

4° *Les facteurs classiques sont incapables d'expliquer*

---

(1) Consulter surtout DELAGE et GOLDSMITH : *Les théories de l'Evolution* (Flammarion, éditeur). — DEPERET : *Les transformations du monde animal*.

« *la cristallisation* » *immédiate et définitive des caractères essentiels des nouvelles espèces ou des nouveaux instincts ;* le fait que ces caractères, dans leurs grandes lignes, sont acquis très rapidement et, une fois acquis, restent immuables.

5° *Les facteurs classiques sont impuissants à résoudre la difficulté générale d'ordre philosophique relative à l'évolution qui, du simple fait sortir le complexe et du moins fait sortir le plus.*

Etudions successivement ces cinq difficultés essentielles.

PREMIERE PARTIE

CHAPITRE PREMIER

LES FACTEURS CLASSIQUES SONT IMPUISSANTS A FAIRE COMPRENDRE L'ORIGINE MÊME DES ESPECES

Il n'est pas malaisé de faire ressortir que ni l'hypothèse darwinienne, ni l'hypothèse lamarckienne ne peuvent faire comprendre l'*origine* des caractères constitutifs d'une espèce nouvelle

L'hypothèse darwinienne d'abord :

La sélection naturelle, considérée comme facteur essentiel du transformisme, se heurte à de grosses objections, objections de principe et objections de fait. Il est inutile de les discuter toutes, car il suffit d'une seule de ces objections, la plus grave, pour démontrer l'impuissance du système. La voici :

Pour qu'une modification quelconque, survenue dans la caractéristique d'une espèce ou d'un individu, donne, à cette espèce ou à cet individu, un avantage appréciable dans la lutte pour la vie, il faut, de toute évidence, que cette *modification soit assez marquée pour être utilisable.*

Or, un organe embryonnaire, une modification à l'état d'ébauche seulement, apparus *par hasard* chez un être ou un groupe d'êtres ne leur peuvent être d'aucune utilité pratique et ne leur donnent aucun avantage (1).

---

(1) Inutile d'insister, d'autre part, sur ce qu'il y a d'antiscientifique et d'antiphilosophique à faire du hasard, le facteur principal de l'évolution.

L'oiseau provient du reptile. Or, un embryon d'aile, apparu par hasard, on ne sait pourquoi ni comment, chez le reptile ancestral, ne pouvait pas donner à ce reptile la capacité et les avantages du vol et ne lui fournissait aucune supériorité sur les autres reptiles, dépourvus de ce rudiment inutilisable.

Il est donc impossible d'attribuer à la sélection naturelle le passage du reptile à l'oiseau.

Le batracien provient du poisson. Ce n'est pas douteux puisque nous voyons cette évolution se renouveler pendant la vie du têtard, par une série de changements successifs, perfectionnant le cœur, faisant apparaître le poumon, donnant naissance aux pattes, etc.

Mais une ébauche de pattes et de poumons ne donne aucune supériorité au poisson qui la posséderait. Pour avoir un avantage sur ses congénères, il est indispensable que son cœur, ses poumons, ses organes locomoteurs soient déjà suffisamment développés pour lui permettre de vivre hors de l'eau ; comme le fait, cette évolution achevée, et à ce moment seulement, le têtard de la grenouille.

Les transformations embryonnaires de l'insecte sont plus frappantes encore. Il y a un tel abîme entre l'anatomie et la physiologie de la larve et celles de l'insecte parfait, qu'il est évidemment impossible de trouver, dans la sélection naturelle, l'explication de l'évolution ancestrale (1).

Comprenant toute la valeur de l'objection, certains néodarwiniens n'ont pas hésité à faire appel à la théorie la-

---

(1) La larve de l'insecte ne représente pas exactement l'insecte primitif, car elle a subi des changements importants, par suite d'adaptations nécessitées par ses modes d'existences. Mais, même si l'on fait abstraction de ces modifications secondaires, on constate un abîme énorme entre ce qu'était l'insecte primitif et ce qu'est l'insecte évolué.

marckienne de l'influence du milieu et à placer l'origine des modifications créatrices de nouvelles espèces *dans une association d'influence de l'adaptation et de la sélection*.

Cette théorie, *dite de la sélection organique*, a été formulée par Baldwin et Osborn en Amérique, et Lloyd Morgan en Angleterre. Elle peut se résumer ainsi :

Si la variation apparue par hasard se trouve coïncider ou concorder avec une variation identique due à l'influence des conditions ambiantes, cette variation se trouve *amplifiée par cette double influence*. Dès lors, elle pourra être assez marquée pour donner prise à la sélection.

Delage et Goldsmith objectent à cette théorie :

« Si la variation innée est trop peu marquée au début pour présenter quelque avantage et si c'est à l'adaptation ontogénétique que revient, dans la constitution définitive de l'animal, le plus grand rôle, cette adaptation se produit aussi bien chez les individus présentant la variation innée en question que chez ceux qui en sont dépourvus.

Alors l'appoint apporté par la variation générale suffira-t-il pour assurer la survie des uns au détriment des autres ? Il est plus probable que non, car, s'il en était autrement, cette variation aurait suffi à elle seule ».

On peut faire à la théorie une objection plus catégorique encore : en admettant même que la variation originelle soit amplifiée et doublée, triplée même si l'on veut, ce n'en sera pas moins *une très petite variation*. Elle n'expliquera donc jamais l'apparition de certaines formes de vie, telles que la forme oiseau. Un embryon d'aile, fût-il même exubérant, n'en est pas moins un embryon inutilisable et ne donnant aucune supériorité au reptile ancestral.

En réalité, cette théorie de la sélection organique n'ajoute rien à la doctrine lamarckienne que nous allons étudier maintenant :

D'après cette doctrine, c'est l'adaptation à de nouveaux milieux qui amène la formation de nouvelles espèces. L'origine de la modification créatrice n'est pas due au hasard, mais au besoin. Le développement ultérieur des nouveaux organes caractéristiques provient alors de l'usage répété de ces organes et leur atrophie du non usage.

Il se produit ainsi, par des séries d'adaptations, des séries de variations correspondantes, d'abord minimes, mais s'accumulant pour produire les principales transformations.

La théorie lamarckienne a été adoptée par la grande majorité des naturalistes contemporains, qui s'efforcent de ramener tout le transformisme à l'influence du milieu.

Les systèmes de Cope (1), de Packard (2), en Amérique, de Giard et Le Dantec, en France, sont des systèmes lamarckiens.

Packard a résumé, dans les lignes suivantes, quelles sont, d'après lui, les causes des variations :

« Le néolamarckisme réunit et reconnaît les facteurs de l'école de Saint-Hilaire et ceux de Lamarck, comme contenant les causes les plus fondamentales de variation ; il y ajoute l'isolement géographique ou la ségrégation (Wagner et Gulick), les effets de la pesanteur, des courants d'air et d'eau, le genre de vie, fixe, sédentaire ou, au contraire, active ; les résultats de tension et de contact (Payder, Cope et Osborn), le principe du changement de fonction comme amenant l'apparition de nouvelles structures (Dohrn), les effets du parasitisme, du commensalisme et de symbiose, bref du milieu biologique, ainsi que la sélection naturelle et sexuelle et l'hybridité. » En somme tous les facteurs primaires concevables.

---

(1) COPE : *The primary faction of organic evolution.*
(2) PACKARD : *Lamarck, the founder of evolution ; his life and work.*

Cope s'est spécialement efforcé de faire comprendre l'apparition des variations par l'action de ces facteurs primaires. Il attribue aux variations deux causes essentielles : la première est l'action directe du milieu environnant, de tous les facteurs énumérés ci-dessus. Cope l'appelle du nom général de *physiogénèse*. La deuxième est l'influence de l'usage ou du non usage des organes, des réactions physiologiques qui se produisent dans l'être, en réponse aux excitations du milieu ambiant. Cope l'appelle la *cinétogénèse*.

Cette deuxième cause serait capitale et Cope en fait ressortir l'importance par l'étude de la paléontologie. Les exemples qu'il donne à l'appui de sa thèse sont innombrables. L'un des plus connus est la formation du pied, par adaptation à la course, des quadrupèdes plantigrades et surtout digitigrades avec la réduction progressive si caractéristique du nombre des doigts chez ces derniers (le cheval, par adaptation à la course, ne possède plus qu'un seul doigt, le médian, très hypertrophié et terminé par une épaisse couche de corne, et deux métacarpiens rudimentaires, accessibles seulement par la dissection ; mais l'on voit la réduction du nombre et du volume des doigts latéraux s'effectuer dans les séries évolutives de ses ancêtres).

La formation des articulations du pied et de la main des mammifères est également typique.

« Celle du pied, qui est très résistante, présente deux saillies de l'astragale, premier os du pied, entrant dans deux fossettes correspondantes du tibia, et une saillie de ce dernier os pénétrant dans une fossette de l'astragale. Cette structure n'existe encore ni chez les vertébrés inférieurs, comme les reptiles, ni chez les mammifères ancêtres de chacune des grandes branches actuelles ; elle s'est formée peu à peu grâce à un certain mode de mouvement et à une certaine attitude de l'animal .

« Les parois externes de ces os étant formées de matériaux plus résistants que leurs parties centrales, voici ce qui a dû se produire : l'astragale est plus étroit que le tibia qui repose sur lui ; aussi les parties périphériques, plus résistantes, du premier os se trouvaient-elles en face non des parties également résistantes du second, mais de ses parties relativement dépressibles ; celles-ci, soumises à cette pression ont subi une certaine résorption de leur substance, et des fossettes, correspondant aux deux bords de l'astragale, se sont formées. C'est exactement ce qui se produirait si on disposait d'une façon analogue quelques matières inertes plus ou moins plastiques et qu'on exerçât sur elles une pression continue.

« La fossette du milieu du bord supérieur de l'astragale tient à une cause du même genre. Ici, l'extrémité inférieure, relativement peu résistante, du tibia, repose sur une région aussi peu résistante de l'astragale ; ce qui agit, ce sont les secousses continuelles. La conséquence de ces secousses doit être de faire prendre aux parties malléables de l'os, la forme indiquée par la direction de la pesanteur : il se formera une protubérance en haut et une excavation en bas. C'est exactement ce qui s'est produit pour le tibia et l'astragale. Depuis l'époque tertiaire, jusqu'à nos jours, nous pouvons suivre la formation de cette articulation : d'abord un astragale plan (chez le *Periptychus rhabdodon* du Mexique, par exemple), puis une petite concavité qui s'accentue peu à peu pour former une véritable fossette (chez le *Poebrotherium labiatum* du Colorado), enfin une protubérance pénétrant dans une concavité du tibia venant compléter cette articulation (elle apparaît chez le *Prothippus sejunctus*, ancêtre du cheval actuel) » (Cité par Delage et Goldsmith).

Toutefois Cope ne se borne pas à ces conceptions mécanistes. Il admet, dans l'évolution, une sorte « d'énergie de croissance, » d'ailleurs mal déterminée, qu'il appelle

« *bathmisme* », énergie qui se transmettrait par les cellules germinales, et constituerait un véritable dynamisme vital. Le dynamisme vital ferait seul comprendre comment « la fonction fait l'organe ».

Par contre, Le Dantec, qui soutient également la doctrine lamarckienne, reste fidèle au mécanisme pur. Il base l'évolution sur ce qu'il a appelé « *l'assimilation fonctionnelle* ». D'après ce système, la substance vivante *au lieu de s'user, de se détruire*, par son fonctionnement même, comme l'enseignaient les physiologistes de l'école de Cl. Bernard, se *développe*, au contraire, par ce fonctionnement. Ce qui s'use et se dépense, ce sont simplement les matériaux de réserve, tels que la graisse, le sucre des tissus, etc. ; mais la matière vivante elle-même, celle du muscle, par exemple, s'accroît par l'usage.

C'est grâce à cette « assimilation fonctionnelle » que se font l'adaptation aux milieux et la progression consécutive.

Quoi qu'il en soit, de toute évidence, la doctrine lamarckienne est infiniment plus satisfaisante que la doctrine darwinienne.

L'est-elle complètement ? Pas du tout.

Elle peut rendre compte de l'apparition d'une foule de détails organiques secondaires, de modifications plus ou moins importantes, telles que l'atrophie des yeux de la taupe, l'hypertrophie du doigt médian des équidés ou la structure spéciale des articulations du pied.

Mais elle est sûrement fausse, en tant que théorie générale, parce *qu'elle est impuissante à faire comprendre les faits les plus importants*.

Elle n'explique *pas les grandes transformations* que nous avons envisagées dans la critique de l'hypothèse darwinienne.

En face des grandes transformations, le lamarckisme

est aussi impuissant que le darwinisme, parce que ces transformations impliquent des changements radicaux et pour ainsi dire immédiats et non une accumulation de modifications minimes et lentes.

Le passage de la vie aquatique à la vie terrestre, de la vie terrestre à la vie aérienne, *ne peut absolument pas être envisagé comme le résultat d'une adaptation.*

Les espèces ancestrales, adaptées à des milieux très spéciaux, *n'avaient nul besoin d'en changer et*, en auraient-elles senti le besoin, *elles ne l'auraient pas pu.*

Comment le reptile, ancêtre de l'oiseau, aurait-il pu *s'adapter à un milieu qui n'était pas le sien* et ne pouvait devenir le sien qu'après le passage de la forme reptile à la forme oiseau.

Il ne pouvait, avant d'avoir des aîles, des aîles utiles et non embryonnaires, avoir une vie aérienne et s'y adapter.

Un raisonnement identique s'applique naturellement au passage du poisson au batracien.

Mais où l'impossibilité des transformations par adaptation apparaît plus évidente encore, c'est dans l'évolution de l'insecte. Il n'y a aucun rapport entre la biologie de la larve représentant, au moins dans une certaine mesure, l'état primitif de l'insecte ancestral et la biologie de l'insecte parfait. On n'arrive même pas à concevoir par quelles mystérieuses séries d'adaptations un insecte, habitué à la vie larvaire, sous terre ou dans les eaux, aurait pu arriver progressivement à se créer des aîles pour une vie aérienne, qui lui était fermée et même sans doute inconnue.

Quand, de plus, on pense que ces séries mystérieuses d'adaptations se seraient réalisées, non pas une fois, exceptionnellement, par une sorte de « miracle naturel », mais autant de fois qu'il y a de genres d'insectes ailés, on abandonne toute espérance de rattacher l'apparition de leurs espèces aux facteurs lamarckiens, comme on a rejeté l'idée de les attribuer aux facteurs darwiniens.

C'est l'évidence même. Plate, lui-même, avait bien compris l'impossibilité de ces transformations formidables par adaptation, quand il écrivait : « par le fait même qu'un animal appartient à un certain groupe, les possibilités de variations se trouvent restreintes, et, dans beaucoup de cas, réduites à des limites très étroites ».

Ainsi donc, lamarckisme et darwinisme sont également impuissants à donner une explication générale, adaptable à tous les cas, de l'apparition des espèces.

Si la plupart des transformistes ne le comprennent pas encore, il en est pourtant un certain nombre qui l'avouent et s'efforcent de trouver ailleurs le facteur évolutif supérieur capable de supprimer les difficultés inhérentes au naturalisme classique :

Certains néo-lamarckiens, par exemple, tels que Pauly, attribuent aux éléments de l'organisme, à l'organisme lui-même, aux végétaux et aux minéraux, une sorte de conscience profonde. Cette conscience profonde serait à l'origine de toutes les modifications et de toutes les adaptations. Il y aurait, à tous les degrés de l'échelle évolutive, un *effort continu et voulu d'adaptation.*

Naegeli est plus catégorique encore : d'après lui, les organismes comprennent deux sortes de plasmas : le plasma nutritif, propre à toutes les espèces et non différencié, non spécifique et le plasma spécifique ou idioplasma.

Or, cet idioplasma contiendrait en lui, non seulement les « faisceaux micelliens » qui le caractérisent, mais aussi *une tendance évolutive interne avec toutes les capacités, toutes les potentialités de transformation et de perfectionnement.* Cette potentialité aurait existé dès la première origine de la vie, dans les premières formes vivantes. Les facteurs extérieurs ne feraient dès lors que faciliter l'adaptation ; mais ils seraient incapables, à eux seuls, de provoquer l'évolution.

Ils n'agiraient que pour aider, favoriser et soumettre à leur rythme particulier cette évolution.

Ces conceptions de Naegeli sont extrêmement intéressantes. Elles aboutissent, somme toute, à cette conclusion que l'évolution s'est effectuée, *non pas par l'influence du milieu, mais conformément à cette influence.*

L'adaptation apparaît dans tous les cas comme une conséquence, parfois comme un facteur d'appoint, jamais comme une cause essentielle et suffisante.

C'est évidemment à cette conclusion que mène nécessairement l'examen impartial des modifications créatrices des espèces. Mais une pareille conception est absolument contraire au naturalisme classique.

CHAPITRE II

LES FACTEURS CLASSIQUES SONT IMPUISSANTS A FAIRE COMPRENDRE L'ORIGINE DES INSTINCTS

Les instincts des animaux, on le sait, sont aussi innombrables que merveilleux. Ils ont ce caractère commun de permettre à l'animal d'agir spontanément, sans réflexion logique, sans hésitation ni tâtonnement, et d'atteindre le but visé avec une sûreté à laquelle ne sauraient prétendre ni le raisonnement, ni l'éducation, ni l'entraînement.

Grâce à l'instinct, l'animal, dans une espèce donnée, agit toujours conformément au génie de cette espèce, parfois d'une manière très compliquée, dans le but d'attaquer, de se défendre, de se nourrir, de se reproduire, etc..

L'instinct essentiel est identique pour tous les individus d'une même espèce et semble aussi difficilement variable que l'espèce elle-même. Il constitue, pour cette espèce, une caractéristique psychique aussi tranchée que sa caractéristique physique.

Or, pas plus que la formation des espèces, l'origine des instincts n'est explicable par la sélection naturelle ou par l'influence du milieu.

C'est chez l'insecte qu'on peut le mieux observer l'instinct dans toute sa pureté. Fabre a élevé un monument impérissable à son étude et c'est à ses travaux qu'il faut se reporter pour comprendre le caractère de variété, de complexité et de sûreté des instincts en même temps que l'impossibilité de les expliquer par les notions classiques.

Je me contenterai naturellement de quelques exemples.

Voici celui de Sitaris, cité comme l'un des plus remarquables par M. Bergson :

« Le Sitaris dépose ses œufs à l'entrée des galeries souterraines que creuse une espèce d'abeille, l'anthophore. La larve du Sitaris, après une longue attente, guette l'anthophore mâle au sortir de la galerie, se cramponne à elle, y reste attachée, jusqu'au vol nuptial ; là, elle saisit l'occasion de passer du mâle à la femelle et attend tranquillement que celle-ci ponde ses œufs. Elle saute alors sur l'œuf, qui va lui servir de support dans le miel, dévore l'œuf en quelques jours, et, installée sur la coquille, subit sa première métamorphose.

« Organisée maintenant pour flotter sur le miel, elle devient nymphe, puis insecte parfait. Tout se passe comme si la larve du sitaris, dès son éclosion, savait que l'anthophore mâle sortira de la galerie d'abord, que le vol nuptial lui fournira le moyen de se transporter sur la femelle, que celle-ci la conduira dans un magasin de miel capable de l'alimenter, quand elle se sera transformée, que jusqu'à cette transformation, elle aura dévoré peu à peu l'œuf de l'anthophore, de manière à se nourrir, à se soutenir à la surface du miel, et aussi à supprimer le rival qui serait sorti de l'œuf. Et tout se passe également comme si le Sitaris lui-même savait que sa larve saura toutes ces choses. »

Un autre exemple classique est celui des hyménoptères giboyeurs.

Il faut, à la larve de ces insectes, une proie *immobile* et *vivante* : *immobile*, car autrement elle pourrait mettre en péril, par ses mouvements défensifs, l'œuf délicat et ensuite le vermisseau fixé en l'un des points de son corps ; *vivante*, car la larve ne peut se nourrir de cadavre.

Pour réaliser ce double desideratum nécessaire à sa larve, l'hyménoptère doit paralyser la victime sans la tuer.

Pour cela, il faudrait à l'insecte, s'il agissait avec réflexion, une science et une habileté prodigieuses. Il devrait d'abord doser son redoutable venin de telle sorte qu'il y en ait juste assez pour paralyser sans tuer. Puis et surtout, il devrait avoir une connaissance approfondie de l'anatomie et de la physiologie de la victime et aussi une sûreté d'action infaillible pour frapper du premier coup par surprise au bon endroit ; car la proie est souvent redoutablement armée, et plus forte que l'agresseur.

L'aiguillon empoisonné doit donc être dirigé, à coup sûr, sur les centres nerveux moteurs et là seulement. Il faut un, deux ou plusieurs coups de dard suivant le nombre ou la concentration des ganglions nerveux. Or, cette fonction redoutable et parfaite, l'insecte ne l'a pas apprise. Lorsque l'hyménoptère déchire son cocon et sort de dessous terre, ses parents ni ses prédécesseurs n'existent plus depuis longtemps et lui-même disparaîtra sans connaître sa descendance ni ses successeurs. L'instinct ne peut donc pas être transmis par éducation ou par exemple. Il est inné.

Comment expliquer, par les facteurs classiques de l'évolution, l'origine de cet instinct ?

L'instinct, nous dit-on, n'est qu'une habitude acquise peu à peu et transmise par hérédité.

Fabre s'est efforcé de montrer l'impossibilité de cette conception : « quelque ammophile, dans un passé très reculé, aurait atteint, par hasard, les centres nerveux de la chenille, et, se trouvant bien de l'opération, tant pour elle, délivrée d'une lutte non sans danger, que pour sa larve, approvisionnée d'un gibier frais, plein de vie et pourtant inoffensif, aurait doué sa race, par hérédité, d'une propension à répéter l'avantageuse tactique. Le don maternel n'avait pas également favorisé tous les descendants... alors est survenu le combat pour l'existence... les faibles ont succombé ; les forts ont prospéré et, d'un âge à l'autre, la sélection, par la concurrence vitale, a transformé l'empreinte fugitive du début en une empreinte profonde, ineffaçable, traduite par l'instinct savant que nous admirons aujourd'hui dans l'hyménoptère. »

Que la sélection (hypothèse darwinienne) ou l'usage répété des instincts (hypothèse lamarckienne), aient pu renforcer ces instincts, les perfectionner, c'est possible et c'est même probable. Mais l'une ni l'autre hypothèse ne peut, d'après Fabre, expliquer l'*origine* même de l'instinct.

Le hasard ni le besoin ne peuvent faire comprendre comment, chez l'insecte primitif, du premier coup, sans tâtonnement, l'aiguillon a su trouver le ganglion nerveux et a pu paralyser sans tuer. En effet : « Il n'y avait pas de raison pour un choix. Les coups de dard devaient s'adresser à la face supérieure de la proie saisie, à la face inférieure, au flanc, à l'avant, à l'arrière, indistinctement, d'après les chances d'une lutte corps à corps... Or, combien y en a-t-il de points dans un ver gris, à la surface et à l'intérieur ? La rigueur mathématique répondrait : une infinité. »

Cependant, l'aiguillon doit frapper du premier coup et infailliblement : « l'art d'apprêter les provisions de la larve ne comporte que des maîtres et ne souffre pas d'apprentis. L'hyménoptère doit y exceller du premier coup ou ne pas s'en mêler... pas de moyen terme admissible, pas de demi succès. » **Ou bien la chenille est opérée suivant toutes les règles, ou bien c'est la mort de l'agresseur et de sa descendance.** Mais ce n'est pas tout : « Admettons le point voulu atteint : ce n'est que la moitié. Un autre œuf est indispensable pour compléter le couple futur et donner descendance. Il faut donc qu'à peu de jours, peu d'heures, d'intervalle, un second coup de stylet soit donné, aussi heureux que le premier. C'est l'impossible se répétant, l'impossible à la seconde puissance ! »

Ces conclusions de Fabre ont été récemment, il est vrai, **combattues comme trop absolues.** Les recherches des Marchal, des Peckham, des Perez et de la plupart des naturalistes contemporains semblent démontrer que les instincts primaires, sont, au moins dans leurs détails, perfectibles et variables.

Mais la difficulté primordiale, celle de l'origine des instincts primaires, n'en persiste pas moins intégralement. Alors même qu'il serait possible de ramener à l'action des facteurs classiques l'apparition d'instincts secondaires ou les modalités des instincts primaires, l'origine même de ces instincts primaires est tout aussi difficile à interpréter que l'est l'origine des espèces.

L'instinct d'utiliser le dard empoisonné pose exactement le même problème que l'origine de ce dard empoisonné.

L'organe ni l'instinct ne peuvent jouer de rôle utile comme agents d'adaptation ou de sélection avant d'être suffisamment développés ou perfectionnés. Donc, pour l'instinct comme pour les espèces, l'adaptation ni la sélection ne sauraient être des facteurs essentiels et créateurs.

CHAPITRE III

LES FACTEURS CLASSIQUES SONT INCAPABLES D'EXPLIQUER LES TRANSFORMATIONS BRUSQUES CREATRICES DE NOUVELLES ESPÈCES

Le lamarckisme, comme le darwinisme imposent la conception de modifications lentes, minimes, innombrables pour la genèse progressive des espèces.

Cette conception, acceptée comme un dogme, semblait au-dessus de toute controverse.

Lorsque, récemment, de Vries fit connaître ses observations sur ce qu'il appela *les mutations*, c'est-à-dire les apparitions brusques de nouvelles espèces végétales, sans formes de passage avec les espèces ancestrales, ce fut partout, parmi les personnes s'intéressant à la philosophie naturaliste, la confusion et le désarroi.

On assista, pendant quelques années, à un spectacle extraordinaire :

Les faits de mutations apportaient au transformisme la seule preuve qui lui manquait : celle de la vérification expérimentale.

Cependant on vit des transformistes s'efforcer de diminuer autant que possible l'importance des faits nouveaux et la portée de la nouvelle théorie ; et, par contre, des adversaires naïfs l'adopter d'enthousiasme, s'imaginant les uns et les autres que l'écroulement des doctrines classiques entraînerait l'écroulement même de l'idée évolutionniste !

Le Dantec, dans son livre « *la crise du transformisme* » (1), s'exprime ainsi : « une théorie nouvelle, basée sur des expériences contrôlées, a vu le jour depuis quelques années et fait de nombreux adeptes dans le monde des sciences naturelles. Or, cette théorie, dite des mutations ou des variations brusques, est la négation du lamarckisme ; je dirais presque que c'est la négation du transformisme lui-même. » En effet, ajoute-t-il : « pour la philosophie, le transformisme est le système qui explique l'apparition *progressive* et *spontanée* de mécanismes vivants *merveilleusement coordonnés* comme celui de l'homme et des animaux supérieurs. »

Nous verrons plus loin que l'apparition *spontanée* des êtres vivants est une impossibilité philosophique. Quant à l'apparition progressive de ces êtres, elle n'est en rien niée par la théorie des mutations.

C'est seulement le mécanisme hypothétique, la genèse supposée des transformations progressives qui se trouvent en opposition formelle avec les faits nouveaux.

Le Dantec et les naturalistes de son école, qui identifient le transformisme avec ses facteurs classiques, sont dans une certaine mesure logiques quand ils s'efforcent de restreindre le plus possible le domaine des mutations. Mais l'idée évolutionniste pure n'a rien à redouter des découvertes nouvelles, bien au contraire, comme je m'efforcerai de le montrer plus loin.

D'ailleurs Le Dantec reste à peu près seul de son avis quand il affirme que les mutations n'affectent que des caractères secondaires, en général des caractères ornementaires et « laissent intacts le patrimoine héréditaire. »

Depuis les expériences de de Vries, de très nombreuses observations nouvelles ont été mises à jour et l'importance capitale des mutations n'est plus niée ni niable (2).

---

(1) Alcan, éditeur.
(2) Consulter BLARINGHEM : *Les transformations brusques des êtres vivants* (Flammarion, éditeur).

La seule question qui reste posée est celle de savoir si les mutations constituent, dans l'évolution, la *règle ou une exception*.

De Vries admet nettement que les transformations brusques sont la règle pour les animaux comme pour les végétaux ; et de Vries pourrait bien avoir raison.

Si l'on examine en effet de près toute l'histoire des transformations dans l'échelle évolutive, on s'aperçoit que la théorie des mutations trouve partout une éclatante confirmation.

Des vérités, qui sautent aux yeux, mais qu'on ne voulait pas voir ou qu'on escamotait inconsciemment, sont mises en pleine lumière par un examen attentif.

Ces vérités avaient été proclamées, cependant, par de grands naturalistes, tels que Geoffroy Saint-Hilaire ; mais elles n'avaient pas triomphé et la thèse des transformations lentes ne trouvait plus, jusqu'aux travaux de de Vries, de contradicteur.

Se basant sur la théorie des mutations, Cope a repris l'études des formes fossiles, spécialement les formes fossiles des batraciens et mammifères d'Amérique et n'a pas eu de peine à montrer la probabilité de leurs variations progressives par sauts.

Il est facile d'ailleurs, d'après les documents paléontologiques qui constituent « les archives de la création », de constater l'apparition, toujours brusque en apparence, des principales grandes espèces.

Batraciens, reptiles, oiseaux, mammifères apparaissent tout à coup dans les terrains géologiques. Ils semblent, une fois apparus, acquérir très vite les caractères complets qu'ils garderont ensuite intégralement, sans plus subir de modification essentielle, tant que leurs espèces subsisteront.

Sans doute, la paléontologie nous offre des formes de transition. Mais ces formes sont rares et, constatation plus grave, elles paraissent plutôt des *espèces intermédiaires que des formes de passage.*

Prenons par exemple l'archéoptéryx, la plus remarquable de ces espèces intermédiaires. Nous voyons un oiseau-reptile, un animal tenant à la fois du reptile et de l'oiseau. Mais son espèce est bien déterminée et bien spécialisée. L'archéoptéryx a la constitution du reptile ; mais il a aussi des ailes, des ailes bien développées ; des ailes permettant le vol, des ailes d'oiseau.

On n'a jamais trouvé de reptiles munis d'ailes embryonnaires ou à l'état d'ébauche, au début de leur développement.

Ce qui est vrai pour l'archéoptérpx l'est également pour toutes les formes intermédiaires connues : ce sont des formes bien déterminées, à caractères spéciaux très nets permettant l'usage des organes caractéristiques des espèces.

Alors que la paléontologie nous présente beaucoup d'organes rudimentaires, résidus d'organes déchus et inutiles, elle ne nous offre jamais d'organes ébauchés et encore inutilisables.

Il semble donc bien que les transformations brusques soient la règle dans l'évolution.

Or, il est bien évident que ni la sélection naturelle ni l'influence du milieu ne peuvent expliquer ces apparitions brusques d'espèces nouvelles.

C'est ce que reconnaît Le Dantec quand il s'écrie : « une mutation qui se produit sous mes yeux, c'est une serrure dont je n'ai pas la clef ! » (1)

---

(1) La crise du transformisme.

CHAPITRE IV

LES FACTEURS CLASSIQUES SONT INCAPABLES D'EXPLIQUER LA « CRISTALLISATION » IMMEDIATE ET DEFINITIVE DES CARACTERES ESSENTIELS DES NOUVELLES ESPECES ET DES NOUVEAUX INSTINCTS.

En effet, qu'il s'agisse de caractères physiques ou d'instincts, les uns et les autres apparaissent immuables. Ils peuvent se développer ou s'atrophier, varier dans des limites restreintes ; mais ces changements sont toujours des changements de détails, jamais des changements *essentiels*.

Cette vérité avait depuis longtemps été mise en lumière par les recherches naturalistes. De Vries lui a apporté l'appui expérimental direct. Il l'a traduite dans la loi suivante : « les nouvelles espèces deviennent immédiatement stables. »

Il y a là une nouvelle et formidable objection au transformisme classique.

Si les espèces et les instincts apparaissent brusquement et deviennent immédiatement stables, la théorie des transformations lentes et innombrables sous l'influence de la sélection ou de l'adaptation est définitivement ruinée en tant que théorie générale et essentielle.

Il ne s'agirait plus, dans l'évolution, de changements minimes mais accumulés infiniment pour amener la formation de nouvelles espèces ; mais de changements considérables et brusques se traduisant par l'apparition rapide de ces espèces, immuables une fois apparues.

C'est, dans la philosophie naturaliste, une immense révolution.

Les quatre difficultés que nous venons de passer en revue sont d'ordre naturaliste. Avant de passer à la cinquième difficulté, celle-là toute différente, d'ordre métaphysique, je prierai le lecteur, qui ne serait pas convaincu, par les démonstrations précédentes, de l'impuissance des facteurs classiques, d'arrêter un instant sa pensée sur un témoignage précis, irréfutable, que la nature semble avoir spécialement mis en évidence, comme pour nous empêcher de nous égarer. Ce témoignage est : *le témoignage de l'insecte.*

CHAPITRE V

LE TEMOIGNAGE DE L'INSECTE

Il suffit de considérer avec attention l'insecte pour comprendre le néant des théories anciennes ou modernes sur la création des espèces ou sur leur évolution.

A la conception de transformations perpétuelles par des variations lentes et infinies, le témoignage de l'insecte oppose son apparition dès les premiers âges de la vie terrestre et, en tous cas, la stabilité essentielle de ses espèces, une fois apparues.

A la conception de l'évolution par les facteurs classiques de sélection et d'adaptation, le témoignage de l'insecte oppose l'abîme qui le sépare de sa larve, abîme dans lequel se perdent sans recours les théories darwiniennes ou lamarckiennes. Il oppose également le spectacle, par elles inexplicable, de ses instincts primaires, déconcertants et merveilleux.

A la conception de l'évolution par le jeu des agents extérieurs, le témoignage de l'insecte oppose ses transformations formidables, mais pour ainsi dire spontanées, dans une chrysalide close, soustraite, dans une très large mesure, à l'action de ces agents extérieurs.

A la conception de l'évolution continue et ininterrompue par « assimilation fonctionnelle », le témoignage de l'insecte oppose ses transformations et ses métamorphoses, ses altérations progressives ou regressives pendant sa vie larvaire. Il oppose, surtout, dans sa chrysalide, l'incroyable phénomène de l'histolyse, réduisant la plupart de ses organes en une bouillie amorphe avant les transformations imminentes.

Ce témoignage stupéfiant, en nous apprenant que ni les formidables modifications larvaires ni la mystérieuse histolyse ne compromettent en rien la morphologie future de l'insecte parfait, renverse toutes nos conceptions sur l'édification de l'organisme comme sur les transformations des espèces (1).

L'insecte nous offre ainsi, dans toute sa biologie, comme le symbole de ce qu'est en réalité, nous le verrons, l'évolution : il nous prouve que la cause *essentielle* de cette dernière ne doit être cherchée ni dans l'influence du milieu ambiant ni dans les réactions, vis-à-vis du milieu ambiant, de la matière organique ; mais qu'elle réside dans *un dynamisme indépendant de cette matière organique, supérieur et directeur.*

Il nous montre l'évolution s'effectuant surtout par une poussée intérieure, bien distincte de l'influence ambiante, par un effort primordial certain, mais encore mystérieux et, pour le naturalisme classique, absolument inexplicable.

Ce n'est pas tout : le témoignage incomparable de l'insecte, en même temps qu'il met en échec les théories naturalistes contemporaines, contredit également l'antique conception de la création providentielle.

En effet, la caractéristique principale de l'insecte, au point de vue psychologique, est de posséder l'instinct presque pur, presque sans trace d'intelligence. Or, il se trouve que cet instinct, pur et resté pur pendant les siècles des siècles, est marqué par une férocité raffinée, formidable,

---

(1) Un témoignage analogue à celui de l'insecte est celui de certaines espèces de mollusques ou de crustacés. Les animaux de ces espèces subissent, on le sait, avant d'arriver à l'état adulte, des modifications extraordinaires, par des adaptations très diverses. Et cependant le développement futur de ces animaux se poursuit, en dépit de leurs métamorphoses, comme assuré par un principe directeur, inaltéré et immanent.

sans équivalent dans le reste de l'animalité et en même temps, pourtant, parfaitement innocente.

Cette férocité serait donc, s'il y avait un créateur responsable, l'œuvre pure, l'œuvre immaculée de ce créateur, dont la création apparaîtrait alors comme le miroir... (1)

On voit qu'il vaut la peine de considérer l'insecte et de mettre en valeur son témoignage. Si ce témoignage n'avait pas été si négligé, il aurait évité à la philosophie bien des erreurs. Malheureusement, comme dit Schopenhauer : « On ne comprend pas le langage de la nature, parce qu'il est trop simple ! »

---

(1) Nous verrons que l'idéalisme philosophique, basé sur les faits, est complètement dégagé des vieilles conceptions de la théologie dogmatique.

CHAPITRE VI

LES FACTEURS CLASSIQUES SONT IMPUISSANTS A RESOUDRE LA DIFFICULTE GENERALE D'ORDRE PHILOSOPHIQUE RELATIVE A L'EVOLUTION QUI, DU SIMPLE FAIT SORTIR LE COMPLEXE ET AU MOINS FAIT SORTIR LE PLUS.

Cette difficulté avait été totalement négligée ou esquivée par le transformisme classique. Elle est cependant tout à fait redoutable.

« L'*apparition spontanée* » de formes supérieures aux formes originelles est une pure impossibilité, impossibilité scientifique et impossibilité philosophique.

On ne peut échapper au dilemme suivant : ou l'évolution n'existe pas — *ou elle implique une « immanence potentielle »* dans l'univers évoluant.

L'évolution étant démontrée, nous devons forcément admettre que toutes les transformations progressives complexes réalisées se trouvaient en puissance dans la forme ou dans les formes élémentaires primitives.

Cela ne veut nullement dire que l'évolution, telle qu'elle a été réalisée, était en germe dans telle forme primitive, comme l'être vivant est d'abord en germe dans l'œuf qui doit lui donner naissance.

Cette finalité préétablie semble infiniment peu probable. Cela veut dire simplement que la forme primitive avait en elle toutes les potentialités, celles qui ont été réalisées et celles qui ne l'ont pas été, dans le passé, le présent et le futur.

Quel est, dans cette conception philosophique, le rôle assigné aux facteurs classiques de l'évolution ?

Simplement celui de *facteurs secondaires et accessoires*.

Ils ont joué un rôle évident ; ils ont imposé à l'évolution un rythme particulier, et l'ont favorisée ; mais *ils ne l'ont pas produite*.

On pourrait à la rigueur supposer l'évolution se faisant sans l'intervention de la sélection ou de l'adaptation ; on ne conçoit plus l'évolution se faisant par leur seul jeu.

Telle est la constatation capitale qui s'impose irrésistiblement.

Ainsi donc, le naturalisme classique, après un très long chemin, vainement battu dans tous les sens, se trouve ramené, bon gré mal gré, à la recherche de la cause première qu'il prétendait esquiver. Son impuissance avérée à trouver les facteurs essentiels de l'évolution ne lui permet plus de faux-fuyants.

Fiske disait que le transformisme avait remis dans le monde autant de « téléologie » qu'il en avait enlevé. Cette formule n'est pas heureuse, parce qu'elle implique une sorte de finalité qui fixerait arbitrairement, d'avance, le sens de l'évolution.

Mais ce qui est indubitable, ce qui résulte clairement de l'examen approfondi du transformisme, c'est la conclusion suivante :

L'évolutionnisme ne peut pas se passer de la philosophie.

IIᵉ PARTIE

LA CONCEPTION PSYCHO-PHYSIOLOGIQUE CLASSIQUE DE L'INDIVIDU

LA CONCEPTION PSYCHO-PHYSIOLOGIQUE CLASSIQUE DE L'INDIVIDU

AVANT-PROPOS

Nous venons de faire ressortir l'insuffisance de la conception classique de l'évolution.

Nous allons maintenant tenter de montrer l'insuffisance de la conception classique de l'individu.

Cette dernière repose sur deux grandes notions : *l'unicisme* et *la négation de l'unité du moi*.

L'unicisme rejette les anciennes théories spiritualistes, animistes et vitalistes qui prétendaient trouver, dans l'Etre, des principes dynamiques ou psychiques *différents d'essence* de l'organisme même. Il se base, pour cela, sur l'unité morphologique et chimique des êtres vivants ; l'absence de discontinuité positive entre les corps vivants et les corps bruts ; sur les lois de l'énergétique biologique, aussi nettes et aussi précises que les lois de l'énergétique physique et en concordance avec elles.

La *négation de l'unité du moi* est basée précisément sur la négation des principes spiritualistes, animistes ou vitalistes qui séparaient, dans les anciennes conceptions psycho-physiologiques, l'homme de l'animalité et l'animalité du règne minéral. Ces principes étant écartés, on en conclut que le moi n'est que la synthèse ou le complexus des éléments constitutifs de l'organisme.

A la base d'un être vivant, dit Dastre (1), on trouve :

---
(1) Dastre : *La vie et la mort*.

« l'activité propre à chaque cellule, *la vie élémentaire*, vie cellulaire ; au-dessus, les formes d'activité résultant de l'association des cellules, la *vie d'ensemble*, somme ou plutôt complexus des vies partielles élémentaires. »

Or, c'est par un simple malentendu philosophique, ou même plutôt par une simple erreur de raisonnement, que les deux notions ci-dessus, *unicisme naturaliste* et *négation de l'unité du moi* sont étroitement liées l'une à l'autre.

La philosophie monistique non seulement n'implique pas nécessairement la conception du « moi simple complexus cellulaire », mais encore, nous le verrons, concorde mieux avec la conception opposée de l'unité centrale du moi.

Si, abdiquant momentanément toute idée métaphysique sur la constitution de l'individu, nous nous en tenons strictement aux données de fait, nous nous trouvons en présence d'une constatation capitale : *il y a dans l'individu des modalités différentes de l'énergie*, et ces modalités, alors même qu'elles sont théoriquement concevables comme relevant d'une essence unique, ne sont pas équivalentes.

Il y a dans l'Etre de l' « énergie matérielle », de l' « énergie dynamique » pour ainsi dire, de l' « énergie psychologique » ; et ces modalités de l'énergie nous apparaissent à la fois distinctes et hiérarchisées. Telles sont bien les données de fait.

Or, en partant de ces données, de ces constatations de fait, sans s'égarer dans la métaphysique, on peut concevoir l'Etre de deux façons différentes :

La première manière consiste à ne voir dans l'individu qu'un simple complexus d'individualités partielles élémentaires. Dans cette conception, les hiérarchies apparentes constatées dans un Etre sont simple fonction d'orientation et de situation relative. C'est là la conception classique.

La deuxième manière consiste à voir dans l'individu un

complexus « plus complexe » pour ainsi dire, dont les éléments forment des *séries hiérarchisées*, des « cadres » autonomes et distincts. Ces séries hiérarchisées, ces cadres ne sont pas, encore une fois, forcément différents d'essence ; mais ils sont différents d'activité et de capacité, ou si l'on veut, de niveau évolutif. On peut concevoir ainsi, au-dessus du complexus organique et matériel, un complexus dynamique et psychologique organisateur et centralisateur ; lequel serait lui-même susceptible de subdivisions rationnelles, jusqu'à permettre la découverte de l'entité centrale, du moi réel, seul, unique et indivisible.

Ces deux façons d'envisager l'individu demeurent, quelle que soit la conception métaphysique, moniste ou pluraliste, d'envisager les choses.

La première conception a en sa faveur la simplicité et le principe méthodologique de l'économie des causes.

Mais elle a contre elle la diversité des faits physiologiques et des faits psychologiques, et les difficultés insurmontables à subordonner les seconds aux premiers.

Elle a contre elle, surtout, l'insuffisance flagrante à faire comprendre non seulement l'activité psychique, mais même l'activité vitale.

C'est ce que va faire ressortir l'analyse méthodique de la conception classique de l'*individualité physiologique* et de l'*individualité psychologique*.

CHAPITRE PREMIER

L'INDIVIDUALITE PHYSIOLOGIQUE CLASSIQUE

La conception du moi physique, simple complexus de cellules, se heurte à de grandes difficultés. Nous pouvons tenter de les classer, comme nous avons classé les difficultés des théories de l'évolution. Ce sont : *les difficultés relatives à la conception générale polyzoïste ; — les difficultés relatives à la forme spécifique de l'individu, à l'édification, au maintien, aux réparations de l'organisme ; — les difficultés relatives aux métamorphoses embryonnaires et post-embryonnaires ; — les difficultés relatives à la physiologie dite supranormale.*

1° Difficultés relatives a la conception polyzoïste

Voici la description que donne M. Dastre (1) de l'individualité physique :

« Nous nous représentons maintenant l'être vivant complexe, animal ou plante, avec sa forme qui le distingue de tout autre, comme une cité populeuse que mille traits distinguent de la cité voisine. Les éléments de cette cité sont indépendants et autonomes au même titre que les éléments anatomiques de l'organisme. Les uns comme les autres ont en eux-mêmes le ressort de leur vie, qu'ils n'empruntent ni ne soutirent des voisins ou de l'ensemble. Tous ces habitants vivent en définitive, et même, se nourrissent, res-

---

(1) Dastre : *La vie et la mort.*

pirent de la même façon, possédant tous les mêmes facultés générales, celles de l'homme, mais chacun a en outre, son métier, son industrie, ses aptitudes, ses talents par lesquels il contribue à la vie sociale et par lesquels il en dépend à son tour. Les corps d'état, le maçon, le boulanger, le boucher, le manufacturier, l'artiste, exécutent des tâches diverses et fournissent les produits différents et d'autant plus variés, plus nombreux et plus nuancés que l'état social est parvenu à un plus haut degré de perfection. L'être vivant, animal ou plante, est une cité de ce genre. »

On voit immédiatement les graves objections qui se dressent contre cette conception.

Le tableau qui nous est donné comme étant celui d'un être vivant est purement et simplement celui d'une colonie animale. Exact peut-être pour certaines formations n'ayant de l'individualisation que l'apparence, chez les animaux inférieurs de l'ordre des zoophytes, il ne saurait être considéré comme tel pour les animaux nettement individualisés des autres ordres.

Il manque à la cité que décrit Dastre, ce qu'il y a de plus essentiel : la *direction centralisatrice*, seule capable de réunir d'abord, puis de maintenir, d'ordonner, de diriger les corps d'état pour le bien commun.

2° Difficultés relatives a la forme spécifique de l'individu, a l'édification, au maintien, aux réparations de l'organisme.

Pour la conception classique, tout ce qui touche à la vie, à la formation, au développement, au maintien de l'organisme et à ses réparations, reste inexpliqué. Pour elle, la physiologie est encore, totalement, un pur mystère. Si le mystère n'apparaît pas, au premier abord, c'est simplement par suite d'une illusion bien connue de l'esprit humain.

L'esprit humain a tendance à croire comprendre une chose par le seul fait que cette chose lui est familière. Le philosophe réagit naturellement contre cette tendance ; mais la foule s'y laisse irrésistiblement entraîner. « Plus un homme est inférieur par l'intelligence, a écrit Schopenhauer, moins l'existence a pour lui de mystère. Toute chose lui paraît porter en elle-même l'explication de son comment et de son pourquoi. »

Or, rien n'est plus familier que le fonctionnement, dans ses grandes lignes, de notre organisme et rien ne paraît plus simple à l'homme vulgaire ; et cependant, rien n'est plus mystérieux.

La vie en elle-même comporte un mystère encore impénétré. Le mécanisme vital, l'activité des grandes fonctions organiques ne sont pas moins inexpliqués. Cette activité, qui échappe à la volonté consciente de l'Etre, s'élabore et s'effectue d'une manière inconsciente, exactement comme nous le verrons pour la physiologie dite supranormale.

Le fonctionnement normal est tout aussi « occulte » que le fonctionnement dit supranormal.

La constitution même de l'organisme et tout ce qui s'y rattache : la naissance, la croissance, le développement embryonnaire, le développement post-embryonnaire, le maintien de la personnalité pendant la vie, les réparations organiques, allant chez certains animaux, jusqu'aux régénérations de membres et même de viscères, sont autant d'énigmes insolubles si l'on admet la conception classique de l'individualité.

Essayons, en effet, de comprendre, à la lumière de cette conception, l'édification et le fonctionnement de l'individualité anatomo-physiologique. Laissons momentanément de côté la question purement philosophique ou même simplement psychologique. N'envisageons que l'être physique, l'individualité physiologique, considérée comme complexus cellulaire. D'où et comment le complexus de cellules qui constitue un être quelconque tient-il sa forme spécifique ? Comment garde-t-il cette forme sa vie durant ? Comment sa personnalité physique se forme-t-elle, se maintient-elle, se répare-t-elle ?

Il n'y a plus, remarquons-le, à invoquer l'action d'un dynamisme organisateur, que la physiologie classique repousse. On ne peut même plus avoir recours à l' « idée directrice » de Claude Bernard, que l'on tient pour surannée. Comment donc le complexus cellulaire a-t-il en lui, par le seul fait de l'association de ses éléments constitutifs, cette puissance vitale et individualisatrice ?

D'où ? comment ? pourquoi ? Encore une fois, autant de mystères. Dastre déclare « insondable » (ce sont ses propres termes) le mystère par lequel, dans le développement embryonnaire, « la cellule œuf, attirant à elle les matériaux du dehors, arrive à édifier progressivement l'étonnante construction qui est le corps de l'animal, le corps de l'homme, le corps d'un homme déterminé ». On a cependant cherché et trouvé des explications : elles sont d'une faiblesse déconcertante.

Le Dantec, par exemple, déclare que la forme d'un être, sa constitution intégrale, dépendent nécessairement de la composition chimique, de la relation établie entre la forme spécifique et cette composition chimique.

« La forme du chien lévrier, écrit-il sérieusement, est simplement la condition d'équilibre de la substance chimique lévrier. »

« C'est dire beaucoup et trop, remarque M. Dastre, si cela signifie que le corps du lévrier est « une substance » qui se comporte à la façon des masses homogènes, isotropes, comme le soufre fondu et le sel dissous : c'est dire mieux, mais beaucoup moins, si cela signifie, comme dans l'esprit des physiologistes, que le corps du lévrier est la condition d'équilibre d'un système matériel hétérogène, anisotrope, soumis à des conditions physiques et chimiques infiniment nombreuses. L'idée de rattacher la forme — et par là l'organisation — à la seule composition chimique, n'est point née dans l'esprit des chimistes ni dans celui des physiologistes. »

En réalité, la prétendue explication de Le Dantec n'est pas autre chose qu'une explication verbale. Elle substitue simplement une difficulté à une autre. Au lieu de se demander : « Comment se réalise la forme spécifique ? » on est conduit, si l'on admet l'hypothèse de Le Dantec, à se demander : « Comment se réalise et se maintient la condition d'équilibre chimique, base de la forme spécifique ? » Le mystère est tout aussi profond. Mais, même prise telle quelle, l'hypothèse n'est pas soutenable, car elle est incapable de rendre compte, comme nous le verrons plus loin, des changements subis par l'organisme pendant son développement embryonnaire.

De même que la conception classique du moi est incapable de rendre compte de l'édification de l'organisme et de sa forme spécifique, elle est incapable de faire comprendre comment, pendant la vie, se maintient et se répare cet organisme.

Rien de plus curieux que les efforts tentés par les naturalistes et les physiologistes, en face du problème : *permanence individuelle, malgré le perpétuel renouvellement cellulaire.*

Claude Bernard s'était attaché à démontrer que les fonctions vitales s'accompagnent fatalement d'une destruction et d'une régénération organique.

« Quand, écrivait-il, (1) chez l'homme et chez l'animal un mouvement survient, une partie de la substance active du muscle se détruit ou se brûle ; quand la sensibilité et la volonté se manifestent, les nerfs s'usent ; quand la pensée s'exerce, le cerveau se consume. On peut dire que jamais la même matière ne sert deux fois à la vie. Lorsqu'un acte est accompli, la parcelle de matière vivante, qui a servi

---

(1) CLAUDE BERNARD : *Les Phénomènes de la vie.*

à le produire n'est plus. Si le phénomène reparaît, c'est une matière nouvelle qui lui a prêté son concours... Partout, en un mot, la destruction physico-chimique est unie à l'activité fonctionnelle ; et nous pouvons regarder comme un axiome physiologique la proposition suivante : *toute manifestation d'un phénomène dans l'être vivant est nécessairement liée à une destruction organique.* »

Or, cet axiome est battu en brèche par les physiologistes contemporains. Leurs efforts tendent à établir, qu'au contraire de ce que pensait Claude Bernard, la substance réellement vivante, le protoplasma, se détruit beaucoup moins, au cours de la vie, qu'on ne l'avait pensé. Le renouvellement cellulaire serait des plus restreints (Chauveau, Pfluger).

Certains physiologistes n'ont même pas hésité à attribuer à la cellule cérébrale une durée indéfinie (Marinesco).

Enfin, Le Dantec, allant plus loin encore, déclare que non seulement la matière vivante ne se détruit pas, mais qu'elle s'acroît par l'usage.

Il semble que rien ne serait plus facile à résoudre expérimentalement que le problème de la destruction cellulaire, par le dosage des déchets azotés de l'urine. En réalité, il est très difficile de faire, dans cette élimination azotée, la part qui revient aux albuminoïdes des aliments et aux albuminoïdes de l'organisme ; et les recherches les mieux conduites telles que celles de Igo Kaup sont restées incertaines jusqu'à présent.

Mais à défaut de preuves de laboratoires, le raisonnement suffit à prouver la destruction et la régénération perpétuelles du protoplasma cellulaire.

Il semble d'abord évident *à priori*, sans même qu'il soit besoin de le démontrer, que cet élément infime qu'est la cellule vivante n'a forcément qu'une durée restreinte ; infiniment plus restreinte, en tous cas, que celle de l'organisme auquel elle appartient. Elle se renouvelle donc un nombre de fois x pendant la vie de cet organisme.

De plus, la nécessité impérieuse de l'ingestion par l'être vivant d'aliments azotés en notable quantité ne s'explique que par la nécessité de ses régénérations cellulaires.

Il faudrait, autrement, faire cette supposition absurde que l'azote n'est ingéré que pour être aussitôt éliminé, et ne constitue pas un aliment indispensable, alors que le contraire est bien établi.

Donc, même si les recherches ultérieures prouvaient que la cellule vivante reste, pendant la vie, intacte dans *son cadre*, cela ne signifierait pas du tout qu'elle reste intacte dans ses *molécules constitutives*.

Le problème du renouvellement moléculaire serait substitué au problème du renouvellement cellulaire, et la question resterait posée, ni plus ni moins mystérieuse.

Ainsi, « l'idée directrice » préside nécessairement au maintien de la personnalité comme elle préside à son édification.

Les difficultés que nous venons rapidement de passer en revue sont déjà bien considérables. Mais elles ne sont rien auprès de celles que nous allons envisager maintenant. Le problème des métamorphoses embryonnaires et post-embryonnaires et le problème de la physiologie dire supranormale permettent, si l'on se donne la peine de les envisager intégralement, *d'affirmer que la conception classique de l'individualité physique est erronée et que l'être est tout autre chose qu'un complexus de cellules.*

Nous allons saisir sur le vif la défectuosité fondamentale de la méthode ascendante, qui s'efforce d'adapter une explication à des faits simples ou relativement simples, en esquivant les difficultés inhérentes aux faits complexes ou relativement complexes.

Si l'on envisage la physiologie synthétiquement, dans son ensemble, sans en écarter ces difficultés primordiales ; à plus forte raison, si l'on s'attache avant tout à ces difficultés primordiales, alors, la conception de l'individualité, la conception qui s'impose, indéniable et évidente, est tout opposée à celle que l'on s'était efforcé de baser en vain, sur des tâtonnements analytiques médiocres et restreints.

3° Le problème des métamorphoses embryonnaires et post-embryonnaires

On sait que le développement embryonnaire ou post-embryonnaire, loin d'être uniformé, comporte des séries de métamorphoses. Ces métamorphoses, tantôt retracent les états antérieurs traversés par l'espèce dans son évolution, tantôt reflètent des adaptations divergentes réalisées pendant la vie larvaire.

Les métamorphoses existent chez tous les animaux, mais sont surtout remarquables chez les animaux ayant une vie larvaire prolongée, en dehors de l'œuf, tels que les batraciens, les mollusques et les annelés. Par le fait de ces métamorphoses, l'être revêt, dans son développement, des formes successives, très différentes les unes des autres, avant d'acquérir la forme adulte définitive. *Ces faits sont la négation même des théories classiques sur l'édification de l'organisme.*

Revenons, par exemple, à l'explication que donne Le Dantec de la forme spécifique. Faut-il admettre que les conditions d'équilibre chimique, base de la forme spécifique, changent constamment pendant le développement d'un être, et *changent dans un sens donné,* suivant une direction déterminée, celle qui mène à la forme adulte ? Soit, mais alors c'est de nouveau recourir à « l'idée directrice » ; c'est-à-dire, remettre précisément dans la physiologie toute la finalité que l'on prétendait écarter !

Voici un têtard qui a tous les organes, la constitution, le genre de vie d'un poisson. Tout à coup, sans qu'il change de milieu ni de genre de vie, ses conditions d'équilibre chimique vont se modifier. Elles vont se modifier de telle sorte, suivant les idées de Le Dantec, que des pattes vont apparaître, que des poumons vont remplacer les branchies, que le cœur à deux cavités va se transformer en un cœur à quatre cavités ; bref que le poisson va devenir grenouille !

Voilà une méduse : ses formes larvaires successives sont tellement différentes les unes des autres qu'elles ont été longtemps prises pour des animaux distincts.

Comment expliquer la génèse de ces formes successives par des modifications dans l'équilibre chimique ?

Dans ces métamorphoses de la vie embryonnaire, il y a un double problème. Il y a d'abord le problème des métamorphoses elles-mêmes. Comment s'effectuent-elles ? Comment rappellent-elles, soit les formes de passage de l'évolution ancestrale, soit les détails des adaptations larvaires divergentes ? Où et comment se conserve l'empreinte ineffaçable de ces formes ancestrales et de ces adaptations ?

Puis *il y a le problème de l'épanouissement de la forme individuelle.* Comment les métamorphoses ne compromettent-elles pas l'arrivée à la forme adulte et définitive ? Comment cette forme parvient-elle à se réaliser toujours, à coup sûr, infailliblement ? Si l'on ne voit dans l'être qu'un complexus cellulaire, le double problème est insoluble.

Le mystère ne s'éclaircit que si l'on admet qu'au-dessus des métamorphoses, des modifications organiques et physiologiques, des révolutions dans l'équilibre chimique de la vie, il *existe une dominante, la dominante directrice d'un dynamisme supérieur.*

4° L'HISTOLYSE DE L'INSECTE.

Mais où l'évidence de cette dominante apparaît le mieux et de la manière la plus frappante c'est dans le développement post-embryonnaire de certains insectes.

Certains insectes, on le sait, subissent leur dernière et principale métamorphose dans la chrysalide. Ils sont alors l'objet d'un phénomène infiniment mystérieux, celui de l'histolyse.

Dans l'enveloppe protectrice de la chrysalide, qui dérobe l'animal aux influences perturbatrices extérieures et à la lumière, se passe une élaboration étrange, élaboration qui rappelle singulièrement celle que nous décrirons plus loin dans la physiologie dite supranormale. *Le corps de l'insecte se dématérialise.* Il se désagrège, fond en une sorte de bouillie uniforme, une substance amorphe unifiée dans laquelle disparaissent en majeure partie les distinctions organiques ou spécifiques. Voilà le fait dans toute son importance.

Sans doute la question de l'histolyse est loin d'être encore parfaitement élucidée. Depuis sa découverte en 1864 par Weismann, les naturalistes n'ont pu arriver à se mettre entièrement d'accord sur l'étendue du phénomène histolytique ni surtout sur son mécanisme.

Voici, cependant, ce qui est bien établi :

« Quand la larve devient immobile et se transforme en pupe, la plupart des tissus disparaissent par histolyse. Les tissus ainsi détruits sont les cellules hypodermiques des quatre premiers segments, les trachées, les muscles, le corps graisseux et les nerfs périphériques. Il ne reste d'eux aucun élément cellulaire visible. En même temps les cellules de l'intestin moyen se rassemblent en une masse centrale, constituant une sorte de magma » (1).

Puis s'effectue une nouvelle histogénèse, en partie aux dépens du magma résultant de l'histolyse, en partie grâce à la prolifération de corpuscules spéciaux appelés disques imaginaux. *Les parties de l'organisme de nouvelle formation semblent ainsi n'avoir pas de rapport de filiation directe avec les parties détruites de l'organisme larvaire.*

Qu'on le veuille ou non, le témoignage de pareils faits renverse toutes les conceptions biologiques classiques :

---

(1) Félix Henneguy : *Les Insectes.*

l'équilibre chimique conditionnant la forme spécifique ; l'affinité cellulaire ; l'assimilation fonctionnelle ; l'être, complexus cellulaire ; autant de formules vaines, autant de non sens !

Où bien il faut se contenter de s'incliner devant le mystère et le déclarer impénétrable ; ou bien il faut avoir le courage d'avouer que la physiologie classique est aiguillée dans une fausse voie.

Il faut et il suffit, en effet, pour tout comprendre, le mystère de la forme spécifique, le développement embryonnaire et post-embryonnaire, la constitution et le maintien de la personnalité, les réparations organiques et tous les autres problèmes généraux de la biologie, d'admettre une notion non pas nouvelle, certes, mais envisagée d'une façon nouvelle, celle d'*un dynamisme supérieur à l'organisme et le conditionnant.*

Il ne s'agit pas seulement de l'idée directrice de Claude Bernard, sorte d'abstraction, d'entité métaphysico-biologique incompréhensible ; il s'agit d'une notion concrète, celle d'un dynamisme directeur et centralisateur, dominant les contingences intrinsèques et extrinsèques, les réactions chimiques du milieu organique comme les influences ambiantes du milieu extérieur.

Nous allons voir l'existence de ce dynamisme affirmée de la même manière, non avec plus de certitude, mais avec plus d'évidence encore, dans la physiologie dite supranormale.

Là, en effet, le dynamisme physiologique dépasse, dans ses manifestations, les limites de l'organisme, se sépare de lui, agit en dehors de lui. Mieux encore, il peut désagréger partiellement cet organisme et reconstituer avec sa substance, en dehors de lui, de nouvelles formes organiques, ou, pour employer l'expression philosophique, de nouvelles représentations.

CHAPITRE II

LE PROBLEME
DE LA PHYSIOLOGIE SUPRANORMALE

Personne, aujourd'hui n'ignore plus ce qu'est la *physiologie dite supranormale*. Elle se manifeste, chez des sujets spécialement doués et entraînés, appelés médiums, par des effets dynamiques et matériels, inexplicables par le jeu régulier de leurs organes, et dépassant leur champ d'action.

Les phénomènes les plus importants et les plus complexes de la physiologie dite supranormale sont les phénomènes dits de *matérialisation* et de *dématérialisation*.

Conformément à notre méthode, ce sont les seuls que nous nous efforcerons tout d'abord de comprendre et d'expliquer pour, ensuite, adapter la solution du problème aux faits moins importants du même ordre, tels que les mouvements d'objets sans contact.

1° LES MATÉRIALISATIONS

Je n'ai pas l'intention de faire ici une étude historique ou critique des matérialisations, étude que le lecteur trouvera dans tous les ouvrages spéciaux (1). J'apporterai sim-

---

(1) Ouvrages et travaux à compléter :
AKSAKOFF : *Animisme et spiritisme.*
J. BISSON : *Les Phénomènes dits de matérialisation.*
CROOKES : *Recherches sur les phénomènes du Spiritualisme.*
DELANNE : *Les apparitions matérialisées.*
D'ESPÉRANCE : *Au pays de l'ombre.*
FLAMMARION : *Les forces naturelles inconnues.*
MAXWELL : *Les Phénomènes psychiques.*
RICHET : *Etudes sur les matérialisations de la villa Carmen.*
DE SCHRENCK-NOTZING : *Matérialisations-phénomènes.*
DE ROCHAS : *Œuvres complètes.*

plement ma contribution personnelle à l'analyse et à la synthèse de ce phénomène d'une importance primordiale, puisque, plus sûrement, plus complètement que tout autre, il bouleverse de fond en comble les fondements de la physiologie.

Le processus des matérialisations peut se résumer ainsi : *du corps du médium sort, s'extériorise une substance d'abord amorphe ou polymorphe. Cette substance se constitue en représentations diverses, généralement représentations d'organes plus ou moins complexes.*

Nous pouvons donc considérer successivement :

1° *La substance* : substratum des matérialisations ;

2° *Ses représentations* organisées.

La substance s'extériorise soit sous la forme gazeuse ou vaporeuse, soit sous la forme liquide ou solide.

La forme vaporeuse est la plus fréquente et la plus connue. Auprès du médium se dessine ou s'agglomère une sorte de vapeur visible, de brouillard souvent relié à son organisme par un lien ténu de la même substance. Puis, il se produit comme une condensation, en divers points de ce brouillard, par un processus que M. Le Cour a comparé ingénieusement à la formation supposée des nébuleuses. Ces points de condensation prennent enfin l'apparence d'organes, dont le développement s'achève très rapidement.

Sous sa forme liquide ou solide, la substance productrice des matérialisations est plus accessible à l'examen. Son organisation est parfois plus lente. Elle reste relativement longtemps à l'état amorphe et permet de se faire une idée précise de la génèse même du phénomène.

Elle a été observée, sous cette forme, chez plusieurs médiums, spécialement chez le fameux médium Eglinton [1]. Mais c'est chez le médium Eva que la génèse de la subs-

---

[1] DELANNE : *Les apparitions matérialisées*. Tome II, pp. 642 et suivantes.

tance solide se produit surtout avec une intensité extraordinaire. Le lecteur devra se reporter au livre de Mme Bisson et à celui du docteur de Schrenck-Notzing pour trouver décrits les aspects innombrables de la substance solide.

Ayant entraîné et éduqué Eva, Mme Bisson a pu à loisir, pendant de longues années de recherches, étudier le phénomène dont l'importance était restée insoupçonnée. Le livre de Mme Bisson apparaît ainsi comme une vraie mine de documents généreusement offerts aux savants et aux philosophes.

L'ouvrage du docteur de Schrenck-Notzing est un exposé méthodique et complet, présenté avec art, clair, précis, documenté, de ses études sur le médium Eva. Il contient aussi les observations d'expériences similaires entreprises par lui *avec un autre médium, pourvu de facultés identiques à celles d'Eva.*

J'ai eu l'honneur et l'avantage, grâce à l'amabilité et au dévouement de Mme Bisson, d'étudier avec elle Eva pendant un an et demi, à des séances bi-hebdomadaires qui ont eu lieu d'abord chez elle, puis ensuite, pendant une série de trois mois consécutifs, exclusivement dans mon propre laboratoire (1).

Après Eva, j'ai pu constater des phénomènes assez analogues, quoique élémentaires, chez des sujets neufs, que je m'efforçais d'entraîner à donner des matérialisations.

Je vais donner simplement un résumé synthétique de mes expériences et observations : c'est uniquement mon témoignage que j'apporte dans ce livre, témoignage concordant pleinement avec celui d'un très grand nombre d'hommes de science, spécialement médecins, aujourd'hui certains de l'authenticité du phénomène, alors que la plupart étaient partis d'un scepticisme absolu.

---

(1) Le résultat de ces travaux a fait l'objet d'une conférence au Collège de France, sous le titre : *La physiologie dite supranormale.*
On trouve cette conférence, illustrée de 24 photogravures, dans le « *Bulletin de l'Institut physiologique* » de janvier-juin 1918, 143, boulevard Saint-Michel, Paris.

Les matérialisations dont je vais parler, j'ai pu les voir, les toucher, les photographier.

J'ai maintes fois suivi le phénomène de son origine à sa terminaison ; car il se formait, se développait et disparaissait à mes yeux.

Quelque inattendue, quelque étrange, quelque impossible que semble pareille manifestation, je n'ai plus le droit d'émettre un doute sur sa réalité.

Le mode opératoire, pour l'obtention des matérialisations, avec Eva, est très simple : le médium est mis en état d'hypnose, état superficiel, mais comportant néanmoins l'oubli de la personnalité normale ; après qu'on l'a fait asseoir dans le cabinet noir. Le cabinet noir des matérialisations n'a d'autre but que de soustraire le médium endormi aux influences perturbatrices ambiantes et spécialement à l'action de la lumière. Il permet ainsi de garder dans la salle un éclairage suffisant pour bien observer le phénomène.

Les phénomènes se produisent — quand ils se produisent, — au bout d'un temps variable, parfois très court, parfois très long, une heure et plus. Ils débutent toujours par des sensations douloureuses du médium. Ce dernier pousse des soupirs, des plaintes intermittentes, rappelant tout à fait celles d'une femme en couches. Ces plaintes atteignent leur paroxysme au moment même du commencement apparent du phénomène. Elles diminuent ou cessent quand il est entièrement formé.

L'apparition de la substance est annoncée, généralement, par la présence de taches liquides blanches, lumineuses, de la dimension d'un pois à celle d'une pièce de cinq francs, disséminées çà et là sur le sarrau noir du médium, principalement du côté gauche.

Cette manifestation constitue un phénomène prémonitoire, survenant assez longtemps, parfois trois quarts d'heure à une heure, avant les autres phénomènes. Elle manque quelquefois et il arrive quelquefois aussi qu'elle ne soit suivie d'aucune autre manifestation. La substance, proprement dite, se dégage de tout le corps du médium, mais spécialement des orifices naturels et des extrémités du corps, sommet de la tête, bout des seins, extrémités des doigts.

L'issue la plus fréquente, la plus facile à observer est l'issue par la bouche ; on voit alors la substance s'extérioriser de la surface interne des joues, du voile du palais et des gencives.

La substance se présente sous un aspect variable ; tantôt, et c'est le plus caractéristique, celui d'une pâte malléable, véritable masse protoplasmique ; tantôt celui de fils nombreux et menus ; tantôt celui de cordons de grosseur diverse, de rayons étroits et rigides ; tantôt celui de bande large et étalée ; tantôt celui de membrane ; tantôt celui d'une étoffe, d'un tissu mince, à contours indéfinis et irréguliers. La plus curieuse de ces apparences est celle d'une membrane largement étalée, pourvue de franges, de bourrelets et dont l'aspect général rappelle tout à fait celle de l'épiploon. En somme, la substance est essentiellement amorphe, ou plutôt essentiellement polymorphe.

L'abondance de la substance extériorisée est des plus variable · tantôt infime, tantôt considérable, avec toutes les transitions. Dans certains cas elle recouvre entièrement le médium comme d'un manteau.

La substance peut présenter trois couleurs différentes : blanche, noire et grise. La couleur blanche est la plus fréquente, peut-être parce qu'elle est la plus facile à observer. Il y a parfois issue simultanée de substance des trois couleurs. La visibilité de la substance est très variable. Cette visibilité peut s'accentuer ou diminuer lentement à diverses reprises. Au contact, la substance donne des impressions très variables, impressions généralement en rapport avec la forme momentanée qu'elle revêt. Elle semble molle et un peu élastique quand elle s'étale ; dure, noueuse ou fibreuse quand elle forme des cordons.

Parfois elle donne la sensation d'une toile d'araignée frôlant la main des observateurs. Les fils de la substance sont à la fois rigides et élastiques.

La substance est mobile. Tantôt elle évolue lentement, monte, descend, se promène sur le médium, ses épaules, sa poitrine, ses genoux, par un mouvement de reptation qui rappelle celui d'un reptile ; tantôt ses évolutions sont brusques et rapides ; elle apparaît et disparaît comme un éclair.

La substance est extrêmement sensible, et sa sensibilité se confond avec celle du médium hyperesthésié. Tout attouchement retentit douloureusement sur ce dernier. Si l'attouchement est tant soit peu brutal ou prolongé, le médium accuse une douleur qu'il compare à celle que produirait un choc sur sa chair à vif.

La substance est sensible même aux rayons lumineux. Une lumière, surtout si elle est brusque et inattendue, provoque un ébranlement douloureux du sujet. Toutefois, rien n'est plus variable que cet effet de la lumière. Dans certains cas, la substance tolère même la grande lumière du jour. L'éclair du magnésium provoque un soubresaut du médium, mais il est supporté et permet les photographies instantanées.

Il est difficile de distinguer, dans les effets de la lumière sur la substance, ou dans ses répercussions sur le médium. ce qui est phénomène douloureux ou reflexe pur ; douleur ou reflexe gênent néanmoins les investigations. C'est ainsi que, jusqu'à présent, la cinématographie des phénomènes n'a pu être obtenue. A la sensibilité, la substance joint une sorte d'instinct, rappelant l'instinct de la conservation chez les invertébrés. La substance paraît avoir toute la méfiance d'un animal sans défense ou dont la seule défense consiste à rentrer dans l'organisme du médium dont elle est issue. Elle craint les contacts, toujours prête à se dérober et à se résorber.

La substance a une tendance immédiate, irrésistible à

l'organisation. Elle ne demeure pas longtemps à l'état originel. Il arrive fréquemment que l'organisation est tellement rapide qu'elle ne laisse pas voir la substance primordiale. D'autres fois on voit, simultanément, la substance amorphe et des représentations plus ou moins complètes englobées dans sa masse ; par exemple un doigt pendant au milieu de franges de substance. On voit même des têtes, des visages, enveloppés de substance.

J'arrive maintenant aux représentations.
Elles sont des plus diverses.
Quelquefois, ce sont des formations inorganiques indéterminées ; mais, le plus souvent, ce sont des formations organiques, variables comme complexité et comme perfection.

On sait que différents observateurs, Crookes et Richet entre autres, ont décrit des matérialisations complètes. Il s'agissait non pas de fantômes, dans le sens propre du mot, mais d'êtres ayant momentanément toutes les particularités vitales d'êtres vivants, dont le cœur battait, le poumon respirait, dont l'apparence corporelle était parfaite.

Je n'ai pas observé, hélas, pareil phénomène ; par contre, j'ai vu, assez fréquemment, des représentations complètes d'un organe, par exemple d'un visage, d'une main ou d'un doigt.

Dans les cas les plus parfaits, l'organe matérialisé a toutes les apparences et propriétés biologiques d'un organe vivant. J'ai vu des doigts admirablement modelés, avec leurs ongles ; j'ai vu des mains complètes, avec os et articulations ; j'ai vu un crâne vivant, dont je palpais les os, sous une épaisse chevelure. J'ai vu des visages bien formés, des visages vivants, des visages humains !

Dans de nombreux cas, *ces représentations se sont faites, développées entièrement à mes yeux, du commencement à la fin du phénomène.* J'ai vu maintes fois, par exemple, de la substance sortir des doigts, reliant entre eux les doigts de chaque main ; puis, le médium écartant ses mains, la substance s'allonger, former d'épais cordons, s'étaler, constituer des franges semblables à des franges épiploïques. Enfin, au milieu de ces franges, apparaître, par une représentation progressive, des doigts, ou une main, ou un visage, parfaitement organisés.

Dans d'autres cas, j'ai été témoin d'une organisation analogue, après issue de la substance par la bouche.

En voici un exemple pris dans mon cahier de notes :
« De la bouche descend lentement, jusque sur les genoux d'Eva, un cordon de substance blanche, de la largeur approximative de deux doigts ; ce ruban prend à nos yeux, les formes les plus variables : tantôt il s'étale sous la forme d'un large tissu membraneux perforé, avec des vides et des renflements ; tantôt il se ramasse et se rétrécit, puis se renfle, puis s'étire de nouveau. Çà et là, de la masse, partent des prolongements, des espèces de pseudopodes et ces pseudopodes revêtent parfois, pendant quelques secondes, la forme de doigts, l'ébauche de mains, puis rentrent dans la masse. Finalement, le cordon se ramasse sur lui-même, s'allonge sur les genoux d'Eva ; puis son extrémité se relève, se détache du médium et s'avance près de moi. Je vois alors cette extrémité s'épaissir sous forme d'un renflement, d'un bourgeonnement terminal et ce bourgeonnement terminal s'épanouit en une main parfaitement modelée. Je touche cette main. Elle donne une sensation normale ; je sens les os, je sens les doigts munis de leurs ongles. Puis la main se rétrécit, diminue, disparaît au bout du cordon. Le cordon fait encore quelques évolutions, se rétracte et rentre dans la bouche du médium. »

En même temps que la forme solide, on peut observer la forme vaporeuse de la substance ; elle sort alors de la surface du corps du médium sous une forme invisible et impalpable, sans doute à travers les mailles de son vêtement, et se condense à la surface de ce dernier. On voit alors comme un petit nuage qui s'agglomère en une tache blanche sur le sarrau noir, au niveau de l'épaule, de la poitrine ou des genoux. La tache grandit, s'étale, puis elle prend les contours ou les reliefs d'une main ou d'un visage.

Quel que soit son mode de formation, le phénomène ne reste pas toujours en contact avec le médium. On l'observe souvent tout à fait en dehors de lui. L'exemple suivant est typique à cet égard :

« Une tête apparaît tout à coup, à environ 75 centimètres de la tête d'Eva, au-dessus d'elle et à sa droite. C'est une tête d'homme, de dimension normale, bien formée, avec ses reliefs habituels. Le sommet du crâne et le front sont parfaitement matérialisés. Le front est large et haut ; les cheveux taillés en brosse et abondants, chatains ou noirs. Au-dessous des arcades sourcillières, les contours s'estompent ; on ne voit bien que le front et le crâne.

« La tête se dérobe un instant derrière le rideau ; puis reparaît dans les mêmes conditions ; mais la face, incomplètement matérialisée, est masquée par une bande de substance blanche. J'avance la main ; je passe mes doigts à travers les cheveux touffus et je palpe les os du crâne... Un instant après, tout avait disparu. »

Les formations manifestent donc une certaine autonomie, et cette autonomie est physiologique autant qu'anatomique.

Les organes matérialisés ne sont pas inertes, mais biologiquement vivants. Une main bien constituée, par exemple, a les capacités fonctionnelles d'une main normale. J'ai été, maintes fois, intentionnellement touché par une main ou saisi par des doigts.

Les plus remarquables matérialisations que j'ai été à même d'observer sont celles qui ont été produites, dans mon laboratoire, par Eva, pendant 3 mois consécutifs, dans l'hiver de 1917-1918. Dans des séances bi-hebdomadaires, faites en collaboration avec Mme Bisson, M. le Médecin inspecteur général Calmette, M. Jules Coürtier, M. Le Cour, nous avons obtenu une série de documents du plus grand intérêt. Nous avons vu, touché, photographié des représentations de visages et de têtes, formées aux dépens de la substance originelle. Ces représentations se sont faites à nos yeux, les rideaux constamment entrouverts. Tantôt elles provenaient de l'organisation d'un cordon de substance solide issu du médium, tantôt elles provenaient, par formation progressive, d'un brouillard de substance vaporeuse condensé au devant d'Eva, ou à ses côtés.

Dans le premier cas, on voyait fréquemment, sur la matérialisation terminée, des *rudiments* plus ou moins importants du cordon originel de substance.

Les formes matérialisées, dont les photographies ont été présentées dans ma conférence sur la *physiologie dite supranormale*, étaient remarquables à divers points de vue.

1° *Elles avaient toujours les trois dimensions.* J'ai pu m'en assurer, dans le cours des séances, par la vue et plusieurs fois par le toucher. Le relief est d'ailleurs évident dans les clichés stéréoscopiques que j'ai pu prendre.

2° *Les divers visages de cette série présentaient quelques analogies avec de grandes variétés :*

Variétés dans les traits de la physionomie ;

Variétés dans les dimensions de la forme, plus petites que nature mais de grandeur variable d'une séance à l'autre, et dans le cours d'une même séance ;

Variétés dans la perfection des traits, tantôt très réguliers, tantôt défectueux ;

Variétés dans le degré de matérialisation, parfois complet ; parfois incomplet, avec rudiments de substance ; parfois seulement ébauché.

J'appelle l'attention sur l'intérêt, à tous points de vue, des *rudiments de substance*. L'importance des rudiments, en « embryologie métapsychique » est comparable à leur importance en embryologie normale. Ils sont les <u>*témoins*</u> de l'origine et de la genèse des formations.

Les formes avaient d'autant plus d'autonomie qu'elles étaient mieux matérialisées. Elles évoluaient autour d'Eva, parfois assez loin d'elle. L'une des figures se montra en premier lieu à l'ouverture du rideau, de grandeur naturelle, avec une apparence de vie remarquable et une grande beauté.

Dans une autre séance, je pus percevoir avec mes mains, à travers le rideau du cabinet noir, le contact d'un corps humain qui faisait onduler le rideau (Eva était étendue sur son fauteuil, entièrement visible et ses mains étaient tenues).

Inutile de dire que les précautions habituelles avaient été prises rigoureusement pendant les séances en mon laboratoire. En entrant dans la salle des séances, où je pénétrais seul dans l'intervalle, le médium était, devant moi, entièrement déshabillé, revêtu d'un maillot complet que l'on cousait dans le dos et aux poignets. La chevelure, la cavité buccale étaient visitées par moi et par mes collaborateurs, avant et après les séances. On faisait asseoir Eva à reculons dans le fauteuil d'osier du cabinet noir ; *ses mains restaient toujours visibles et tenues en dehors des rideaux* ; une lumière très suffisante éclairait constamment la salle des séances. Je ne dis pas seulement : « Il n'y a pas eu de fraude » ; je dis : « *Il n'y avait pas possibilité de fraude.* » (1). Du reste, je ne saurais trop le répéter : presque toujours *les matérialisations se sont faites sous mes yeux* et j'ai observé toute leur genèse et tout leur développement.

Les formations organiques bien constituées, ayant tou-

---

(1) Je suis d'ailleurs heureux de déclarer qu'Eva a toujours fait preuve, en ma présence, d'une probité expérimentale absolue. La résignation intelligente et dévouée avec laquelle elle se soumet à toutes les contraintes et subit les épreuves vraiment pénibles de sa médiumnité méritent, de la part des hommes de science dignes de ce nom, une sincère et grande reconnaissance.

tes les apparences de la vie, sont assez souvent remplacées par *des formations incomplètes*. Le relief manque fréquemment et les formes sont plates. Il arrive qu'elles sont partiellement plates et partiellement en relief. J'ai vu, dans certains cas, une main ou un visage apparaître plats, puis, sous mes yeux, prendre les trois dimensions, soit incomplètement, soit complètement. Les dimensions, dans le cas de formations incomplètes, sont quelquefois plus petites que nature. Ce sont parfois de véritables miniatures.

Le caractère incomplet des formations, au lieu de se manifester par une altération dans les dimensions de *grandeur*, de *largeur* ou d'*épaisseur*, se présente assez souvent sous la forme *lacunaire*. Les matérialisations sont de dimension normale mais offrent des lacunes dans leur structure.

Le docteur de Schenck-Notzing, en prenant des photographies stéréoscopiques simultanément de face, de profil et de dos, a vu que, généralement, les premières sont seules à révéler une matérialisation complète ; la région dorsale restant à l'état d'amas de substance amorphe. Il a observé également, parfois, dans les régions même bien matérialisées, des vides, soit laissés tels quels, soit dissimulés sous un revêtement uniforme de substance.

J'ai fait personnellement la même remarque.

Il n'est pas douteux que les voiles flottants, les turbans et ornements analogues dont se revêtent si souvent les « fantômes » ne masquent des défectuosités ou des lacunes de leur organisme néo-formé.

Il y a du reste toutes les transitions possibles entre les formations organiques complètes et incomplètes ; et les changements, encore une fois, s'effectuent souvent sous les yeux des observateurs.

A côté de ces formations complètes ou incomplètes, il faut signaler une catégorie bizarre de formations. Ce sont moins des organes que des imitations plus ou moins réussies ou plus ou moins grossières d'organes. Ce sont de véritables simulacres. On peut observer tous les simulacres, simulacres de doigt, n'ayant de cet organe que la forme générale, sans chaleur, sans souplesse, sans articulations ; des simulacres de visage semblant des images, des découpages ou des masques ; des touffes de cheveux adhérentes à des formations indéfinies, etc.

Les simulacres, dont l'authenticité métapsychique est indéniable (et ce point est capital), ont déconcerté et troublé maints observateurs. « On dirait, s'écriait M. de Fontenay, qu'une sorte de génie malfaisant se moque des observateurs. »

En réalité, ces simulacres s'expliquent facilement. Ils sont le produit d'une force dont le rendement métapsychique est médiocre, qui dispose de moyens d'exécution plus médiocres encore et qui fait ce qu'elle peut. Elle réussit rarement, précisément parce que son activité, orientée hors de ses voies habituelles, n'a plus la sûreté que donne, dans l'acte physiologique, l'entraînement biologique normal.

Il faut noter d'ailleurs, pour bien comprendre ce qui se passe alors, que la physiologie normale présente elle-même parfois aussi ses simulacres. A côté des formations organiques bien venues, des productions foetales accomplies, il y a des fausses couches, des monstruosités, des représentations aberrantes. Rien de plus curieux, à cet égard, que ces néoplasies bizarres, appelées kystes dermoïdes, dans lesquelles on retrouve des cheveux, des dents, des organes divers, des viscères et même des formations foetales plus ou moins complètes. Comme la physiologie normale, la physiologie dite supranormale a ses produits bien venus et ses produits avortés, ses monstruosités, ses productions dermoïdes. Le parallélisme est complet.

Un phénomène aussi curieux, au moins, que l'apparition des formations matérialisées, c'est *leur disparition*. Cette disparition est parfois instantanée ou quasi instantanée. En moins d'une seconde, la formation dont la présence avait été constatée par la vue et le contact, disparait.

Dans d'autres cas, la disparition se fait par degrés. On observe le retour à la substance originelle puis la résorption de la substance dans le corps du médium, comme elle en était sortie et avec les mêmes modalités. Dans d'autres cas enfin, on voit la disparition se faire peu à peu, non par retour à la substance, mais par diminution progressive des caractères sensibles. La visibilité de la formation diminue lentement ; les contours de l'ectoplasme pâlissent, s'effacent et tout disparaît.

Pendant tout le temps que dure le phénomène de matérialisation, la formation est en rapport physiologique et psychologique évident avec le médium. Le rapport physiologique est parfois appréciable sous forme d'un mince cordon de substance qui relie la forme au médium et qu'on peut comparer au cordon ombilical qui relie l'embryon à la mère. Même lorsqu'on ne voit pas le cordon, le rapport physiologique est toujours intime. Toute impression reçue par l'ectoplasme se répercute au médium et réciproquement. L'extrême sensibilité réflexe de la formation se confond étroitement avec celle du médium. Tout prouve, en un mot, que l'ectoplasme, c'est le médium même, partiellement extériorisé. Je ne parle, bien entendu, qu'au point de vue physiologique, car je n'envisage pas, en ce moment, le côté psychologique pur de la question.

Tels sont les faits. Reste à les interpréter, si possible. Il ne saurait s'agir, bien entendu, de prétendre, en quelques mots et sans plus tarder, définir ce qu'est la vie ! Qu'il nous suffise d'abord et avant tout, de poser nettement les termes du problème.

2° L'UNITÉ DE SUBSTANCE ORGANIQUE

Le premier terme est relatif à la constitution même de

la matière vivante. L'examen de la physiologie supranormale confirme à ce point de vue l'examen approfondi de la physiologie normale ; ils tendent tous deux à établir la conception de l'*unité de la substance organique*. Dans nos expériences, nous avons vu, avant tout, s'extérioriser du corps du médium une substance unique, amorphe, d'où dérivaient ensuite les diverses formations idéoplastiques. Cette substance unique, nous l'avons vue maintes fois, je le répète, s'organiser sous nos yeux, se transformer sous nos yeux. Nous avons vu une main sortir d'un amas de substance ; une masse blanche devenir un visage ; nous avons vu, en quelques instants, la représentation d'une tête faire place à la représentation d'une main ; nous avons pu, par le témoignage concordant de la vue et du toucher, percevoir le passage de la substance amorphe inorganique à une représentation formelle organique, ayant momentanément tous les attributs de la vie, représentation complète en chair et en os, suivant l'expression populaire. Nous avons vu ces représentations disparaître, se fondre en la substance originelle puis se résorber en un instant dans le corps du médium. Donc, dans la physiologie supranormale, il n'y a pas, comme substratum des formations organiques diverses, des substances diverses, substance osseuse, musculaire, viscérale, nerveuse, etc. ; il y a simplement de la susbtance, *la substance unique, base, substratum de la vie organisée*.

Dans la physiologie normale, il en est exactement de même ; mais cela est moins apparent. C'est cependant évident dans certains cas. Le même phénomène, nous l'avons dit, qui se passe dans le cabinet noir des séances, se passe dans la chrysalide close de l'insecte. L'histolyse réduit en grande partie ses organes et ses parties diverses en une substance unique, substance destinée à matérialiser les organes et parties diverses de la forme adulte. C'est le même phénomène dans les deux physiologies. L'assimilation est légitime et elle est complète.

A cette conception de l'unité de matière organique, on ne saurait rien opposer, sinon des apparences.

L'apparence de la physiologie banale, de l'expérience journalière d'abord ; cette apparence ne prouve rien et nos observations démontrent précisément qu'elle est purement illusoire. Puis il y a l'apparence physico-chimique. Elle est tout aussi trompeuse.

Sans doute, les analyses de la substance manquent. L'impossibilité morale de faire subir au médium, extériorisant sa substance, une amputation qui pourrait le blesser grièvement ou le tuer, nous arrêtera toujours. Nous ignorons donc la constitution exacte de cette substance. Est-elle décomposable en les différents corps simples que l'on trouve dans le corps de l'être vivant, carbone, oxygène, hydrogène, azote, fer, phosphore ? Réalise-t-elle l'unité atomique absolue ? Nous n'en savons rien. Peu importe. Ce qui est essentiel, c'est qu'elle réalise l'unité biologique.

Conclusion. — *Tout se passe en biologie comme si l'être physique était essentiellement constitué par une substance primordiale unique, dont les formations organiques ne sont que de simples représentations.*

L'unité essentielle de la substance organique est ainsi le premier terme du problème de la biologie.

3° L'ÉVIDENCE D'UN DYNAMISME SUPÉRIEUR

Le deuxième terme est inclus dans la nécessité *d'admettre l'existence d'un dynamisme supérieur*, organisateur, centralisateur et directeur.

La nécessité de cette notion ressort de toutes nos connaissances physiologiques.

Nous avons dit que seule la notion de ce dynamisme permet de comprendre l'organisation vitale, la forme spécifique, l'édification de l'organisme, le maintien de la personnalité et les réparations organiques. Nous avons vu surtout la notion de ce dynamisme supérieur imposée par l'étude du développement embryonnaire et post-embryonnaire et spécialement par l'étude des métamorphoses. Enfin nous l'avons vu définitivement et absolument démontrée par les dématérialisations et rematérialisations de l'insecte dans sa chrysalide ou du médium dans le cabinet noir.

Là, plus de doute, plus de discussion possible : les faits prouvent que les molécules constitutives du complexus organique n'ont pas de spécificité absolue ; que leur spécificité relative leur vient uniquement du moule dynamique ou idéal qui les conditionne, qui en fait de la substance viscérale, musculaire, nerveuse, etc. et leur attribue une forme, une situation et une fonction définies.

Tout se passe en un mot, dans la physiologie normale ou supranormale, comme si le complexus organique était édifié, organisé, dirigé et maintenu par un dynamisme supérieur. Et c'est là le deuxième terme du problème biologique.

4° Conditionnement du dynamisme par l'idée

Il est un troisième terme, et c'est le plus important : le dynamisme directeur obéit lui-même à une idée directrice. Cette idée directrice se retrouve dans toutes les créations biologiques, soit qu'il s'agisse de la constitution normale d'un organisme, soit qu'il s'agisse d'une matérialisation anormale plus ou moins complexe. Elle révèle un but bien défini. L'idée directrice n'aboutit pas toujours pleinement à ce but. Le résultat de son activité est souvent imparfait ; nous la voyons, soit en physiologie normale, soit en physiologie supranormale donner tantôt des produits bien venus, tantôt des produits avortés ou monstrueux ; tantôt même des simulacres ; mais qu'elle aboutisse ou non, l'idée directrice se retrouve toujours. Cela est tellement évident, que le mot juste a été trouvé, d'instinct pour ainsi dire, pour s'appliquer aux phénomènes de matérialisation ; c'est le mot « idéoplastie » auquel on a joint le mot de téléplastie impliquant le phénomène en dehors même de l'organisme décentralisé ou dématérialisé.

Que veut dire ce mot « idéoplastie » ? Il veut dire modelage par l'idée de la matière vivante. La notion de l'idéoplastie imposée par les faits est capitale ; l'idée n'est plus une dépendance, un produit de la matière. C'est au contraire l'idée qui modèle la matière, lui procure sa forme et ses attributs.

En d'autres termes, la matière, la substance unique, se résoud, en dernière analyse, dans un dynamisme supérieur qui la conditionne et ce dynamisme est lui-même sous la dépendance de l'Idée.

Or, cela, c'est le *renversement total de la physiologie matérialiste*. Comme le dit Flammarion dans son livre admirable : *Les forces naturelles inconnues*, ces manifestations « confirment ce que nous savons d'autre part : que l'explication purement mécanique de la nature est insuffisante ; et qu'il y a dans l'univers autre chose que la prétendue matière. Ce n'est pas la matière qui régit le monde : c'est un élément dynamique et psychique. » Oui, les matérialisations idéoplastiques démontrent que l'être vivant ne saurait plus être considéré comme un simple complexus cellulaire. L'être vivant nous apparaît, avant tout, *comme un dynamo-psychisme* et le complexus cellulaire qui constitue son corps n'apparaît plus que comme un produit idéoplastique de ce dynamo psychisme. Ainsi les formations matérialisées dans les séances médiumniques relèvent du même processus biologique que la génération. Elles sont ni plus ni moins miraculeuses, ni plus ni moins supranormales ; ou, si l'on veut, elles le sont également : c'est le même miracle idéoplastique qui forme, aux dépens du corps maternel, les mains, le visage, les viscères, tous les tissus, l'organisme entier du fœtus ou, aux dépens du corps du médium, les mains, le visage ou l'organisme entier d'une matérialisation.

Cette singulière analogie entre la physiologie normale et la physiologie dite supranormale se retrouve jusque dans les détails. Voici ces principaux détails : l'ectoplasme est relié au médium par un lien nourricier, véritable cordon ombilical, comparable à celui qui relie l'embryon à l'organisme maternel. Dans certains cas, les formations matérialisées se présentent comme dans un œuf de substance. L'exemple suivant de mon cahier de notes est caractéristique : « sur les genoux du médium apparaît une tache blanche qui, très rapidement constitue une masse, ronde, irrégulière, ressemblant à une boule de neige ou de laine blanche. A nos yeux la masse s'entrouvre, se partage en deux parties reliées par une bande de substance ; dans l'une des parties est inclus un visage de femme dont les traits sont admirablement modelés. Les yeux, spécialement, ont une expression de vie intense. Au bout de quelques instants, le phénomène s'efface, diminue peu à peu de visibilité et disparaît. J'ai vu également, maintes fois, une main se présenter, enveloppée d'une membrane qui rappelait trait pour trait la membrane placentaire. L'impression, à la vue et au contact, était tout à fait celle que donne, dans un accouchement dystocique, la présentation de la main, la poche des eaux étant intacte.

Une autre analogie avec l'accouchement est celle de la douleur. Les gémissements et les efforts du médium en trance rappellent étrangement ceux de la femme en couche.

L'assimilation que nous proposons entre la physiologie normale et la physiologie dite supranormale est donc légitime, car elle découle de l'examen même des faits. Toutefois, elle soulève de sérieuses objections que nous allons discuter rapidement.

Tout d'abord, peut-on objecter, si la physiologie normale et la physiologie supranormale relèvent d'un même processus biologique, d'où vient leur diversité apparente ? Pourquoi l'une est-elle régulière ; l'autre exceptionnelle, soustraite aux contingences habituelles, celles de temps, d'espace, de conditions génératrices, etc. ? Nous répondrons que la physiologie dite normale est le produit de l'activité organique telle que l'a faite l'évolution. L'idée directrice et créatrice se détermine normalement dans un sens donné, le sens de l'évolution de l'espèce ; se conforme au sens de cette évolution.

La physiologie supranormale, au contraire, est le produit d'une activité idéoplastique orientée dans un sens divergent, par un effort anormal de l'idée directrice.

Pour expliquer cette activité divergente, en dehors des contingences habituelles, il n'est nul besoin d'invoquer une capacité miraculeuse ou supranormale. La logique scientifique comme la logique philosophique sont d'accord pour recourir à une explication plus simple et plus satisfaisante :

Les capacités idéoplastiques anormales, tous les pouvoirs d'apparence mystérieuse sur la matière, prouvent simplement ceci : les lois qui président au monde matériel *n'ont pas la rigueur inflexible et absolue que l'on croyait : elles n'ont qu'une valeur relative.* Elles peuvent donc être temporairement ou accidentellement modifiées ou suspendues.

5° LES MODALITÉS SECONDAIRES DE LA PHYSIOLOGIE SUPRANORMALE

Ces notions sur le processus et les faits de matérialisation étant établies, il nous sera désormais facile, conformément à notre méthode, de comprendre les faits moins complexes de physiologie dite supranormale, faits restés inexplicables, tant qu'on a voulu les considérer primitivement ou isolément.

Les *phénomènes de télékinésie* ou de mouvements sans contact, sont explicables par l'action du dynamisme vital extériorisé et obéissant à une impulsion subconsciente.

Les expériences d'Ochorovicz (1) ont établi nettement la

---

(1) *Annales des sciences psychiques.*

genèse du phénomène. Elles ont démontré l'importance, à ce point de vue, des matérialisations élémentaires et ébauchées, des fils de substance, des rayons rigides, parfois visibles, parfois invisibles, sortant des doigts du médium et servant de substratum à son dynamisme extériorisé.

Les faits de télékinésie, pour être moins complexes, ne sont guère moins importants que les matérialisations. Je ne crois pas devoir les décrire et je renvoie simplement le lecteur aux ouvrages spéciaux (1).

---

(1) Lire spécialement le lumineux rapport de M. Courtier, sur les expériences faites par l'Institut psychologique, avec le médium Eusapia Paladino, en 1905, 1906, 1907, dans le local même de l'Institut, par MM. D'Arsonval, Gilbert Ballet, M. et Mme Curie, Bergson, Ch. Richet, de Gramont. Voici, par exemple, les conclusions, que donne M. Courtier, de deux de ces expériences.

1° « A la quatrième séance de 1905, une table pesant 7 kilos chargée, au milieu de son plateau, d'un poids de 10 kilos, fut complètement soulevée, pendant plusieurs secondes, à deux reprises. Elle le fut de nouveau à la sixième séance, alors que les pieds de la table, au voisinage du sujet étaient engaînés...

Au moment du soulèvement de la table, M. D'Arsonval et M. Ballet contrôlaient absolument les pieds et les genoux d'Eusapia et aucun contact n'a été exercé sur les pieds de la table... Nous devons également retenir les soulèvements complets des tables en fin de séances, alors que tout le monde est debout, dans des conditions de contrôle, dont la sténographie a conservé les détails circonstanciés et précis.

Les tables se soulèvent alors à des hauteurs plus grandes qu'au cours des séances, jusqu'à 0 m. 80 et 1 mètre du sol, les mains et les pieds du sujet étaient rigoureusement contrôlés. »

2° Mouvements d'avance et de recul du guéridon : « Ce guéridon avance et recule... lorsqu'il s'avance vers elle, on peut imaginer que, malgré les plus sévères précautions pour éviter la fraude, elle use d'un fil quelconque assez fin pour demeurer invisible et qu'elle attire le meuble par ce moyen... Mais comment expliquer le *recul* du guéridon ? Supposons qu'un des contrôleurs prenne la place d'Eusapia et agisse par les moyens ordinaires. On n'imagine qu'un procédé : ce serait de tenir en main une tige rigide quelconque et de repousser l'objet à l'ae de cette tige. Mais une tige rigide, si mince fût-elle, ne pourrait, comme un fil, échapper à la vue des observateurs attentifs au phénomène. Il ne saurait être question, bien entendu, d'un recul obtenu par la réflexion d'un fil sur une poulie ou quelque aspérité d'une muraille, mécanisme nécessitant une installation. L'ap-

Les phénomènes de stigmatisation, de modifications trophiques cutanées par suggestion ou auto-suggestion ne sont que des phénomènes élémentaires d'idéoplastie, infiniment plus simples, quoique de même ordre, que les phénomènes de matérialisation.

Les guérisons dites miraculeuses sont le fruit de la même idéoplastie, orientée, par suggestion ou auto-suggestion, dans un sens favorable aux réparations organiques et concentrant pour un temps, dans ce but, toute la puissance du dynamisme vital. Il faut remarquer que la force idéoplastique subconsciente réparatrice est beaucoup plus active chez les animaux inférieurs que chez l'homme ; sans doute parce que, chez ce dernier, la fonction cérébrale accapare et détourne à son profit la majeure partie de la force vitale. Il n'y a pas de miracle, dans le retour accidentel à l'organisation humaine des actions dynamiques et idéoplastiques qui sont la règle au bas de l'échelle animale

Les phénomènes de mimétisme, si fréquents également dans l'animalité et si mystérieux dans leur mécanisme, peuvent aussi s'expliquer par l'idéoplastie subconsciente. L'instinct provoquerait simplement l'idéoplastie dans un sens favorable, et les effets de cette dernière seraient ensuite facilités et fixés par les facteurs de sélection et d'adaptation (1).

---

pareil d'enregistrement était, bien entendu, absolument passif, et, d'autre part, toute hypothèse d'hallucination collective doit être écartée, puisque les déplacements du meuble marquaient automatiquement leur trace sur le cylindre de Marey. Notons enfin qu'il ne s'agit pas ici de phénomènes d'attraction ou de répulsion analogues à ceux des aimants, toujours brusques et de direction invariable. Le guéridon est transporté avec une lenteur relative ; ses trajectoires sont curvilignes, compliquées. Il évite les obstacles pour atteindre le terme de sa course ».

Si j'ai cité ces observations des savants expérimentateurs de l'Institut psychologique, ce n'est pas à cause de leur importance, qui est faible en présence de l'extrême variété et de la complexité de la télékinésie; c'est uniquement à titre d'*exemple indéniable et irréfutable.*

(1) Voir, à ce propos, *les Miracles de la volonté*, de E. DUCHATEL et WARCOLLIER.

Nous pouvons résumer d'une manière frappante, dans le tableau ci-après la conception nouvelle mise en face de la conception classique.

6° LES CONCEPTIONS PHYSIOLOGIQUES DE L'INDIVIDU

— RÉSUMÉ —

CONCEPTION CLASSIQUE.	CONCEPTION NOUVELLE
L'organisme est un simple complexus cellulaire. Le dynamisme vital n'est que la résultante synthétique des processus biologiques et du fonctionnement physiologique.	*Le complexus organique, son fonctionnement physiologique et tous les processus vitaux sont conditionnés par un dynamisme supérieur.*
Phénomène vital primordial: mystère.	Tous ces phénomènes s'expliquent aisément par l'action du dynamisme supérieur, action génératrice, directrice, centralisatrice, conservatrice et réparatrice.
Forme spécifique: mystère.	
Formation de l'organisme: mystère.	
Maintien de l'organisme: hypothèses vagues et insuffisantes.	
Réparation de l'organisme: hypothèses vagues et insuffisantes:	La notion concrète de ce dynamisme doit être substituée à la notion abstraite de l'idée directrice.
Développement embryonnaire: mystère.	
Développement post-embryonnaire: mystère.	
Métamorphoses: mystère.	
Histolyse de l'insecte: mystère.	Ces phénomènes s'expliquent par l'action extra-organique du dynamisme vital. Le dynamisme conditionne l'organisme au lieu d'être conditionné par lui. Il peut donc se séparer de lui et même le désorganiser partiellement pour le réorganiser dans des formes, des représentations différentes et distinctes.
Manifestations sensorielles en dehors des origines des sens: mystère.	
Manifestations motrices en dehors des muscles: mystère.	
Manifestations idéoplastiques: mystère.	
Matérialisations: mystère.	

On le voit, le mystère qui régnait sur toute la physiologie nous apparaît quelque peu éclairci. La triple notion, déduite naturellement et logiquement des faits : celle de *l'unité de substance, du dynamisme organisateur et du conditionnement de ce dynamisme par l'idée* nous ont fait faire un pas décisif dans la marche vers la vérité.

Mais que d'inconnues à dégager encore !

Quelles sont l'origine, la fin, la nature exacte du dynamo-psychisme organisateur, centralisateur et directeur du complexus cellulaire ? Comment ce dynamo-psychisme mystérieux se trouve-t-il être en puissance dans l'ovule fécondé, la bouture ou le bourgeon dont va surgir un nouvel être ? Quels sont en un mot, ses rapports exacts avec tous les processus vitaux ?

Nous avons parlé du pouvoir idéoplastique. Mais, ce pouvoir, quel est-il au juste ? L'idée directrice, les capacités idéoplastiques qui se révèlent en physiologie normale ou supranormale ne dépendent pas de la conscience, dans laquelle nous avons l'habitude de résumer, de localiser tout notre « moi ». Elles surgissent des profondeurs d'un Inconscient mystérieux et impénétrable.

La volonté consciente et directrice de l'être n'a pas d'action sur les grandes fonctions organiques et elle n'intervient pas dans les matérialisations idéoplastiques. Celles-ci, produites aux dépens de la substance de l'être, semblent cependant parfois, sinon toujours, être formées ou dirigées en dehors de lui, par des entités distinctes de lui.

Donc, dira-t-on, parler d'idéoplastie, de modelage de la matière par l'idée, de dynamo-psychisme subconscient organisateur, c'est simplement reculer le mystère, ce n'est pas le supprimer. L'énigme, plus lointaine n'en est pas moins insoluble.

Insoluble, nullement.

Ce qui est vrai, encore une fois, c'est qu'à partir des données élémentaires, quoique essentielles, que nous avons fait ressortir de notre démonstration, le problème biologique se complique formidablement.

Il n'embrasse plus seulement la physiologie, mais la psychologie, toutes les sciences naturelles et la philosophie.

En un mot, il ne s'agit plus seulement de la vie, mais de la constitution et de l'évolution de l'univers et de l'individu.

Avant de compléter le chapitre de la physiologie, nous devons donc nous soumettre à une nouvelle application, plus vaste encore, de notre méthode synthétique. Interrogeons la psychologie, puis la philosophie : les réponses partielles qui nous manquent encore nous seront données par la réponse générale à la grande énigme, but de notre travail.

CHAPITRE III

L'INDIVIDUALITÉ PSYCHOLOGIQUE

Nous venons d'établir la faillite de la conception classique de l'individualité physiologique. Nous allons montrer maintenant la faillite de la conception classique de l'individualité psychologique.

Cette dernière est basée sur deux notions principales :
La notion du moi synthèse d'états de conscience.
La notion de la dépendance étroite de tout ce qui constitue l'Etre pensant au fonctionnement des centres nerveux.

Examinons successivement ces deux propositions essentielles :

1° LE MOI CONSIDÉRÉ COMME SYNTHÈSE D'ÉTATS DE CONSCIENCE

Voici, faisant suite à la conception physiologique que nous avons empruntée à M. Dastre, la conception psychologique que nous empruntons à M. Ribot (1) :

« *C'est l'organisme et le cerveau, sa représentation suprême, qui est la personnalité réelle*, contenant en lui les restes de ce que nous avons été et les possibilités de ce que nous serons. Le caractère individuel tout entier est inscrit là avec ses aptitudes actives et passives, ses sympathies et ses antipathies, son génie, son talent ou sa sottise, ses vertus et ses vices, sa torpeur ou son activité. Ce qui en émerge jusqu'à la conscience est peu au prix de ce

---

(1) RIBOT : *Les maladies de la personnalité*. (C'est moi qui ai souligné quelques passages).

qui reste enseveli quoique agissant. *La personnalité consciente n'est jamais qu'une faible partie de la personnalité psychique.*

« L'unité du moi n'est donc pas celle de l'entité *une* des spiritualistes qui s'éparpille en phénomènes multiples, mais la *coordination d'un certain nombre d'états* sans cesse renaissants, ayant pour seul point d'appui le sentiment vague de notre corps. *Cette unité ne va pas de haut en bas, mais de bas en haut ;* elle n'est pas un point initial, mais un point terminal...

« *Le moi est une coordination.* Il oscille entre ces deux points extrêmes où il cesse d'être : l'unité pure, l'incoordination absolue.

« Le dernier mot de tout ceci, c'est que le consensus de la conscience étant subordonné au consensus de l'organisme, le problème de l'unité du moi est, sous sa forme infime, un problème biologique. A la biologie d'expliquer, si elle le peut, la genèse des organismes et la solidarité de leurs parties. L'interprétation psychologique ne peut que la suivre. »

Le Dantec arrive aux mêmes conclusions (1). La conscience individuelle, selon lui, n'est que la somme de toutes les consciences des neurones, de sorte que « notre moi sera déterminé par le nombre, la nature, la disposition, les connexions réciproques de tous les éléments de notre système nerveux. »

Aussi donc, pour la psycho-physiologie classique contemporaine, le *moi conscient n'a pas d'unité essentielle : c'est une simple coordination d'états, de même que l'organisme auquel il est lié n'est qu'une coordination polyzoïste*.

Les objections qui s'imposent à cette conception sont les mêmes que celles qui s'imposent à la conception physiologique de l'individu. Elles ne tiennent pas compte de la

---

(1) LE DANTEC : *Le Déterminisme biologique et la personnalité consciente.* — *L'Individualité.* — *Théorie nouvelle de la vie.*

nécessité d'un principe directeur et centralisateur, créant le moi et maintenant sa permanence.

Le Dantec explique ainsi la permanence du moi : « La conscience individuelle, dit-il, n'est pas invariable ; elle se modifiera d'une manière lente et continue avec les changements incessants que produira dans notre organisme l'assimilation fonctionnelle accompagnant toutes les opérations que nous exécutons ; c'est ce qui constituera la variation de notre personnalité ; mais, par suite de la loi d'assimilation et de la cohésion particulière des substances plastiques, il y aura *continuité* dans le temps entre ces diverses personnalités successives ; c'est pour cela que le *moi* psychologique accompagne l'individu physiologique depuis sa naissance jusqu'à sa mort, à travers ses modifications incessantes. »

La conception du moi synthèse d'éléments est, avec des modalités diverses, celle de l'immense majorité des psycho-physiologistes contemporains, par réaction contre les anciennes hypothèses vitalistes ou spiritualistes.

Tous leurs efforts tendant à faire concorder, bon gré, mal gré, cette conception avec la notion expérimentale de l'unité du moi. Hoeffding (1), Paulhan (2), Wundt (3), bien d'autres encore, ont rivalisé de subtilité dans cette tâche impossible. Ils vont parfois, pour surmonter la difficulté, jusqu'à avoir recours à de véritables entités psycho-métaphysiques. Claude Bernard avait invoqué, en physiologie, l'*Idée directrice*. Wundt, en psychologie, attribue le rôle unitaire à ce qu'il appelle l' « *aperception* ».

Ces subtilités ou ces « tours de force » n'ont pas, en réalité, fait faire un pas en avant à la question : « A quelque point de vue que l'on se place, comme le dit Boutroux, la multiplicité ne contient pas la raison de l'unité (4). »

---

(1) Hoeffding : *Esquisse d'une psychologie fondée sur l'expérience.*
(2) Paulhan : *L'Activité mentale.*
(3) Wundt : *Physiologische Psychologie.*
(4) Boutroux : *De la contingence des lois de la nature.*

C'est l'évidence même et le moment est venu de tirer, de cet aphorisme, ses conséquences logiques. Pour cela, il importe, avant tout, de nous dégager des abstractions, des idées préconçues, des vaines querelles d'école et des étiquettes.

La question est très simple ; elle ne souffre pas d'équivoque : oui ou non, le moi est-il simplement synthèse d'éléments ?

Oui ou non, *cette synthèse n'est-elle que la somme de conscience des neurones et est-elle liée étroitement et exclusivement au fonctionnement des centres nerveux ?*

C'est ce que nous allons examiner à la lumière de tous les faits psychologiques.

2° LE MOI CONSIDÉRÉ COMME PRODUIT DU FONCTIONNEMENT DES CENTRES NERVEUX

La conception classique était basée, on le sait, sur la vieille notion du *parallélisme psycho-physiologique* dont on donnait les preuves suivantes :

— Le développement de l'intelligence consciente accompagne le développement de l'organisme et sa diminution progressive concorde plus tard avec la décrépitude sénile ;

— L'activité psychologique est proportionnelle à l'activité des centres nerveux ;

— L'activité psychologique disparaît par le repos des centres nerveux dans le sommeil ou par l'inaction des centres nerveux dans la syncope ;

— L'activité psychologique exige le fonctionnement normal des centres nerveux ; les lésions atteignant ces centres, les infections ou intoxications graves retentissant sur le cerveau troublent, restreignent ou suppriment l'activité psychique ;

— Cette activité psychique est étroitement conditionnée par l'étendue des capacités organiques. Elle en est strictement inséparable. Les éléments qu'utilise l'intelligence lui viennent des sens : « *nihil est in intellectu quod non prius fuerit in sensu.* » La portée des sens limite ainsi la portée de l'intelligence consciente.

— Toutes les facultés psychologiques, enfin, dépendent de localisations cérébrales précises et nettes. La destruction de l'un de ces centres supprime la faculté correspondante.

Tel est l'enseignement classique sur le parallélisme psychologique, enseignement si longtemps considéré comme indiscutable et d'ailleurs généralement indiscuté. Cependant, de nos jours, des difficultés sérieuses se sont imposées à l'attention.

3° FAITS DE LA PSYCHOLOGIE NORMALE
EN CONTRADICTION AVEC LA THÈSE DU PARALLÉLISME

Tout d'abord le parallélisme, analysé à la lumière de faits nouveaux, ne paraît plus aussi étroit qu'on le pensait : les tentatives de localisations cérébrales, qui donnaient de si belles promesses, ont abouti à un demi échec, sinon à un échec complet. Les travaux de Pierre Marie, la thèse de Moutier ont prouvé que même la localisation la mieux établie, celle du pied de la troisième frontale gauche, n'est pas la localisation étroite du langage. Le langage, comme toutes les fonctions, exige l'action synergique de plusieurs centres.

Certains cas anatomo-pathologiques ont prouvé que la privation de portions vraiment énormes du cerveau, dans les régions qu'on croyait précisément essentielles, *peut n'être suivie d'aucun trouble psychique grave et d'aucune restriction de la personnalité.*

Voici le relevé de ces principaux cas, que j'emprunte aux « Annales des Sciences psychiques » de janvier 1917 (1).

« M. Edmond Perrier présentait à l'Académie française

---

(1) Résumé de M. de Vesme.

des Sciences, dans sa séance du 22 décembre 1913, une observation du Docteur R. Robinson, concernant un homme qui vécut un an, presque sans souffrance, sans aucun trouble mental apparent, avec un cerveau réduit à l'état de bouillie et ne formant qu'un vaste abcès purulent.

« En juillet 1914, le docteur Hallopeau apportait à la Société de chirurgie le récit d'une opération qu'on fit subir, à l'hôpital Necker, à une jeune fille tombée d'un wagon du Métro. A la trépanation, on constate qu'une notable proportion de matière cérébrale est réduite littéralement en bouillie.

« On nettoie, on draine, on referme et la malade guérit parfaitement.

« Maintenant, voici ce que publièrent les journaux parisiens à propos de la séance de l'Académie des Sciences, à Paris, 24 mars 1917 :

« L'ablation partielle du cerveau. — Comme suite à ses communications antérieures sur cette intervention, qui va à l'encontre des idées généralement professées jusqu'ici, le docteur A. Guépin, de Paris, adresse à l'Académie une nouvelle contribution à l'étude de cette question. Il y mentionne que son premier opéré, le soldat Louis R., aujourd'hui jardinier près de Paris, malgré la perte d'une énorme partie de son hémisphère cérébral gauche (substance corticale, substance blanche, noyaux centraux, etc.) continue à se développer intellectuellement comme un sujet normal, en dépit des lésions et de l'enlèvement de circonvolutions considérées comme sièges de fonctions essentielles. De cette observation typique et des neuf autres analogues du même auteur que connaît l'Académie des Sciences, le docteur Guépin estime que l'on peut conclure aujourd'hui sans témérité :

« 1° Que l'amputation partielle du cerveau chez l'homme est possible, relativement facile et sauve certains blessés, que les traités classiques paraissent condamner encore à une mort certaine, ou tout au moins à des infirmités incurables ;

« 2° Que ces opérés semblent parfois ne se ressentir en rien d'avoir perdu telle ou telle région cérébrale.

« Ce travail est renvoyé à l'examen du docteur Laveran, chargé de l'étudier dans un rapport.

« Cette question est évidemment d'une telle importance, au point de vue de nos études et au point de vue « humain » en général, que nous croyons utile de traduire et reproduire ici un passage d'un discours prononcé le 7 août 1916 par le docteur Augustin Iturricha, président de la Société Anthropologique de Sucre (capitale de la Bolivie), au cours d'une séance de cette Société :

« Mais voici des faits plus surprenants encore recueillis dans la clinique du docteur Nicolas Ortiz, et que le docteur Domingo Guzman a eu l'amabilité de me communiquer. La source de ces observations ne peut être soupçonnée ; elle émane de deux hautes personnalités de notre monde scientifique, de deux vrais savants :

« Le premier cas se rapporte à un garçon de 12 à 14 ans, décédé dans le plein usage de ses facultés intellectuelles, malgré que sa masse encéphalique fut complètement détachée du bulbe, dans les conditions d'un homme réellement décapité. Bien grande dut être la stupéfaction des cliniciens rencontrant, au moment de l'autopsie, quand on ouvrit la cavité cranienne, les méninges hyperémiées et un grand abcès occupant presque tout le cervelet, une partie du cerveau et la protubérance ; on savait pourtant que cet homme, quelques instants auparavant, pensait avec vigueur. Ils doivent forcément s'être demandés : « Comment cela peut-il se faire ? » Le garçon se plaignait d'une céphalalgie violente, sa température ne descendait pas au-dessous de 39° ; les seuls symptômes dominants consistaient dans une dilatation des pupilles, photophobie et une grande hyperesthésie cutanée. Diagnostic : méningo-encéphalite.

« Le deuxième cas n'est pas moins rare. Il est offert par un indigène âgé de 45 ans, ayant souffert d'une contusion cérébrale au niveau de la circonvolution de Broca, avec fracture des os temporal et pariétal gauches. L'observation du patient avait révélé : élévation de la température, aphasie et hémiplégie droite. Le directeur et les autres médecins de la clinique entreprirent avec lui une intéressante expérience de rééducation du langage : ils parvinrent à lui faire prononcer de huit à dix mots, parfaitement compréhensibles et conscients. Malheureusement l'expérience ne put continuer parce que le malade après une vingtaine de jours, fut saisi d'une forte élévation de température, d'une céphalalgie intense suivie de délire et de coma ; il expirait trente heures après. Au cours de l'autopsie, on rencontra un grand abcès occupant presque tout l'hémisphère cérébral gauche. Là aussi on peut se demander : « Comment cet homme pensa-t-il ? quel organe « lui servit pour penser, après la destruction de la région « qui, au dire des physiologues, est le siège de l'intelli-« gence ? »

« Un troisième cas de la même clinique est présenté par un jeune agriculteur de 18 ans : l'autopsie montra trois abcès de la grosseur d'une mandarine, occupant chacun la partie postérieure des deux hémisphères cérébraux et une partie du cervelet, avec communications réciproques. Malgré cela, le malade pensait comme les autres hommes, de telle façon qu'un beau jour il demanda et obtint un congé pour aller s'occuper de ses petites affaires. Il mourut en rentrant à l'hôpital. »

Le parallélisme psycho-physiologique est donc tout à fait relatif.

Ce n'est pas tout. Bien d'autres objections se dressent encore contre la conception classique, sans même sortir du domaine de la psychologie ordinaire et banale.

Dans son livre « l'Inconscient », M. Dwelshauvers a résumé clairement les principales de ces objections.

D'abord : *les localisations sont strictement et uniquement anatomiques.*

« La mise en jeu des cellules cérébrales des centres localisés suppose une excitation préalable, et cette excitation préalable provient d'un acte psycho-physiologique qui lui, ne peut être localisé.

« Il n'y a pas de localisations psycho-physiologiques. Les localisations sont de la haute fantaisie.

« Et s'il est impossible de localiser la moindre des sensations, il l'est beaucoup plus encore d'assigner un endroit déterminé de l'écorce cérébrale à ce qu'on nommait jadis des facultés : abstraction, volonté, sentiment, imagination, mémoire. »

Donc les hypothèses matérialistes qui faisaient de la pensée une sécrétion du cerveau et voulaient assigner des centres aux facultés mentales sont erronées : « Il n'y a pas de centres spéciaux présidant l'un à l'abstraction, l'autre aux émotions, un troisième à la mémoire, un autre à l'imagination .Cette mythologie cérébrale est abandonnée ; notre activité spirituelle n'obéit pas à des divinités locales, érigées par des savants crédules dans les différents coins de leurs schémas cérébraux ! »

De plus il semble réellement impossible « d'expliquer l'activité mentale par l'activité cérébrale et de réduire l'une à l'autre. » En effet, « chaque fois que l'individu pensant ne se borne pas à répéter, mais qu'il acquiert quelque chose de nouveau, il dépasse les mécanismes fixés en lui... l'effort va au-delà de l'acquis ; il forme la synthèse de l'acquis et d'impressions nouvelles ; il exige de la part de l'individu un surcroît d'activité. Le mécanisme cérébral reste en arrière de l'intelligence... Il y a dans cette activité qui est véritablement progressive et caractérise l'effort humain, une synthèse qui se renouvelle et non une répétition de l'acquis. Chez les animaux aussi on constate cet effort qui est le propre de la vie mentale, lorsque, mis dans des conditions anormales, ils modifient leurs habitudes et s'adaptent à des circonstances inaccoutumées...

Ainsi donc, le parallélisme n'est pas strict entre la série biologique et la série psychologique ; celle-ci déborde la première (1). »

Enfin, dernier argument important : « L'éducation, depuis les sensations jusqu'aux combinaisons d'idées, a pour conditions anatomiques et physiologiques l'association de nombreux éléments dont aucun en soi n'est, à proprement parler, psychologique : ce sont en effet des mouvements très complexes. L'activité psychologique apparaît vis-à-vis d'eux comme une synthèse, *et cette synthèse est différente des éléments qui la composent, elle est autre chose que ces éléments* (1). »

Les arguments que nous venons de passer en revue ébranlent, on le voit, la vieille conception classique du parallélisme psycho-physiologique absolu. Ils l'ébranlent sans même sortir du domaine de la psychologie courante, banale, laquelle, on le sait aujourd'hui, n'est qu'une part, la moins importante, du psychisme individuel. Nous avons tenu à faire ressortir les difficultés de la théorie classique en nous conformant à sa méthode et en nous cantonnant dans l'analyse des faits élémentaires. Maintenant nous allons voir ce que donnera la méthode opposée, celle que nous avons adoptée : nous allons considérer ce qu'il y a de plus complexe et de plus élevé dans l'être psychologique, c'est-à-dire son psychisme subconscient.

---

(1) Souligné par moi.

CHAPITRE IV

LA PSYCHOLOGIE SUBCONSCIENTE

1° La cryptopsychie

« Le subconscient, a-t-on dit, est moins un problème psychologique que le problème de la psychologie ! »

Parole profondément vraie : toute étude, toute théorie, toute conception philosophique refusant de faire à l'inconscient sa part légitime, qui est la part prépondérante, est faussée d'avance dans son essence et dans ses enseignements. Elle voit immédiatement les faits se dresser contre elle et la submerger.

L'importance de la *psychologie subconsciente* ne s'est imposée que de nos jours à la critique scientifique.

Entièrement méconnue par elle, jusqu'au XIXᵉ siècle, puis considérée d'abord uniquement comme le fait d'anomalies, d'accidents ou de maladies, elle s'affirme progressivement et désormais toute nouvelle recherche, toute nouvelle découverte accroissent son domaine et sa profondeur.

On se voit forcé d'attribuer à l'Inconscient un rôle primordial dans l'instinct, dans l'innéité psychologique, dans le psychisme latent, dans le génie.

Avec les travaux contemporains, le psychisme subconscient apparaît, de plus en plus, infiniment complexe et varié. Son rôle ressort nettement prépondérant dans tous les domaines de la vie intellectuelle, et affective.

La thèse bien connue du docteur Chabaneix « *le Sub-*

conscient chez les artistes, les savants et les écrivains » donne un certain nombre d'exemples particulièrement frappants. Mais en réalité, les exemples sont innombrables. On peut dire qu'il n'est pas d'artiste, de savant ou d'écrivain de valeur qui ne connaisse, par son expérience personnelle, pour peu qu'il soit apte à l'auto-observation, l'importance sans égale du subconscient (1).

L'influence subconsciente est parfois souveraine et impérative. Elle constitue alors « l'Inspiration ».

Sous son influence, l'artiste ou le savant produit son œuvre, parfois un chef-d'œuvre, d'un jet, sans réflexion et sans raisonnement ; bien souvent en dehors de toute direction voulue et coordonnée ; toujours sans effort. L'inspiration subconsciente se fait parfois sentir pendant le sommeil, sous forme de rêves coordonnés et lucides.

Dans d'autres cas, plus nombreux, il y a comme une collaboration entre le conscient et l'inconscient. L'œuvre est « amorcée » par un acte de volonté et faite à la fois d'efforts réfléchis et d'inspiration spontanée et tout à fait involontaire. Cette collaboration aboutit parfois à des résultats différents des résultats primitivement cherchés. Il est extrêmement rare qu'un grand artiste ou écrivain dresse d'avance le plan d'une œuvre et y reste fidèle ; commence son œuvre par le commencement et la termine par la fin ; compose régulièrement et sans à-coups, comme un maçon, par exemple, bâtit une maison.

Le travail du grand artiste est irrégulier ; le plan qu'il avait primitivement conçu subit, en cours d'ouvrage, des modifications profondes, et parfois complètes. Les ébauches ne procèdent pas les unes des autres, avec régularité, du commencement à la fin de l'œuvre. Elles alternent au gré de l'inspiration du moment. L'artiste n'est pas maître

---

(1) Je crois superflu de citer des exemples bien connus. Consulter en outre de la Thèse de Chabaneix, *L'Inconscient*, de M. Dwelshauvers et généralement tous les travaux sur la psychologie subconsciente.

en effet, de son inspiration. Parfois elle est absente : si l'artiste s'obstine, malgré tous ses efforts, il n'arrivera ce jour-là qu'à une tâche médiocre, qu'il jugera ensuite inférieure et mauvaise.

S'il a la sagesse de ne pas insister, il verra, un autre jour, la tâche abandonnée se terminer comme par enchantement ; car le travail inconscient se poursuit pendant le repos et surtout pendant le repos.

L'artiste sent parfaitement s'il est inspiré ou s'il ne l'est pas. Dans le premier cas, travail facile, presque sans obstacles, accompagné d'une profonde satisfaction, parfois de ravissement. Dans le deuxième cas, fatigue non seulement intellectuelle, mais vraiment physique ; arrêts perpétuels ; labeur fastidieux et douloureux accompagné d'une impression d'impuissance découragée. L'inspiration ne vient pas de l'effort, au contraire ; elle vient parfois au moment où on l'attend le moins, surtout en dehors des périodes de travail réfléchi, quand l'esprit est distrait.

Il est des écrivains ou artistes qui ont toujours avec eux un carnet pour noter, à toute heure et en toute circonstance, ce que leur soufflera le caprice de l'inspiration : quelques vers si c'est un poète ; un postulat philosophique si c'est un penseur ; la solution d'un problème vainement creusé auparavant si c'est un savant ; une période bien faite si c'est un littérateur, etc., etc.

Ainsi guettent-ils, toujours et partout, prêts à l'accueillir, l'inspiration bienfaisante : dans leur cabinet de travail ou en promenade ; dans l'isolement ou dans la foule ; dans leur lit de repos ; dans le train qui les emporte en voyage ; dans la voiture qui les emmène à leurs affaires ; au sein d'une réunion mondaine où ils s'isolent ; au cours d'une conversation banale qu'ils n'écoutent pas et à laquelle ils ne s'associent que par monosyllabes ; parfois enfin en rêve conscient.

Dans les cas les plus remarquables de la collaboration conscience-subconsciente, il semble que l'œuvre, *amorcée consciemment s'élabore tout entière peu à peu dans la subconscience*, avec le plan définitif, les différents casiers et tous les détails. Mais ces différents casiers et tous les détails n'arrivent à la conscience que peu à peu et non dans un ordre de suite régulier. Ce n'est que quand l'œuvre est très avancée, que le plan et l'ordre de disposition des parties se révèlent peu à peu. Il y a là comme un jeu de puzzle subconscient et l'artiste ou écrivain (car c'est surtout des écrivains qu'il s'agit) doit faire effort pour trouver où vont se placer les pages ou les phrases inspirées.

Quand l'œuvre est terminée, elle se trouve totalement différente de l'ébauche du début ; mais elle donne une impression de beauté et d'arrangement qui semble à l'artiste supérieure à ses propres capacités. Elle lui laisse l'impression de lui être en partie étrangère et il l'admire objectivement, comme il admirerait une œuvre qui ne serait pas de lui.

Il y a d'ailleurs tous les degrés, toutes les modalités possibles dans la collaboration consciente-subconsciente. Certains artistes ou savants, en général (mais non toujours) de valeur médiocre, ne la perçoivent pas. Ils croient sincèrement que tout ce qu'ils produisent est le résultat de leur effort. D'autres la perçoivent plus ou moins et l'utilisent sans l'analyser. D'autres enfin la comprennent si bien qu'ils l'emploient systématiquement, limitent rationnellement leurs efforts et arrivent à sentir très bien, en travaillant, s'ils sont ou non dans la bonne voie, large, facile, bien défrichée, ou s'ils s'égarent sans profit dans des sentiers broussailleux et perdus.

L'inspiration, néanmoins, sauf dans des cas très rares, ne dispense pas de l'effort. Elle rend simplement l'effort fécond et le réduit au minimum. L'effort, par contre, ne peut se passer de l'inspiration. La collaboration de l'effort conscient et de l'inspiration subconsciente produit les chefs-d'œuvre les plus parfaits.

Sans l'effort rationnel et le contrôle conscientiel, l'inspiration, même géniale, risque de s'égarer. Une œuvre magnifique, mais anarchique et exubérante, sans proportions, gâtée par des erreurs, des fautes ou des déviations peut être le résultat de l'inspiration désordonnée et sans guide.

De même qu'une forêt vierge présente des frondaisons magnifiques, se détachant sur le ciel et, en même temps, des taillis broussailleux, obscurs, impénétrables et des végétations parasites étouffées ou avortées ; ainsi une œuvre puissante mais dont la géniale beauté disparaît parfois sous les aberrations et les erreurs grossières, serait le fruit d'une inspiration créatrice soustraite à la direction d'une conscience robuste et saine.

A côté de l'inspiration, il faut placer l'*Intuition*, comme elle subconsciente et comme elle toute puissante, à condition de subir, dans une juste mesure, le contrôle du jugement rationnel.

Les données de l'intuition sont acquises en dehors des faits, de l'expérience, de la réflexion, et dépassent ces faits, cette expérience et cette réflexion. L'intuition est l'essence même de la subconscience. Ebauchée dans l'animal où elle se manifeste sous forme d'instinct, elle acquiert, chez l'homme, les caractères de faculté supérieure géniale.

L'inconscient ne se révèle pas seulement pas l'inspirationtion ou l'intuition ; mais aussi par une intrusion perpétuelle, d'ordre sentimental, esthétique, religieux, etc...

Les décisions inattendues, les changements brusques d'opinions, une foule de sentiments non raisonnés, sont en grande partie d'origine subconsciente ou le fait d'une élaboration subconsciente.

Qui sait même si certaines idées qui nous paraissent parfaitement réfléchies ne sont pas comme les floraisons d'une végétation subconsciente invisible ?

Enfin, tout *le fond de notre être ; ce qui constitue le*

principal du moi : les capacités innées, les dispositions bonnes ou mauvaises, le caractère, ce qui sépare essentiellement une intelligence d'une autre intelligence, n'est pas le produit d'un effort personnel ou de l'éducation ou des exemples ambiants.

Efforts, éducation, exemples peuvent développer ce qu'il y a dans l'Etre d'inné et d'essentiel ; ils ne peuvent pas le créer. Ce fond inné et essentiel c'est le subconscient, dont l'activité constitue la *cryptopsychie* formidable que nous venons de passer en revue.

2° La cryptomnésie.

A côté de la cryptopsychie se place naturellement la *cryptomnésie*, c'est-à-dire la mémoire subconsciente.

En effet, le subconscient n'apporte pas seulement à l'Etre ce qu'il a de psychiquement essentiel ; il conserve aussi et recèle tout ce que l'Etre, au cours de la vie, semble avoir acquis par son psychisme conscient.

Pour lui, *il n'y a pas d'oubli.* Il garde tout, intégralement.

La cryptomnésie s'observe dans la psychologie normale comme dans la psychologie anormale ; mais c'est naturellement dans cette dernière qu'elle est le plus remarquable.

Flournoy (1) est peut-être le psychologue qui a le mieux étudié la cryptomnésie. Les faits de réapparition de souvenirs oubliés, que le sujet prend à tort pour quelque chose de nouveau et d'inédit, sont, dit-il, beaucoup plus fréquents qu'on ne croit. « Les simples mortels, comme les plus grands génies, sont exposés à ces lapsus de mémoire, portant non sur le *contenu* mnésique lui-même, puisque précisément le contenu revient avec une exactitude parfois désolante et traîtresse, mais sur ses associations locales et temporelles (ou sur son caractère de « déjà vu ») qui l'au-

---

(1) Flournoy : *Esprits et médiums.*

raient fait reconnaître pour ce qu'il est et auraient empêché le sujet de se parer innocemment des plumes du paon. On en a signalé chez Hélène Keller, la célèbre aveugle-sourde-muette, qui, ayant à onze ans composé son fameux conte du Roi du Gel, se vit bien injustement et cruellement accusée de fausseté parce que ce conte présentait la plus grande analogie avec une histoire qu'on lui avait lue trois ans auparavant. On en a découvert chez Nietsche, dont le « Zarathustra » renferme des petits détails provenant à son insu d'un ouvrage de Kerner que le philosophe avait étudié à l'âge de 12 ou 15 ans. Mais c'est naturellement chez les individus particulièrement prédisposés aux phénomènes de dissociation mentale et de dédoublement de la personnalité que la cryptomnésie atteint son apogée. »

Un exemple classique de la cryptomnésie dans la psychologie normale est celui du rappel instantané de souvenirs latents, lors d'un violent bouleversement psychologique tel que celui que peut produire un danger brusque de mort accidentelle : on a cité des cas où l'individu aurait ainsi vu défiler devant son esprit tous les événements de sa vie, tous ses actes et toutes ses pensées, même les plus insignifiantes et les plus effacées de sa conscience.

La cryptomnésie peut se manifester dans *le rêve*.

Le cas classique de Delbœuf (1) est tout à fait caractéristique à cet égard ; dans un rêve compliqué, il vit entre autres choses, une plante avec son nom botanique, *l'asplenium ruta muraria*. Or, Delbœuf ignorait totalement ce nom ou du moins croyait l'ignorer. Il finit, après de longues recherches, par trouver qu'il avait feuilleté distraitement, deux ans auparavant, un album de botanique et qu'il avait sûrement vu là ce nom de plante et la plante elle-même, auxquels il n'avait jamais songé depuis lors.

---

(1) Cité par M. Dwelshauvers.

Dans l'hypnose et les états connexes, la cryptomnésie se manifeste parfois avec une remarquable intensité.

Si le sujet est reporté, spontanément ou par suggestion, à une époque reculée de sa vie, tous les souvenirs oubliés reparaissent et le psychisme manifesté est exactement celui que le sujet avait à cet âge. Les expériences de Janet et celles plus récentes de de Rochas sur la régression de la mémoire ont mis le fait en évidence.

Parfois le sujet, dans cet état de régression à un âge antérieur, fait preuve de connaissances complètes totalement oubliées, par exemple celle d'une langue apprise dans l'enfance. Pitres (1) cite le cas d'une malade, Albertine M. qui employait ainsi le patois de la Saintonge, qu'elle avait parlé seulement dans son enfance. Pendant ce délire de régression, dit Pitre, « elle s'exprimait en patois, et si « nous la priions de parler français, elle répondait inva- « riablement et toujours en patois qu'elle ne connaissait « pas la langue des messieurs de la ville ».

On connaît le cas fameux du sujet de Flournoy, qui, dans un état de somnanbulisme médiumnique, parlait en sanscrit, langue qu'il ignorait totalement, n'avait jamais apprise et dont malgré toutes ses recherches, Flournoy n'a pu découvrir la source (2).

C'est dans le médiumnisme, en effet, que la cryptomnésie se manifeste dans toute sa splendeur. Elle serait alors la source insoupçonnée de messages stupéfiants :

M. Flournoy cite en effet une foule de faits qu'il attribue tous à la cryptomnésie : médiums décrivant la biographie de personnages inconnus d'eux mais qu'ils ont pu connaître, à leur insu, par un coup d'œil oublié sur un journal ayant donné cette biologie ; médiums parlant des lambeaux d'une langue ignorée d'eux, simplement parce que ces

---

(1) Pitres : *L'Hystérie et l'hypnotisme*.
(2) Flournoy : *Des Indes à la planète Mars*.

lambeaux de phrase leur sont un jour quelconque et oublié, tombé sous les yeux, etc., etc.

« En somme, conclut Flournoy, le contenu mnésique, quelque soit d'ailleurs la voie par laquelle il est entré, lecture, conversation, etc., ressort en automatismes *sensoriels* (visions, voix, etc.) ou *moteurs* (dictées typtologiques, écriture mécanique) ou *totaux* (trances, incarnations, personnifications somnambuliques). Cette diversité, cela va sans dire, se complique encore des broderies dont la fantaisie du médium entoure souvent des fragments proprement cryptomnésiques ».

Parmi les exemples donnés par Flournoy, il en est de particulièrement remarquables. En voici quelques-uns :

Cas Elisa Wood : Mme Elisa Wood, veuve depuis une semaine, reçut la visite d'une amie, Mme Darel, (l'écrivain gênevois bien connu) qui possédait alors de remarquables facultés médiumniques. Mme Darel lui apportait « de la part du défunt le message suivant obtenu à sa table : « dites à Elisa qu'elle se rappelle le lundi de Pâques. »
« C'était une allusion frappante à un fait connu de M. et Mme Wood seuls ; il s'agissait d'une promenade faite en cachette de leurs familles, un certain lundi de Pâques avant leurs fiançailles, et qui leur avait laissé un souvenir ineffaçable. Cette preuve éclatante d'identité convainquit Mme Wood, qui ne tarda pas à en avoir une seconde, encore plus importante, aux séances qu'elle alla faire chez Mme Darel. M. Wood étant mort assez rapidement après leur voyage de noce, sa veuve ne croyait pas qu'il eût laissé un testament, et les recherches qu'elle fit à ce sujet, sur le conseil de ses parents, restèrent vaines, jusqu'à ce qu'un jour où elle était avec Mme Darel à la table, celle-ci lui dicta de la part du défunt : « *tu trouveras quelque chose de moi sous une soutasse dans le tiroir du lavabo* ». Elle y trouva en effet une feuille de papier constituant le document en question. Elle se souvint alors qu'à l'instant de

partir en voyage, son mari l'avait fait attendre un moment et était rentré sous un prétexte quelconque dans leur chambre à coucher, évidemment pour y écrire et y cacher son testament ».

« Or, dit M. Flournoy, rien ne prouve que Mme Darel ou l'un des siens, se promenant le lundi de Pâques (qui est jour férié chez nous) dans les environs de Genève, n'ont pas rencontré ou aperçu de loin le couple des futurs fiancés, et que ce souvenir oublié ne soit pas l'origine du message qui impressionna tant la jeune veuve ; de même le second message concernant le testament caché, peut fort bien avoir eu sa source dans de simples réminiscences et inférences subconscientes de Mme Wood ».

Cas du curé Burnet.

Le sujet de Flournoy, dans l'état second, reproduisit un jour un prétendu message d'un certain Burnet, curé d'une commune de la Haute-Savoie, mort depuis un siècle. Les recherches entreprises par le Professeur démontrèrent l'identité absolue de l'écriture et de la signature du message avec celles du curé, de son vivant.

Comment expliquer cela ? Le médium, suppose Flournoy, avait passé un jour, dans son enfance, par la commune qu'avait habitée le curé. Il avait vu par hasard, (c'est toujours l'hypothèse de Flournoy) sur un document quelconque, par exemple un vieux contrat de mariage, l'écriture et la signature du curé. En tous cas, il n'avait pas le moindre souvenir de ce voyage. Il s'agissait d'un souvenir acquis à son insu et ignoré, mais intact, qui avait provoqué dans l'état second, cette étrange et parfaite réminiscence.

A côté de ces exemples remarquables, que les spirites attribuent, non à la cryptomnésie, mais à des manifestations post-mortem, Flournoy en donne d'autres, très nombreux qui, sous des allures tout aussi mystérieuses en apparence, relèvent, à coup sûr, de la pure cryptomnésie :

médiums donnant, comme venant de soi-disant défunts, des preuves d'identité reconnues, après enquête, erronées, mais conformes à des clichés parus dans tel ou tel journal, clichés qui avaient évidemment frappé les regards du médium, à un moment quelconque, sans éveiller son attention consciente.

Ce qui frappe particulièrement, dans l'étude de la psychologie subconsciente, pour peu que l'on mette dans cette étude un peu de sens philosophique, c'est qu'elle ne *répond à aucune loi physiologique connue* : toujours la même question, fatalement, s'impose à l'esprit du chercheur : pourquoi et comment la portion du psychisme qui constitue ce qu'il y a de plus important dans le moi est-elle cryptoïde? Pourquoi et comment la conscience et la volonté de l'Etre, sans lesquelles il n'y aurait pas de moi, voient-elles leur échapper la majeure partie de ce moi ? Le mystère est également profond, qu'il s'agisse de cryptomnésie ou de cryptopsychie. Il est physiologiquement impossible de comprendre comment la mémoire consciente, soumise à la volonté et à la direction de l'Etre est éminemment caduque, débile, infidèle alors que la mémoire subconsciente, qui ne lui est accessible que par accidents ou dans les états anormaux ou supranormaux, semble aussi étendue qu'infaillible.

C'est ce que tout démontre cependant.

Bien mieux, la débilité et l'impuissance de la mémoire normale sont telles que parfois les connaissances ou capacités subconscientes qui échappent à la direction du moi paraissent lui être totalement étrangères et constituent, dans l'individu, comme de véritables « consciences secondes ».

C'est ainsi que surgissent, dans la complexité effarante du subconscient, non seulement le dédoublement, mais la multiplication de la personnalité.

3° LES ALTÉRATIONS DE LA PERSONNALITÉ.

Les problèmes principaux que pose la mise au jour des personnalités secondes sont au nombre de deux, également ardus :

1° *Le problème de la différence psychologique* avec la personnalité normale : différence non seulement de direction, de volonté ; mais de caractère général, de tendances, de facultés, de connaissances ; différences tellement radicales parfois, qu'elles impliquent entre le moi normal et la personnalité seconde opposition complète et hostilité.

2° *Le problème des capacités supranormales*, qui sont liées fréquemment aux manifestations de personnalités secondes.

Or, si les travaux sur les personnalités multiples sont aujourd'hui innombrables et ont mis en lumière la fréquence, l'importance et le caractère polymorphe de ces manifestations, ils n'ont rien fait pour la solution de ces deux problèmes (1).

Ils n'ont réussi qu'à révéler l'abîme qu'il y a entre les personnalités banales et sans originalité de la suggestion hypnotique, les altérations psychiques d'origine pathologique ou traumatique, et les personnalités autonomes et complètes qui semblent parfois occuper tout le champ psychique du sujet.

Ils ont montré, surtout, l'impuissance totale des explications de la psycho-physiologie classique vis-à-vis *des facultés supranormales*.

---

(1) Consulter surtout le travail d'ensemble de M. JASTROW : *La Subconscience*.

CHAPITRE V

LE SUBCONSCIENT DIT SUPRANORMAL

La psychologie supranormale est un monde, dont l'exploration est à peine commencée.

Sans vouloir entrer ici dans une description analytique, que le lecteur trouvera dans les ouvrages spéciaux, je dois l'examiner en bloc, dans ses principaux aspects.

1° LA PSYCHOLOGIE SUPRANORMALE CONDITIONNE LA PHYSIOLOGIE SUPRANORMALE

Tout d'abord, la psychologie supranormale conditionne la physiologie supranormale, que nous avons décrite.

Tous les phénomènes d'extériorisation, de télékinésie, d'action mystérieuse sur la matière, de matérialisation et d'idéoplastie, ne dépendent en rien de la volonté consciente du sujet. Ils sont toujours produits, soit par une volonté étrangère en apparence, celle d'une entité X. ; soit par une idée subconsciente ou une personnalité subconsciente.

Je n'insiste pas, pour le moment, sur cette vérité, évidente pour tous ceux qui ont observé dans le domaine du supranormal. Comme je l'ai démontré dans « l'Etre subconscient » la physiologie supranormale est un simple aspect, une simple dépendance de la psychologie supranormale. Elle en est inséparable et elle est incompréhensible et d'ailleurs inobservable isolément.

2° LES ACTIONS MENTO-MENTALES

En second lieu, la psychologie supranormale comprend

les *actions mento-mentales*, sans intermédiaire physique appréciable, qu'il s'agisse de lecture de pensée, de suggestion mentale ou de télépathie.

Je ne vois rien à ajouter au résumé que j'avais donné de ces actions mento-mentales dans « l'Etre subconscient » :

« Lecture de pensée. — Le phénomène de lecture de pensée semble bien établi dans les états hypnotiques et médiumniques. C'est du moins l'explication la plus commode (trop commode même, car on en abuse singulièrement) de beaucoup de faits. Elle semble, jusqu'à un certain point, possible à l'état de veille, ou du moins dans un état d'hypnose ou d'auto-hypnose assez léger pour passer inaperçu.

« Mais en dehors de l'hypnose et du médiumnisme, la lecture de pensée est rarement observée d'une manière satisfaisante. (Il faut exclure bien entendu les cas de prétendue lecture de pensée obtenus avec contact de l'agent et du sujet, qui sont souvent des cas de divination par mouvements inconscients).

« Suggestion mentale. — La possibilité et la réalité de la suggestion mentale sont établies de la manière la plus rigoureuse (1).

« Un ordre suggestif du magnétiseur peut être transmis par la simple tension de la volonté, *sans aucune manifestation extérieure*, le sujet étant en état d'hypnose.

« La suggestion mentale peut s'effectuer à distance, parfois à longue distance, et à travers les obstacles matériels.

« Télépathie (2). — La télépathie consiste essentielle-

---

(1) Lire l'ouvrage classique du Dr Ochorowics : *La Suggestion mentale*. On trouvera toutes les preuves désirables.

(2) Voir : *Les Hallucinations télépathiques*, traduction abrégée des *Phantasms of the Living*, par MM. Gurney, Myers et Podmore, récit de 700 cas, tous bien recueillis et contrôlés (Paris, F. Alcan).

Voir aussi le livre de Flammarion : *l'Inconnu et les problèmes psychiques*. — La collection des *Revues psychiques* et particulièrement des *Annales des sciences psychiques* contient de nombreux et fort remarquables cas de télépathie.

ment dans le fait d'une *impression psychique intense se manifestant en général inopinément chez une personne normale, soit pendant l'état de veille, soit pendant le sommeil, impression qui se trouve être en rapport concordant avec un événement survenu à distance.*

« Tantôt cette impression psychique constitue tout le phénomène.

« Tantôt elle s'accompagne d'une vision en apparence objective et extérieure au percipient.

« La télépathie peut être *spontanée* ou *expérimentale* (1).

« Télépathie spontanée. — Elle peut être :

« a) *Relative à un événement futur imminent.*

« Cas de pressentiments, de prémonitions, de visions prémonitoires, d'apparitions d'un mourant.

« b) *Relative au présent ou à un passé récent.*

Cas de visions nettes ou de divination d'événements éloignés (dans l'état normal).

« Cas d'apparitions d'un mort, soit à l'instant précis du décès, soit quelques instants, quelques heures, ou quelques jours plus tard.

« Cas d'apparitions d'un vivant, plongé en général dans un sommeil anormal ou pathologique (léthargie, délire fébrile, crise nerveuse, etc.).

« Le plus souvent le phénomène a trait à une personne unie au percipient par des liens d'affection plus ou moins étroits.

« Il s'agit en général d'un événement malheureux ; rarement d'un événement heureux ; exceptionnellement d'un événement indifférent.

« Le phénomène télépathique est en général inattendu. Souvent il frappe des personnes tout à fait éloignées, par goût et par occupations, du merveilleux et qui, rarement, sont influencées plus d'une fois dans leur vie.

---

(1) Nous négligerons l'analyse de la télépathie expérimentale, qui ne comprend jusqu'à présent que des faits élémentaires.

« Il les frappe soit à l'état de veille, soit plutôt pendant le sommeil, qu'il interrompt.

« En ce qui concerne le phénomène lui-même, il faut noter deux caractères importants :

« *a*) La vision télépathique est en général très précise ; les détails relatifs à l'événement, aux circonstances ambiantes, à la victime ou à l'objet de la vision, sont tout à fait exacts.

b) La distance ni les obstacles matériels n'ont d'importance appréciable sur les conditions du phénomène.

« Un troisième caractère, exceptionnel, est le suivant :

« La vision peut affecter simultanément ou successivement plusieurs personnes — elle semble pouvoir affecter des animaux — parfois elle aurait laissé des traces physiques de son passage.

« Enfin l'impression télépathique n'affecte pas seulement la vue, lorsqu'il y a vision en apparence objective, mais parfois aussi les autres sens (ouïe, contact). »

3° La lucidité (1).

Enfin la Psychologie supranormale comprend la *lucidité* dans ses diverses et infinies variétés : pressentiments, acquisitions sensorielles hors de la portée des sens, vision précise d'événements passés ou lointains, vision enfin de l'avenir.

On peut décrire la lucidité : *la faculté subconsciente qui permet l'acquisition de connaissances sans le secours des sens et en dehors des contingences qui règlent, dans la vie normale, les rapports du moi avec les autres moi ou avec le monde extérieur.*

a) *Sans le secours des sens.*

En effet, les sens n'interviennent pas. Le sujet est endormi ou anesthésié. Les événements qu'il décrit se passent généralement hors de leur portée ; il en est souvent

---

(1) Consulter spécialement : Bozzano : *Les Phénomènes prémonitoires.* — Dr Osty : *Lucidité et intuition.*

très loin et séparé par des obstacles absolus. Les connaissances ainsi acquises sont relatives parfois à des événements qui n'existent plus ou n'existent pas encore. De toute évidence, l'action sensorielle est nulle.

Cependant, par habitude psychologique, le sujet donne parfois à sa perception anormale une allure sensorielle et la rapporte à la vue ou à l'audition ; alors même que, de toute évidence, je le répète, ni la vue, ni l'audition ne sauraient être en cause.

Voilà un sujet, par exemple, qui, autohypnotisé par un verre d'eau ou une boule de cristal, prétend voir, dans ce verre ou cette boule, des événements ou éloignés ou passés, ou futurs. Il ne fait que projeter, extérioriser, objectiver une connaissance anormalement perçue. A tel autre, la perception anormale provoquera de même une illusion auditive allant jusqu'à l'hallucination.

b) *En dehors des contingences qui règlent, dans la vie normale, les rapports de l'Etre avec ses semblables ou avec le monde extérieur.*

En effet, ces acquisitions ne proviennent ni du raisonnement, ni d'aucun des modes normaux d'expression de la pensée, du langage, de l'écriture, de la vision ou de l'audition. Elles ne comportent ni induction ni déduction, ni réflexion, ni recherche, ni effort.

Dans sa forme la plus parfaite, la lucidité se manifeste avec une allure synthétique d'une extrême simplicité. C'est comme un éclair qui frappe brusquement le sujet et lui procure, instantanément, soit la connaissance d'un fait ignoré et inaccessible aux voies sensorielles, soit une connaissance complexe, qui nécessiterait normalement un travail compliqué sur de nombreux éléments de recherche (1).

---

(1) Il ne faut pas confondre avec les faits de lucidité, les manifestations psychiques qui ne sont que la mise au jour brusque d'un calcul de probabilité ou d'un raisonnement subconscient .Il y a dans ces cas, simple apparence de lucidité.

De même que la lucidité se manifeste en dehors des contingences psychologiques, sensorielles, dynamiques ou physiques, de même elle se manifeste en dehors des contingences d'espace et de temps.

L'espace ni les obstacles matériels n'ont d'action sur elle, et, quant au temps, elle ne le connaît pas.

L'événement qu'elle fait connaître, la connaissance qu'elle donne, elle ne la situe pas dans le temps. Le passé, le présent et l'avenir se confondent pour elle. Quand, par exemple, dans le cas fameux de lucidité dans l'avenir du Dr Gallet, la prévision annonce l'élection de Casimir Perrier à la présidence de la République par 451 voix, elle le fait au présent et non au futur : « M. Casimir Perrier *est* élu... » De même dans la prédiction Sonrel relative à la guerre 1870-71 et la guerre de 1914-1918. Cette prédiction, *faite en* 1868, donne sur ces guerres des détails extrêmement précis et vrais, mais les donne au présent et non au futur. Le visionnaire décrit les désastres de 70, Sedan puis le siège de Paris, la commune ; la guerre de 1914-1918 commençant par un désastre et se terminant par la victoire complète... comme s'il s'agissait d'événements présents dont il serait témoin (1) au moment même.

4° LES PHÉNOMÈNES SPIRITOÏDES

On peut grouper sous ce titre l'ensemble des phénomènes semblant produits ou dirigés, grâce à l'intermédiaire d'un médium, de ses capacités physiques, dynamiques ou psychiques, par *une intelligence étrangère, extrinsèque, autonome*. Je n'entrerai pas dans le détail descriptif de ces faits, que le lecteur trouvera aisément ailleurs (2).

Je me contenterai de quelques remarques :

---

(1) Ces cas merveilleux et *sûrement vrais* de lucidité ont été rapportés en détail, avec enquête minutieuse, dans les *Annales des Sciences psychiques*.

(2) Voir, pour la discussion philosophique de ces faits, le livre II.

— Tout d'abord, une très large partie de la psycho-physiologie supranormale revêt généralement cette allure spiritoïde. Les phénomènes les plus simples comme les plus complexes, depuis les effets automatiques et télékinésiques jusqu'à la prédiction de l'avenir sont très souvent attribués, par le sujet, à une influence spiritique.

— Les personnalités médiumniques apportent généralement une affirmation concordante à cet égard avec celle du médium et s'efforcent fréquemment de donner des preuves de leur identité, preuves tantôt très simples, tantôt très complexes, comme dans le cas de correspondances croisées.

— On ne peut souvent faire d'autre objection aux affirmations spiritoïdes que celle de la possibilité de tout expliquer par les facultés supranormales du médium. On est alors obligé d'admettre une extension formidable des facultés de cryptopsychie ou de crpytomnésie, de vision à distance, d'action mento-mentale ou de lucidité et aussi de téléplastie.

Pour tous les détails concernant les faits mystérieux du subconscient supranormal, je renvoie le lecteur aux ouvrages spéciaux, car je considère en ce moment ces faits non à un point de vue descriptif ou documentaire, mais au point de vue strictement philosophique.

Quel enseignement, à ce point de vue, peut-on et doit-on en tirer ? C'est évidemment *que le subconscient dépasse de toutes parts, déborde entièrement le cadre des capacités sensorielles et cérébrales* ; c'est que, dans ce qu'il a d'essentiel, il est *en dehors de toutes les représentations, en dehors même du cadre des représentations, c'est-à-dire de l'espace et du temps.* C'est ce que nous ferons ressortir, avec toute la netteté désirable, dans un chapitre prochain.

Mais nous devons, auparavant, examiner les tentatives faites pour accorder les phénomènes du subconscient avec la conception classique du « moi synthèse d'états de conscience et produit du fonctionnement cérébral. »

CHAPITRE VI

LES THEORIES CLASSIQUES DU SUBCONSCIENT

L'afflux des notions récentes sur le subconscient semblait devoir dérouter la psycho-physiologie classique.

Des tentatives nombreuses ont été faites cependant pour accorder les faits nouveaux avec les théories anciennes.

La plupart sont basées sur des travaux très consciencieux. Aucune, de toute évidence, n'a cependant atteint son but. Nous allons les examiner successivement, en nous efforçant de montrer en quoi elles sont insuffisantes ou inacceptables.

Les théories classiques du subconscient peuvent être divisées en deux grandes catégories :
— Les *théories physiologiques*.
— Les *théories purement psychologiques*.

THEORIES PHYSIOLOGIQUES

Les théories physiologiques sont au nombre de deux :
— La *théorie de l'automatisme*.
— La *théorie de la morbidité*.

1° Théorie de l'automatisme

Pour la tentative d'interprétation du subconscient, la première hypothèse, venue naturellement à l'esprit, a été celle de *l'automatisme psychologique*, par comparaison avec ce que nous savons de l'automatisme physiologique. Dans l'un comme dans l'autre, on noterait simplement la manifestation d'une activité passive : le psychisme inconscient résulterait simplement de l'*activité automatique du cerveau.*

Pour appuyer cette théorie, P. Janet a surtout étudié certaines manifestations d'ordre pathologique comme l'épilepsie ambulatoire, ou les manifestations élémentaires de l'hystérie, de l'hypnose, du somnambulisme et du médiumnisme.

L'automatisme psychologique, dans ces cas, n'est pas douteux : de là, à généraliser, à étendre le domaine de l'automatisme à tout l'inconscient, il n'y avait qu'un pas et il fut vite franchi.

Mais des difficultés insurmontables surgirent dès que, dépassant la limite des phénomènes d'ordre inférieur et banal, on considéra les manifestations subconscientes d'un ordre élevé.

L'automatisme physiologique, auquel on comparait l'automatisme psychologique, est de deux ordres : inné ou acquis.

L'*automatisme inné* se manifeste, par exemple, dans l'activité des grandes fonctions organiques telles que la circulation du sang ou la digestion.

Or, cet automatisme est identique de la naissance à la mort, sinon quantitativement, du moins qualitativement. Il reste toujours dans les limites propres de ces fonctions vitales et n'*inaugure rien*. Outre donc que ce dynamisme automatique est inexpliqué, comme nous l'avons vu, il est clair qu'il ne peut en rien faire comprendre le psychisme inconscient *novateur* et *créateur*.

Quant à l'*automatisme acquis*, il est le résultat d'un travail compliqué. Grâce à ce travail, certains modes d'activité, qui nécessitaient d'abord l'attention et l'exercice continu de la volonté, arrivent ensuite, par habitude, à s'effectuer sans attention volontaire ni continue, avec un minimum d'efforts.

Mais cet automatisme acquis reste dans les limites *rigoureuses de l'habitude et ne va pas au-delà*. Or, les manifestations subconscientes élevées sont des manifestations inhabituelles le plus souvent et en tous cas ne rentrent pas et ne restent pas dans le cadre d'une habitude.

Cela est évident pour les manifestations supranormales qui ne peuvent évidemment en rien être ramenées à une accoutumance. Mais, même pour les phénomènes moins mystérieux, l'automatisme ne saurait être une explication :

— Les *personnalités multiples* mises en lumière chez certains individus font preuve *d'une spontanéité et d'une volonté autonome*. Elles n'agissent pas d'après une habitude automatique, mais d'après une direction originale. Leur volonté est non seulement parfaitement nette ; mais encore elle diffère de la volonté propre du sujet et peut être opposée ou même hostile à cette dernière (comme dans le cas de Miss Beauchamp étudié par le Dr Morton Prince (1).

Dans le médiumnisme, cette spontanéité, cette volonté et cette autonomie des personnalités dites secondes apparaît plus remarquable encore. Elles jouissent parfois d'un psychisme absolument complet, avec ses facultés propres de vouloir, de savoir et de raisonner ; avec ses connaissances souvent très différentes de celles du sujet conscient, comme par exemple celle d'une langue ignorée de lui. Elles semblent vraiment n'avoir, dans les cas les plus remarquables, rien de commun avec ce dernier.

Comment parler, pour tous ces faits, d'automatisme ?

Passons maintenant aux *productions subconscientes* d'ordre artistique, philosophique ou scientifique. — L'inspiration ou le génie ne peuvent être attribués à l'automatisme du cerveau que par un vice de raisonnement :

Analysons en effet ce qui se passe dans ces productions subconscientes :

Voici un premier cas type : un savant, artiste ou pen-

---

(1) Dr Morton Prince : *The dissociation of a Personality.*

seur entreprend un travail. Rebuté par des difficultés inattendues, il s'interrompt, découragé.

A sa grande surprise, quelques temps après, la solution, qu'il avait cherchée en vain, se présente à lui sans effort et le travail ébauché est achevé avec une incomparable facilité.

C'est, dit-on, que le cerveau a continué à travailler automatiquement dans la direction imprimée au début. Or, *il est impossible de trouver, dans la physiologie, un exemple analogue de travail automatique.*

Quand on apprend un sport quelconque, par exemple, à monter à bicyclette, il faut une suite d'efforts volontaires *répétés longtemps* pour arriver à se diriger ensuite automatiquement. Si, au contraire, après un premier essai, on cessait, découragé, on aurait beau attendre dans l'inaction, aussi longtemps que ce soit, on ne serait pas plus avancé le jour où l'on ferait un nouvel essai. Il n'y aurait pas eu, dans l'intervalle, « de travail physiologique latent » permettant de cesser l'effort nécessaire pour apprendre à se conduire à bicyclette et tenant lieu de cet effort.

Quand on s'entraîne à la course, on arrive peu à peu à habituer, non seulement les muscles, mais les poumons et le cœur, à supporter la fatigue qu'impose ce sport ; mais, un premier et unique effort ne saurait jamais tenir lieu de l'entraînement méthodique et répété.

Quand donc, on parle de travail automatique latent du cerveau, on émet simplement une hypothèse qui se trouve contraire à tout ce que nous enseigne la physiologie ; hypothèse imposant une notion toute nouvelle et absolument gratuite : *que l'organe cerveau aurait un mode de travail différent, d'essence et de nature, de celui des autres organes.*

Choisissons maintenant un deuxième cas :

Un savant, artiste, penseur, etc... ne prévoit pas d'avance le travail qu'il va faire et ne le prépare pas. Il produit sous l'influence d'une « inspiration » tout à fait indépendante de son désir, et de sa volonté, parfois contraire à ce désir ou à cette volonté : *Il n'y a pas eu même d'amorce à l'automatisme prétendu. Ce savant, artiste ou penseur, ne dirige pas l'inspiration ; il la subit.*

Comment parler alors d'automatisme psychologique ?

« Le processus inconscient, dit M. Dwelhauvers, n'est pas ici un automatisme, mais une action vivante. »

L'inspiration, dit aussi M. Ribot, « révèle une puissance supérieure à l'individu conscient, étrangère à lui quoique agissant par lui : état que tant d'inventeurs ont exprimé en ces termes : je n'y suis pour rien. »

M. Dwelshauvers (1), étudiant récemment les productions subconscientes, a démontré surabondamment que, au-dessus de l'automatisme psychologique, qui n'est qu'une forme inférieure et banale de l'Inconscient, il y a l'*inconscient latent actif* qui « sert d'arsenal à la synthèse créatrice et aide l'homme à former les produits les plus parfaits de l'esprit. »

Que conclure ? Simplement que la théorie de l'automatisme psychologique ne s'applique qu'à un petit nombre de faits, les moins importants et ne saurait prétendre à fournir une explication générale.

P. Janet est bien obligé de le reconnaître, et il le fait sans bonne grâce: « depuis l'époque, écrit-il, où j'employais ce mot de « subconscient » dans un sens clinique et un peu terre à terre, j'en conviens, d'autres auteurs ont employé le même mot dans un sens infiniment plus relevé !

« On a désigné par ce mot des activités merveilleuses qui existent, paraît-il, au dedans de nous-mêmes, sans que nous soupçonnions leur existence ; on s'en est servi pour expliquer des enthousiasmes subits et des divinations du génie... je me garde bien de discuter des théories aussi consolantes et qui sont peut-être vraies.

---

(1) Dwelshauvers : *L'Inconscient* (Chez Flammarion).

« Je me borne à rappeler que je me suis occupé de tout autre chose. Les pauvres malades que j'étudiais n'avaient aucun génie : les phénomènes, qui chez eux, étaient devenus subconscients étaient des phénomènes bien simples, qui chez les autres hommes font partie de la conscience personnelle sans que cela excite aucune admiration. Ils en avaient perdu la libre disposition et la connaissance personnelle, ils avaient une maladie de la personnalité et voilà tout. » (1).

Voilà en effet à quoi se réduit le subconscient automatique. Il faut en distinguer expressément le subconscient supérieur actif, lequel est entièrement différent d'essence et de nature.

2° La théorie de la morbidité

Une seconde explication générale a eu, a encore un grand succès, bien qu'elle soit moins logique encore, plus arbitraire et plus vaine que la première : c'est *l'explication par la morbidité* (2).

On hésite à l'avouer : mais c'est à cette pauvre explication que ne craignent pas d'avoir recours, encore aujourd'hui, la majorité des psychologues contemporains. D'après eux, tout ce qui, au point de vue psychologique, n'est pas dans la moyenne, relèverait de la maladie. Les capacités subconscientes seraient des produits morbides ; l'hypnotisme serait assimilable à une névrose ; les manifestations de personnalités multiples résulteraient de désintégrations pathologiques du moi ; les phénomènes supranormaux ne seraient que des symptômes d'hystérie ; quant à l'inspiration supérieure et au génie, ils seraient simplement des fruits de la folie.

---

(1) P. Janet : Préface à la *Subconscience*, de J. Jastrow.
(2) La principale revue psychologique française porte pour titre : *Revue de psychologie normale et pathologique.*

A la base de toutes ces manifestations morbides, on trouverait d'ailleurs une cause pathogénique essentielle : « la dégénérescence ». Le facteur « dégénérescence » est d'autant plus commode qu'il est plus élastique : il régenterait à la fois les manifestations névropathiques banales ou hystériformes (dégénérescence inférieure) et les manifestations géniales (dégénérescence supérieure).

Ainsi, tout ce qui, au point de vue intellectuel, serait soit au-dessous, soit au-dessus de la normale, serait le fait de la maladie.

L'étiquette morbide est donnée avec plus ou moins de discrétion ou de brutalité, suivant telle ou telle école ou tel ou tel psychiatre ; mais elle est à peu près générale.

Le Dr Chabaneix (ibid) parle d'auto-intoxication et de surmenage chez des prédisposés : « plus un organe travaille, écrit-il, plus il se développe et plus il est susceptible en même temps, de maladie. Une des maladies du cerveau, c'est l'automatisme ou l'apparition du subconscient. Et ce subconscient, nous l'avons vu, au lieu d'être un trouble pour l'esprit, est souvent un ferment de création, quand il n'est pas lui-même création. »

Singulière maladie, qui, au lieu d'être une cause de « trouble » et de diminution pour l'individu, augmente ses capacités et sa puissance !

Lombroso, lui, invoquait carrément la folie.

D'autres précisent différemment. Ils ramènent le talent et le génie à l'arthritisme.

Mais le record, dans cette voie, est détenu jusqu'à présent, par le Dr Pascal Serph (1). Ce dernier ne procède pas par demi-mesures et il a le courage de ses opinions. Pour lui, on va chercher bien loin l'origine du génie. Le génie est le produit pur et simple de... la syphilis héréditaire !

« Si la syphilis, conclut gravement le Dr Serph, fait le mal que tous les médecins sont unanimes à reconnaître et

---

(1) *Gazette médicale de Paris*, 12 juillet 1916.

à craindre pour l'humanité ; elle lui donne, en revanche, la possibilité de perfectionner ses moyens d'action et compense ainsi, dans une certaine mesure, par son action hypertrophiante cérébrale, créatrice des idées particulières géniales, ses méfaits redoutables. »

On ne peut se défendre de quelque impatience lorsqu'on voit des hommes de science soutenir de semblables théories et l'on éprouve comme une sorte de malaise d'être obligé de réfuter des idées qui ne mériteraient que le dédain !

Il le faut cependant.

Remarquons, en premier lieu que, des divers facteurs morbides invoqués, un seul semble avoir en sa faveur sinon l'appui, du moins la concordance des faits : c'est la névropathie.

Il est très vrai que les hommes de grand talent ou de génie sont, sauf rarissimes exceptions, des « névropathes ». Mais qu'est-ce que la névropathie ? La science médicale l'ignore totalement. *Les névroses sont de pures énigmes* au point de vue de l'anatomie pathologique, comme d'ailleurs la folie essentielle elle-même.

Nous verrons que, bien loin d'expliquer le mécanisme du psychisme anormal ou supérieur, les névroses recevront elles-mêmes leur propre explication des connaissances approfondies sur la nature essentielle du subconscient.

Mais ce n'est pas tout : supposons les théories morbides justifiées : *elles ne résolvent en rien les problèmes psychologiques posés par les manifestations subconscientes.*

— Ce n'est pas parce qu'on aura dit : « le génie est névrose ou folie » qu'on aura fait comprendre le *mécanisme essentiel* des productions géniales.

Le grand penseur, artiste ou savant, apporte à l'humanité quelque chose de nouveau ; il crée. C'est un fou ! dites-vous. Soit, mais comment la folie est-elle créatrice ? Tant que vous n'aurez pas étalé à nos yeux le mécanisme du psychisme subconscient, vous n'aurez fait, en le couvrant d'une étiquette morbide, que reculer la difficulté.

— Ce n'est pas parce qu'on aura dit : les manifestations de personnalités secondes ne sont que les produits de la désintégration du moi qu'on les aura fait comprendre, bien au contraire. La désagrégation de la synthèse psychique peut donner la clef des altérations de la personnalité ; mais *seulement des altérations par diminution de cette personnalité.*

Cette diminution de la personnalité est évidente dans certains cas d'amnésie, consécutive aux traumatismes craniens, à de grosses émotions, à des infections graves, à l'épilepsie, etc...

Elle apparaît aussi dans l'automatisme psychologique de P. Janet. Mais dans les manifestations de « personnalités secondes » autonomes et complètes, on ne la retrouve plus. Quand ces personnalités secondes occupent tout le champ psychologique du sujet, manifestent une volonté très originale, font preuve de facultés et de connaissances différentes de celles du sujet et parfois supérieures à celles qu'il possède normalement, on ne peut plus invoquer comme explication unique la désintégration du moi. Il est en effet impossible d'admettre que la personnalité seconde, *fraction du moi, soit aussi étendue et même plus étendue que le moi total.* La partie n'est jamais égale ou supérieure au tout.

Il faut donc renoncer à trouver, dans la désagrégation psychologoque, une explication générale des modifications de la personnalité.

— Ce n'est pas parce qu'on aura dit : tel médium est un hystérique, qu'on aura fait comprendre l'action à distance (en dehors de ses sens, de ses muscles et de son cerveau), de sa sensibilité, de sa motricité et de son intelligence ;

qu'on aura donné la clef du formidable problème posé par la psycho-physiologie supranormale avec ses facultés de lecture, de pensée, de lucidité, ou d'action idéoplastique et téléplastique.

Enfin, dernier argument d'ensemble contre la théorie morbide : *cette théorie est contraire à la logique des faits.* Il est contraire à tout ce que nous enseigne la physiologie de déclarer qu'un organe malade est capable de donner des produits supérieurs à ceux d'un organe sain, cela surtout d'une manière constante et quasi-régulière.

Il y a une contradiction insoutenable, par exemple, à déclarer la puissance physique fonction de la santé et la puissance intellectuelle géniale fonction de la maladie.

Faut-il parler maintenant des théories morbides non plus générales, mais spéciales à tel ou tel groupe de phénomènes subconscients ?

Qu'il nous suffise de les signaler brièvement :

Ces théories ont toutes une base commune : elles invoquent des *disjonctions morbides* dans le fonctionnement du cerveau.

Azam expliquait le dédoublement de la personnalité par le fonctionnement isolé des deux lobes cérébraux ; thèse qui n'a plus qu'un intérêt historique depuis la connaissance de personnifications non plus doubles, mais multiples chez le même individu.

Le D\ Sollier explique l'hystérie par des disjonctions élémentaires dans les éléments du cerveau ; tous les symptômes de la névrose s'expliquant par la non activité ou l'hyperactivité de tels ou tels de ces éléments.

Le Professeur Grasset croit expliquer les manifestations subconscientes par une disjonction entre le fonctionnement du « polygone » schématique de Charcot et un certain centre O localisé quelque part dans la substance grise du cerveau.

A toutes ces théories, on peut faire les mêmes objections :

1° Elles ne s'adaptent qu'à quelques faits, laissant de côté précisément ce qu'il y a de plus important dans le subconscient : la cryptopsychie supérieure et le supranormal.

2° Même pour les faits restreints qu'elles embrassent, elles sont insuffisantes. Elles invoquent précisément ce qu'il faudrait expliquer : le pourquoi et le comment des disjonctions.

Passons maintenant aux théories psychologiques du subconscient :

THÉORIES PSYCHOLOGIQUES DU SUBCONSCIENT

Ces théories sont nombreuses et de valeur inégale. Il en est, tout d'abord, qui reposent sur un vice évident de raisonnement, qui ne sont que des *pétitions de principe* ou des *explications verbales*.

Passons-les rapidement en revue.

3° Pétitions de principe.

Les pétitions de principe consistent à ramener un phénomène mystérieux à un autre phénomène non moins mystérieux, mais simplement plus anciennement connu et plus familier.

Parmi les phénomènes supranormaux, par exemple, la télépathie et la lecture de pensée sont les plus familiers et les plus connus, ce qui leur donne une sorte de « droit de cité » de « préemption ». Aussi s'efforce-t-on, à qui mieux mieux, de ramener à elles tout le médiumnisme intellectuel ; ce qui est absurde et ne fait que compliquer la question, car lecture de pensée et télépathie sont aussi contraires aux lois connues que la clairvoyance ou les communications médiumniques transcendantes.

« Démontrer qu'un cerveau, écrivait, avec autant de verve que de raison, le Professeur Pouchet (1), par une sorte de gravitation, agit à distance sur un autre cerveau comme l'aimant sur le fer, le soleil sur les planètes, la terre sur le corps qui tombe ! *Arriver à la découverte d'une influence, d'une vibration nerveuse se propageant sans conducteur matériel !...* Le prodige, c'est que tous ceux qui croient peu ou prou à quelque chose de la sorte ne semblent même pas, les ignorants ! se douter de l'importance, de l'intérêt de la nouveauté qu'il y aurait là-dedans et de la révolution que ce serait pour le monde social de demain. Mais prouvez donc cela, bonnes gens, et votre nom ira plus haut que celui de Newton dans l'immortalité, et je vous réponds que les Berthelot et les Pasteur vous tireront leur chapeau bien bas ! »

Une pétition de principe encore plus familière est celle qui consiste à expliquer l'hypnotisme par l'hystérie ou l'hystérie par l'hypnotisme : « qu'y a-t-il d'étonnant dans les manifestations provoquées par l'hypnose ? On constate des manifestations spontanées analogues dans l'hystérie ! Pourquoi s'étonner des manifestations hystériques ? On peut à volonté provoquer des manifestations analogues par l'hypnose ! »

Puis l'on fait un pas de plus dans la voie des pétitions de principe et l'on ramène à la fois l'hystérie et l'hypnotisme à la suggestibilité ou au « pythiatisme, comme dit le Professeur Babinski.

Or, la suggestion, facteur hypnogène ou même hystérogène, habituel et commode, est absolument sans valeur, sans importance, en tant qu'explication philosophique.

---

(1) Cité par M. DE ROCHAS : *Extériorisation de la motricité.*

« C'est ce que nous avons démontré dans « l'Etre subconscient ».

C'est ce que M. Boirac a établi de son côté

« Quelle conclusion pouvons-nous tirer, écrit-il, de toute cette discussion ? Tout d'abord la méthode qui consiste à expliquer des faits concrets par des termes abstraits tels que suggestion et suggestibilité, nous paraît antiscientifique au premier chef : c'est un vieux reste de la méthode scolastique, ou recours aux entités, aux qualités et vertus occultes. Voilà un sujet à qui je donne à ma volonté les hallucinations les plus invraisemblables ; dont je paralyse à mon gré tous les organes. Quelle peut être la cause d'effets aussi extraordinaires ? C'est bien simple : tout cela, c'est de la suggestion. Mais encore cette suggestion comment s'explique-t-elle ? D'où lui vient sa puissance ? C'est bien simple encore : elle est une conséquence de la suggestibilité, propriété naturelle du cerveau humain. Aussi on croit expliquer les faits en les affublant d'un nom, tout comme les scolastiques croyaient expliquer le sommeil produit par l'opium en disant que l'opium a une vertu dormitive. » (1)

Le raisonnement de M. Boirac peut s'adapter aux explications classiques de tous les phénomènes subconscients, métapsychiques ou supranormaux.

Egalement sans valeur sont les explications qu'on peut appeler purement verbales et qui abondent dans la psychologie classique du subconscient.

4° DISJONCTIONS ARTIFICIELLES ET EXPLICATIONS VERBALES

La tendance actuelle des psychologues est en effet de recourir à des *disjonctions artificielles* dans les capacités

---

(1) BOIRAC : *L'Avenir des Sciences Psychiques.*

subconscientes. Leur effort tend simplement à établir des classifications et *à étiqueter* les faits ainsi classés. Ils se donnent ainsi l'illusion d'une explication.

Parmi les faits subconscients, il en est de familiers et très connus : les faits d'inspiration. On en fera une classe à part, qui constituera le *subconscient actif*, opposé au subconscient automatique de P. Janet. Mais on n'ira ni plus haut, ni plus loin, et, dans cette grande classe, on délimitera des classes secondaires : l'inconscient de l'invention, l'inconscient de la mémoire, l'inconscient des tendances, l'inconscient des associations d'idées, l'inconscient des états affectifs, l'inconscient religieux, etc...

La grande classe des manifestations de personnalités multiples sera divisée en cases diverses, étiquetées infraconscience, supra-conscience, co-conscience...

Dans le même ordre d'idées, d'éminents psychistes distinguent le psychisme subconscient proprement dit d'avec ce qu'ils appellent « le métapsychisme ». De l'un à l'autre, cependant, il n'y a que des analogies et aucune distinction de nature.

Le subconscient normal et le subconscient métapsychique se manifestent dans des états très comparables :

L'état d'extase, de ravissement, « d'absence » d'un poète, artiste ou philosophe, composant sous l'influence de l'inspiration, est tout à fait identique, au fond, à l'état second du médium.

Qu'on ne dise pas que le médium parle, agit, écrit tout à fait automatiquement; tandis que l'artiste, alors même que sa volonté consciente n'intervient pas, sait néanmoins ce qu'il produit : cette distinction n'existe pas toujours. Bien des mediums savent parfaitement ce qui va être donné par leur canal, sous une influence soi-disant étrangère, comme l'artiste sait, au fur et à mesure, ce qu'il va donner, sous une inspiration dont il n'est ni le maître ni le guide.

Rousseau couvrant des pages d'écriture sans réflexion et sans effort, dans un état de ravissement qui lui arrachait des larmes ; Musset écoutant le génie mystérieux qui lui dictait ses vers ; Socrate obéissant à son « démon » ; Schopenhauer refusant de croire que ses postulats inattendus et non cherchés fussent son œuvre propre, se comportaient tout à fait comme des médiums.

Il n'est pas rare, d'ailleurs, que le médiumnisme coexiste avec les manifestations de l'inspiration artistique : Musset, par exemple, était un « sensitif » remarquable et presque un visionnaire.

Il n'est pas besoin de faire remarquer que la cryptomnésie et la cryptopsychie sont également le fond du médiumnisme et le fond du psychisme subconscient normal.

En fait il n'est pas toujours commode de distinguer l'un de l'autre.

Dira-t-on que la distinction du psychisme subconscient proprement dit d'avec le métapsychisme réside dans l'apparition du supranormal ? Mais où commence le supranormal ? Nous avons démontré, dans notre chapitre sur la physiologie, le vide et l'inanité de ce terme « supranormal ». Nous avons démontré que la physiologie dite normale et la physiologie dite supranormale sont également mystérieuses et posent un seul et même problème. Il en est pour la psychologie exactement comme pour la physiologie. *Le subconscient est, en bloc, incompréhensible à la psychologie classique.*

La seule distinction qu'a su faire cette psychologie classique vis-à-vis du supranormal, c'est de multiplier, en sa faveur, le nombre des étiquettes. En effet, plus il y aura d'étiquettes, plus on aura l'illusion de comprendre. Il y aura donc l'extériorisation de la sensibilité, l'extériorisation de la motricité, l'extériorisation de l'intelligence, la télésthésie, la télépathie, la télékinésie, la téléplastie, l'idéoplastie...

M. Boirac jugeant cette nomenclature encore trop pauvre, propose d'y adjoindre l'hypnologie, la psychodynamie, la télépsychie, l'hyloscopie, la métagnomie, le biactinisme, la diapsychie, etc. (1).

En réalité, les classifications répondent à un besoin inné de l'esprit humain et sont légitimes, en un sens. Mais leur danger réside dans le fait qu'on est porté à voir en elles autre chose que des classifications : une interprétation, qui reste, en réalité, parfaitement illusoire. C'est en cela qu'elles endorment ou détournent l'effort logique de compréhension et de raisonnement. Elles ont un autre danger encore :

Elles masquent l'unité essentielle de la synthèse psychologique et laissent croire qu'il peut y avoir, pour les diverses manifestations subconscientes, des explications isolées et partielles. Elles égarent ainsi le chercheur et retardent tout progrès philosophique.

Il se passe en ce moment, pour la question du subconscient, ce qui s'est passé pour toutes les graves questions de philosophie scientifique : tôt ou tard, on arrive à trouver le *lien commun* à tous les faits d'un même ordre ; à construire ainsi une synthèse harmonieuse capable d'expliquer, sinon les multiples difficultés de détails (qui seront finalement résolues ensuite peu à peu, sous la direction et le contrôle de l'idée générale) du *moins toutes les grandes difficultés*. Mais, avant d'arriver à cette phase synthétique, l'esprit humain se débat péniblement dans une longue phase analytique, où il ne fait qu'observer les faits et les classer plus ou moins adroitement.

Il s'efforce cependant, dès cette période, de trouver des explications ; mais ces explications sont basées simplement sur un petit nombre de faits, étudiés spécialement par tel ou tel chercheur, et généralisés hâtivement par lui, à l'aide d'une adaptation arbitraire et forcée, aux autres groupes de faits analogues.

---

(1) BOIRAC : *La Psychologie inconnue et l'Avenir des études psychiques.*

Alors, de deux choses l'une :

Ou bien ces théories hâtives et superficielles sont en outre *vagues et imprécises*, n'aboutissent qu'à un verbalisme insidieux et trompeur ; ou bien elles sont précises, mais alors elles *n'embrassent réellement qu'un petit nombre de faits* et ne supportent pas l'épreuve d'une vérification générale.

Ces deux catégories de théories sont déjà nombreuses dans le domaine de la philosophie du subconscient.

Nous avons déjà cité les théories partielles de Janet, de Grasset, de Sollier.

En voici deux autres, d'un caractère plus général, mais évidemment insuffisantes encore :

5° Théorie du professeur Jastrow

Le type de la théorie vague, imprécise et verbale est représenté par celle du Professeur Jastrow. Voici la conclusion qu'il donne à sa longue étude sur la Subconscience (1) :

« L'impression que nous laisse cette étude, c'est que la vie mentale de l'homme ne repose pas sur la conscience seule. Au-dessous de la conscience existe une organisation psychique *antérieure à elle* (2) et qui est sans doute la source d'où elle est sortie.

Il est à présumer que la naissance de la conscience est due à la nécessité de satisfaire quelque besoin qui, sans elle, n'aurait été satisfait que d'une façon incomplète.

Sa naissance marque le début d'une plus grande coordination des fonctions. Son rôle consiste avant tout à intégrer les expériences, à établir l'unité de l'esprit. *Les dissociations morbides* (2) ne font que mettre mieux en relief cette unité que l'esprit normal conserve pendant tout son

---
(1) La *Subconscience*, par J. Jastrow (Chez Alcan).
(2) C'est moi qui souligne.

développement, et qui résiste à toutes les vicissitudes par lesquelles il passe.

C'est à la lumière des conceptions évolutionnistes que nous avons interprété les divers phénomènes psychiques... L'interprétation des *différentes variétés d'activités subconscientes* (1) doit rentrer dans un système fondé sur l'évolution mentale. La subconscience doit être présentée comme un produit naturel de la constitution mentale. On doit aussi montrer qu'à mesure que la complexité de l'esprit augmente, la subconscience se modifie de façon à pouvoir continuer à jouer le rôle qu'elle a en partage. Mais toute évolution implique arrêt, affaiblissement, décadence, dissolution. Or, en examinant les produits de la dissolution d'une fonction, on arrive souvent à mieux comprendre le développement normal de cette fonction. C'est pour cela que nous avons étudié avec tant de soin dans cet ouvrage *les altérations de l'esprit* (1). »

Cette théorie du D\ Jastrow, si elle n'explique rien du tout, donne du moins une idée très nette de l'état d'esprit des psychologues contemporains. Elle fait appel à *des différenciations* qui, en réalité, n'existent pas en tant que différenciations essentielles ; à des *facteurs morbides*, impuissants et vains ; à un *verbalisme pur* plus impuissant encore. Enfin elle est absolument et systématiquement *imprécise*. Elle semble parfois entrevoir une partie de la vérité ; mais elle est incapable de s'élever, dans une large envolée, au-dessus de la routine classique et du fatras des lieux communs. Elle n'apporte absolument rien sur la nature, l'origine, l'essence de la subconscience. Elle n'explique pas comment il peut y avoir en elle, avec une formidable cryptomnésie, tant de facultés si merveilleuses et si puissantes, tant de connaissances inattendues, *restées cependant latentes, inutilisées et inutilisables*, et nécessitant,

---

(1) C'est moi qui souligne.

pour apparaître au jour, une désagrégation morbide du moi !

6° Théorie de M. Ribot

Voici maintenant une théorie toute récente, qu'on peut considérer comme le dernier mot de la conception classique du subconscient, celle de M. Ribot (1).

Pour M. Ribot, c'est très simple : il n'y a pas *de moi inconscient*.

« Ce terme et la conception qu'il implique sont abusifs et inacceptables. Le moi, la personne est tout un composé d'éléments constamment variables, mais qui, dans leur perpétuel devenir, conservent une certaine unité. Or, on ne trouve rien de semblable dans ce prétendu moi ; aucun principe d'unité, tout au contraire une tendance à la dispersion et à l'émiettement...

En somme, ce soi-disant moi est un bloc fruste, fait d'éléments et de mécanismes moteurs. Quand il entre en activité, c'est un orchestre, sans chef qui le dirige. »

La fonction de l'Inconscient ne diffère pas de l'activité consciente, sinon par le manque d'ordre et d'unité. En ce qui concerne sa structure, il est constitué par « des résidus psychiques » c'est-à-dire « des éléments isolés ou associés qui ont été autrefois des états de conscience... *c'est de la conscience éteinte, figée, cristallisée dans ses éléments moteurs.* »

Cependant, reconnaît M. Ribot, il y a dans l'Inconscient, un « fonds impénétrable ».

« Ce fait — de quelque façon qu'on l'explique — qu'il y a en nous une vie souterraine qui n'apparaît qu'en passant et jamais totalement, est d'une grande portée ; c'est que la connaissance de nous-même (γνωτι σεαυτον) n'est pas seulement difficile, mais *impossible*. » Nous devons recon-

---

(1) Ribot : *La vie inconsciente et les mouvements.*

naître « l'incapacité absolue de connaître notre individualité intégralement et d'en être certain. »

En somme, d'après M. Ribot, le moi conscient est une coordination d'états ; le moi inconscient, un résidu d'anciens états conscients. L'activité du premier révèle une certaine unité tandis que celle du deuxième est purement anarchique et désordonnée.

Sans doute, il persiste des obscurités, mais ces obscurités ne sauraient disparaître. Ce que nous ne comprenons pas dans l'individualité psychique est purement et simplement ce qu'il est impossible de comprendre.

Retenons simplement cet aveu d'impuissance. Quant à la théorie même de M. Ribot, elle échappe, par son insuffisance évidente, à la discussion. La documentation sur laquelle elle repose, ne tient compte ni de ce qu'on peut appeler avec M. Dwehshauvers le subconscient latent actif, ni du supranormal.

Elle ne saurait donc prétendre au rôle de théorie générale.

7° Conclusions de l'examen de la psycho-physiologie classique.

Telles sont les explications classiques des phénomènes subconscients.

L'insuffisance totale, absolue de ces explications est évidente et flagrante.

La conception classique de l'individualité physiologique et psychologique apparaît, à l'examen, plus insuffisante encore, plus bornée, plus déficitaire que la conception classique de l'évolution.

Celle-ci, du moins, a réussi à mettre en lumière les facteurs secondaires et, si elle s'est trompée sur leur importance, si elle n'a pu expliquer complètement le transformisme, elle est du moins parvenue à mettre sa réalité au-dessus de toute discussion.

Celle-là, au contraire, n'a pu résoudre aucun des problèmes qu'elle envisageait.

Enfermée dans le cadre étroit du polyzoïsme et du polypsychisme, qui lui masque la réalité essentielle des choses, elle se heurte de toutes parts à des énigmes : énigme de la formation et du maintien de l'organisme, énigme de la vie, énigme de la personnalité, énigme de la conscience, énigme de la subconscience.

Incapable d'une vue synthétique, elle n'a tiré de ses analyses que des généralisations factices, basées sur une méthode stérilisante, qui n'échappent à l'insuffisance que pour tomber dans l'absurde. La conception classique de l'individu, pour tout dire, porte la marque de l'impuissance lamentable de ce qu'on peut appeler : *la psycho-physiologie universitaire officielle contemporaine.*

Sans originalité, sans profondeur, sans vérité, cette psycho-physiologie officielle présente un contraste frappant avec les autres sciences, entraînées dans le merveilleux essor de notre époque.

Elle forme, à l'écart de leur lumière, comme une zone obscure où tâtonnent et se débattent en vain les meilleurs esprits... Il est temps qu'un grand souffle d'air pur balaye cette épaisse et lourde brume de petites idées accrochées à de petits faits.

CHAPITRE VII

LES INDUCTIONS PSYCHOLOGIQUES RATIONNELLES BASEES SUR LE SUBCONSCIENT

Notre examen de la psycho-physiologie classique nous a fait saisir sur le vif l'erreur et l'illusion de la méthode ascendante, qui prétend partir des faits élémentaires pour interpréter les faits complexes.

Servons-nous donc hardiment de la méthode opposée, de la méthode descendante et considérons d'abord et avant tout les faits les plus complexes de la psychologie, c'est-à-dire les phénomènes subconscients.

La méthode nous donnera dans le domaine psychique ce qu'elle nous a donné dans le domaine physiologique : une lumière nouvelle, éblouissante, éclairant notre route et rendant simples, aisées, fécondes, toutes nos investigations.

1° Le subconscient est l'essence même de la psychologie individuelle

Lorsqu'on procède, sans idée préconçue et sans tenir compte des enseignements classiques, de leurs formules ou de leurs dogmes, à l'examen de la psychologie subconsciente, on éprouve une première et grande surprise :

Le subconscient nous paraît être l'essence même de la psychologie individuelle.

Ce qu'il y a de plus important dans le psychisme individuel est subconscient. Le fonds même du moi, sa caractéristique sont subconscients. Toutes les capacités innées sont subconscientes ; de même les facultés supérieures, l'intuition, le talent, le génie, l'inspiration artistique ou créatrice. Ces facultés sont cryptoïdes dans leur origine, cryptoïdes dans leurs manifestations, dont tout le mécanisme échappe en majeure partie à la volonté, à la direction normale et régulière de l'être et ne se révèlent que par la mise au jour, en dehors de la réglementation consciente, de produits intermittents et d'apparence spontanée.

Cette activité psychique subconsciente, formidable en elle-même, est doublée d'une mémoire plus formidable encore, mémoire toute puissante et infaillible, qui laisse bien loin derrière elle la pauvre mémoire consciente, si caduque, débile et bornée.

A côté du subconscient, le conscient n'apparaît plus que comme un psychisme restreint, limité et tronqué ; et encore ce psychisme est-il soumis, même pour ses manifestations les plus importantes, à cette portion cryptoïde du moi, qui en forme la caractéristique et le fonds.

Tout se passe, en un mot, comme si le conscient ne constituait qu'une partie, la plus faible, du moi ; partie entièrement conditionnée par la partie la plus importante, restée cryptoïde, dans les conditions ordinaires de la vie individuelle normale.

Une pareille constatation est, pour la psychologie classique, qui considère le moi comme la somme des consciences des neurones, un insoluble mystère.

Il est impossible, en partant de sa conception, de comprendre ou même de tenter une interprétation qui ne soit pas purement verbale, soit de la *cryptopsychie*, soit de la *cryptomnésie*.

2° L'IMPUISSANCE DE LA PSYCHOLOGIE CLASSIQUE EN FACE DE LA CRYPTOPSYCHIE ET DE LA CRYPTOMNÉSIE

La cryptopsychie, au point de vue de la psychologie individuelle apparaît comme un non sens.

Comment une part de l'activité mentale échappe-t-elle à la disposition de l'individu ou ne lui est-elle accessible qu'irrégulièrement et par accidents ?

Comment cette activité mentale involontaire et latente est-elle supérieure à l'activité mentale volontaire et consciente ?

Comment toutes les capacités supérieures : non seulement les facultés supranormales, mais aussi l'inspiration créatrice et le génie et tout ce qu'il y a d'essentiel au point de vue psychique dans l'intellect, lui sont-ils, en majeure partie, inaccessibles et inconnus ? Pourquoi, en un mot, sont-ils subconscients et non conscients ? Encore une fois, impossible de le comprendre dans la psychologie classique.

Se basant sur ces arguments, Myers n'avait pas eu de peine à montrer l'impossibilité de faire de la cryptopsychie le produit de l'évolution physiologique normale. Il y a en effet contradiction absolue dans la constatation de facultés à la fois très puissantes et très utiles et, en même temps, en majeure partie inutilisables par l'être dans la vie normale.

Passons maintenant à la *cryptomnésie :*

La cryptomnésie, nous l'avons vu, serait pourvue d'une puissance prodigieuse, puissance qui ne connaîtrait pas de limites. *Elle permettrait l'enregistrement fidèle de tout ce qui a frappé nos sens, soit consciemment, soit même à notre insu ; et assurerait à cet enregistrement un caractère indélébile.*

Or, une pareille conception diffère du tout au tout des notions classiques de la mémoire.

La mémoire ordinaire est d'autant plus précise que le fait auquel elle se rapporte a frappé plus fortement l'attention de l'Etre et que ce fait est plus récent.

Si le fait enregistré est, pour l'Etre, d'importance secondaire ou nulle, il disparaît bientôt et à jamais ; à moins, bien entendu, d'être conservé grâce à une association d'idées plus importantes, à laquelle il aurait été lié par hasard.

De même, si le fait enregistré est ancien, le souvenir en devient vague, confus, et finit à la longue par disparaître aussi, souvent totalement. C'est là un processus régulier, normal, conforme à tout ce que nous enseigne la physiologie :

L'impression produite sur le cerveau est superficielle et éphémère pour les états de conscience d'intensité médiocre et cette impression, même pour les états de conscience plus importants, tend à s'effacer avec le temps.

Le Dantec (1) résume ainsi sa théorie psychologique de la mémoire : « il y a deux choses à considérer dans la mémoire au point de vue objectif :

« 1° Le fait que nous n'avons pas oublié une chose, que nous sommes susceptibles de nous la rappeler ;

« 2° L'opération qui consiste à nous en souvenir.

« La première chose consiste en une particularité histologique, la deuxième est corrélative d'un phénomène physiologique.

« Exécutons une opération quelconque, mentale ou autre, un certain nombre de fois. Le chemin parcouru par le reflexe correspondant sera, en vertu de la loi d'assimilation fonctionnelle, consolidée par ce reflexe même ; il y aura donc dans notre système nerveux un certain nombre

---

(1) Le Dantec : *Le Déterminisme biologique.*

de modifications histologiques corrélatives de l'opération en question.

« Tant que ces modifications histologiques persisteront, la *mémoire histologique* de l'opération en question persistera ; il suffira de la répéter de temps en temps pour entretenir par assimilation fonctionnelle cette mémoire histologique. Si l'on reste longtemps sans la répéter, la destruction plastique qui accompagne le repos des organes *détruira cette particularité de notre système nerveux* ; il y aura oubli ».

Quand l'oubli est complet et absolu, il est aussi irrémédiable. *La mémoire histologique ayant disparu, il ne saurait subsister de mémoire psychologique.* Cela semble évident et tels semblent bien être, en effet, le processus et les conditions de la mémoire ordinaire.

Or, la cryptomnésie est tout différente : elle se rapporte non seulement aux faits importants, mais aussi à des faits même sans importance, à des faits, qui parfois, n'ont même pas retenu l'attention consciente de l'Etre.

D'autre part, l'enregistrement des états de conscience, dans la mémoire occulte, n'est en rien subordonné à la question de temps. *Cet enregistrement paraît indélébile.*

La gamme des souvenirs latents s'étend ainsi des détails les plus insignifiants, même enregistrés inconsciemment, aux faits les plus importants de notre vie consciente. Leur souvenir, même lorsqu'il semble à jamais disparu, inaccessible au moi normal, peut, dans les états anormaux, spécialement dans le somnambulisme ou le médiumnisme, reparaître intégralement au premier plan.

La cryptomnésie n'est pas seulement faite d'expériences extrinsèques, mais aussi d'expériences intrinsèques, pour ainsi dire. Elle est constituée non seulement par des souvenirs réels mais aussi par des souvenirs d'ordre imaginatif. L'imagination, qui joue dans le psychisme normal un rôle si considérable, créé ou réalise des faits fictifs qui, de même que les faits réels, sont enregistrés dans la cryptomnésic. De même, naturellement, toutes les émotions et tous les états d'âme.

En somme, tout ce qui a été dans le champ psychique, consciemment ou inconsciemment, peu importe, demeure, indestructible, même quand il semble à jamais perdu.

En vain, un temps très long s'est-il écoulé depuis cette acquisition psychique ou sensorielle ; *en vain les cellules cérébrales, qui avaient vibré synchroniquement, ont-elles été, depuis lors, sans doute, bien des fois renouvelées* (1). En dépit du temps et en dépit des changements, le souvenir intégral reste, gravé d'une manière indélébile, dans le subconscient.

Comment ? Pourquoi ? Mystère insoluble pour la physiologie classique.

Le souvenir subconscient intégral *semble donc indépendant des contingences cérébrales*. On a même cité des cas où il persistait, réapparaissant par éclairs, en dépit de la perte de la mémoire ordinaire par maladie du cerveau. Tel est le cas fameux de M. Hanna, bien caractéristique à ce sujet (2). M. Hanna, à la suite d'une chute sur la tête, oublia totalement toute sa vie passée, toutes ses connaissances, tout son acquit et se trouva ramené à l'état psychologique d'un nouveau-né à qui on doit tout apprendre. Mais chose curieuse, si la mémoire avait disparu, la capacité d'apprendre était intacte. La rééducation fut très rapide et complète. Or, pendant cette rééducation, M. Hanna avait à chaque instant, constate M. Flournoy, « des rêves ou visions incompréhensibles pour lui, qu'il décrivait avec étonnement à ses parents et où ceux-ci reconnaissaient les souvenirs très exacts de localités où le patient avait été avant son accident ». Il y avait donc une mémoire latente,

---

(1) En tous cas l'impression s'en est effacée et a disparu.
(2) Sidy and Goodhart : *Multiple personality*.

laquelle se manifestait évidemment aussi par la faculté de rapprendre très vite.

En somme, de l'étude de la cryptomnésie ressort avec évidence ce qui suit :

Tout se passe comme si l'état psychique qu'on nomme un souvenir, enregistré par les cellules cérébrales, et destiné à disparaître bientôt avec elles, éphémère comme elles, était enregistré, en même temps, dans « quelque chose » de permanent, dont ce souvenir sera dorénavant partie intégrante et permanente elle-même.

Retenons bien cette constatation. Nous en comprendrons plus tard seulement toute l'importance. Qu'il nous suffise, pour le moment, d'établir une première induction, induction imposée par les faits :

— *La présence, dans l'Etre, de facultés puissantes et étendues, mais subconscientes, jouant dans le psychisme individuel le rôle principal bien que cryptoïde, conditionnant ce psychisme individuel tout en échappant en majeure partie à la connaissance et à la volonté normales et directes ;*

— *La constatation d'une mémoire subconsciente différente de la mémoire normale, plus sûre et plus étendue que cette dernière et semblant presque sans limites ; ces faits nous entraînent au-delà du cadre des notions classiques sur le moi, son origine, ses fins et ses destinées.*

Il n'y a rien dans les connaissances classiques, dans ce que nous avions pensé définitivement établi par les sciences naturelles, par la physiologie ou la psychologie, qui permette de se rendre compte des phénomènes subconscients, qui ne soit en opposition flagrante avec ces phénomènes.

En un mot, cette induction formidable nous met en présence d'un point d'interrogation plus formidable encore. Nous sommes amenés impérieusement à nous demander si la psycho-physiologie classique n'est pas purement et simplement un monument d'erreurs ?

Dès lors, nous avons le devoir de considérer de près tous ses enseignements, et d'examiner surtout, à la lumière des faits, son fameux dogme, le dogme fondamental sur lequel elle repose entièrement, celui du *parallélisme psycho-physiologique*.

Il importe de rechercher ce parallélisme partout où il était affirmé, et de voir s'il peut s'adapter aux faits subconscients.

3° ABSENCE DE PARALLÉLISME ENTRE LE SUBCONSCIENT, D'UNE PART ET L'ÉTAT DU DÉVELOPPEMENT DU CERVEAU, L'HÉRÉDITÉ, LES ACQUISITIONS SENSORIELLES OU INTELLECTUELLES, D'AUTRE PART.

« *Le développement psychique, nous enseigne-t-on tout d'abord, accompagne régulièrement le développement du cerveau et il est proportionnel à ce développement pendant l'enfance et jusqu'à la maturité* ».

Or, le psychisme subconscient a précisément, parmi ses caractéristiques, d'apparaître, souvent avec toute son importance, bien avant l'épanouissement complet du cerveau.

Sans parler même du subconscient dit supranormal, relativement plus fréquent chez les enfants que chez l'adulte, la précocité des manifestations du génie, surtout en art, est une notion banale et dont il n'est pas besoin de rappeler les exemples si connus. L'apparition du génie avant le développement complet du cerveau est un fait contraire à la théorie du parallélisme psycho-physiologique.

Autre constatation, plus importante encore. Le développement psychique, en ce qui concerne le subconscient, apparaît *indépendant des conditions héréditaires ; indépendant des acquisitions sensorielles et de l'effort nécessaire pour les acquisitions intellectuelles conscientes.*

D'où proviennent, en effet, les capacités subconscientes ?

Ces capacités, qui se manifestent dans le génie, le talent ou l'inspiration, ne sont pas acquises ; *elles sont innées*. Le travail, l'entraînement ou l'effort répété peuvent, dans une certaine mesure, les développer. Ils ne peuvent pas les créer.

Comment comprendre les capacités innées ?

L'échec des tentatives d'interprétation, soit par l'hérédité, soit par la conformation cérébrale, est aujourd'hui définitif.

Les exemples d'hérédité psychique bien nette et bien établie sont tout à fait exceptionnels.

Le plus connu est celui de la famille de Jean Sébastien Bach, laquelle présenta, de 1550 à 1846, 29 musiciens éminents. Mais s'agit-il bien d'hérédité ? Il faudrait, pour le démontrer, éliminer d'abord d'autres facteurs : l'ambiance, l'éducation, les traditions familiales, l'entraînement collectif, etc.

Ce qui est extraordinaire, ce n'est pas que l'on rencontre, çà et là, quelques cas de soi-disant hérédité psychique ; c'est bien plutôt qu'on en rencontre si peu, en regard surtout de la fréquence et de la banalité de l'hérédité physique. Le fait est là :

Le rôle de l'hérédité est aussi effacé et secondaire en psychologie qu'il est important et prédominant en physiologie. Certaines dispositions, surtout d'ordre artistique, sont parfois héréditaires ; mais les hautes facultés psychiques, le talent, et le génie ne proviennent pas plus des ascendants qu'ils ne se transmettent aux descendants. C'est là une constatation courante.

Les différences entre l'hérédité physique et l'hérédité psychique sont trop importantes pour être rattachées à des causes physiologiques. Comment expliquer que deux frères puissent se ressembler physiquement et n'avoir rien de commun moralement ?

Les inégalités psychiques si considérables entre les êtres voisins par les conditions de naissance, de vie et d'éducation ne sont en rien corrélatives à des inégalités physiques.

Les physiologistes n'en sont plus à rechercher la cause de ces inégalités dans le poids, le volume ou la conformation du cerveau ; mais ils invoquent des variations, *imperceptibles et inappréciables*, du tissu cérébral ; des causes inaperçues, des influences diverses, pathologiques ou autres, pendant la vie intra-utérine ; des conditions ignorées de la génération, des formations généalogiques ou autres, compliquées, etc... toutes hypothèses qui n'ont même pas, en leur faveur, un commencement de démonstration.

En somme, par le fait qu'il est à la fois inné et non héréditaire, le subconscient apparaît comme indépendant de l'organisation anatomique du cerveau, comme il l'est des acquisitions intellectuelles et de l'effort qu'elles nécessitent. Par le fait qu'il apparaît souvent dès l'enfance, il semble indépendant de l'épanouissement complet du cerveau.

Voilà donc déjà un point établi : il n'y a pas parallélisme psycho-physiologique entre l'apparition et le développement du subconscient et le développement individuel des centres nerveux.

Continuons notre investigation.

4° ABSENCE DE PARALLÉLISME ENTRE LE SUBCONSCIENT ET L'ACTIVITÉ CÉRÉBRALE

« *L'activité psychique, enseigne-t-on ensuite, est proportionnelle à l'activité des centres nerveux* ».

Là, le raisonnement est très simple et très clair. S'il est un axiome que la physiologie ne peut nier sans se nier elle-même, c'est le suivant :

« *Le rendement d'un organe, de puissance donnée, est rigoureusement proportionnel au degré d'activité de cet organe* ».

C'est précisément en se basant sur le parallélisme psycho-physiologique apparent qu'on avait conclu, d'abord, de l'étude analytique du psychisme conscient, que le moi est la fonction du cerveau ; ou du moins ne peut pas être séparé du cerveau :

« Nous ne pouvons pas plus, écrivait Haeckel, séparer notre âme individuelle du cerveau que le mouvement volontaire de nos bras ne peut être séparé de la contraction de nos muscles (1). »

Or, dans le psychisme subconscient, le parallélisme n'existe plus. Si nous faisons momentanément abstraction des produits de l'activité automatique du cerveau, qui constituent une sorte de subconscience inférieure, *on ne peut plus trouver aucun rapport entre l'importance des manifestations du subconscient actif ou supérieur et le degré d'activité cérébrale*.

Au contraire, le subconscient supérieur se montre d'autant plus actif que l'organe cérébral l'est moins.

Il apparaît et prend toute son importance, *non pas dans un effort psychologique volontaire, mais dans l'inaction ou le repos du cerveau ;* dans les états de distraction, de rêve ou même de sommeil, sommeil naturel, ou sommeil artificiel.

Beaunis (2), qui a étudié le subconscient non pas en psychologue, mais en physiologiste, fait cette remarque : « le travail inconscient ne fatigue pas comme le travail conscient... aussi me permettrai-je de dire à tous ceux qui, savants, littérateurs, artistes, vivent surtout par le cerveau : *laissez travailler l'inconscient, il ne se fatigue jamais* ».

---

(1) HAECKEL : *Le Monisme.*
(2) Cité par M. DWELSHAUVERS.

On se demande, après cela, comment un physiologiste de la valeur de Beaunis n'a pas vu les formidables conséquences d'une pareille constatation.

Ces conséquences sont cependant inéluctables : le *psychisme subconscient est entièrement et spécifiquement distinct de l'effort volontaire.*

L'effort ne peut rien pour créer le psychisme subconscient. Il peut tout au plus amorcer son activité, l'orienter dans un sens donné ; mais c'est tout. Loin de le favoriser ensuite, il le gêne et la cessation de l'effort est la condition même des productions intuitives, artistiques ou géniales.

Tandis que, d'ailleurs, l'effort intellectuel est intermittent comme tout effort et que le fonctionnement cérébral exige de longues et régulières périodes de repos, le *subconscient reste permanent* dans ses capacités. Non seulement il ne disparaît pas par ce repos du cerveau, mais il prend tout son essor dans les états de torpeur cérébrale, de rêve, de distraction. C'est dans ces états très divers, mais toujours caractérisés essentiellement par l'absence de travail et d'effort que l'inspiration se déroule dans toute son ampleur et toute sa spontanéité.

On ne saurait trop insister sur ce fait de la dissociation des productions subconscientes d'avec l'activité du cerveau et d'avec l'effort volontaire.

Tout se passe, pour ces productions subconscientes, comme si elles étaient tout à fait indépendantes de la physiologie cérébrale.

5° Absence de parallélisme entre la cryptomnésie et la physiologie cérébrale

Tout autant que dans la cryptopsychie, le parallélisme est absent dans la cryptomnésie. Comme nous l'avons déjà longuement établi, l'enregistrement, la conservation, le rappel à la connaissance des états de mémoire subconscients ne dépendent en rien de l'effort, et sont indépendants, strictement, des conditions et contingences de la mémoire cérébrale normale.

De plus, la mémoire subconsciente est infiniment plus vaste, plus étendue, plus profonde que la mémoire normale. Enfin et surtout la mémoire subconsciente est *indélébile comme acquit* alors que la mémoire cérébrale est éphémère, comme le sont les neurones eux-mêmes auxquels elle est attachée.

Nulle part, on le voit, il n'y a, pour le subconscient, trace de parallélisme psycho-physiologique.

6° ABSENCE DE LOCALISATIONS CÉRÉBRALES POUR LE SUBCONSCIENT

Continuons notre examen :

« *Les facultés psychologiques, dit-on encore, dépendent de localisations précises et nettes* ».

Est-il besoin de faire remarquer qu'il est impossible de trouver, pour les facultés subconscientes, de localisation cérébrale. Pour que cette recherche paraisse même absurde *a priori*, il faut bien que l'on sente toute l'absence de parallélisme psycho-physiologique quand il s'agit du subconscient. Passons :

7° ABSENCE DE PARALLÉLISME ENTRE LE SUBCONSCIENT ET LES CAPACITÉS SENSORIELLES.

« *L'activité psychique, affirme-t-on aussi, est étroitement conditionnée par l'étendue des capacités organiques. Elle en est strictement inséparable. Les éléments qu'utilise l'intelligence lui viennent des sens. La portée des sens limite ainsi, la portée du psychisme.* »

Autant de mots, autant d'erreurs en ce qui concerne le subconscient.

L'origine des capacités subconscientes n'est pas sensorielle ; car ces capacités sont innées. La portée des capacités subconscientes déborde de partout le cadre des capacités sensorielles.

L'inspiration supérieure, l'intuition, le génie sont indépendants, totalement, des acquisitions.

8° Absence de parallélisme entre les capacités organiques et le subconscient supranormal

Le supranormal enfin, prouve que le psychisme subconscient dépasse toutes les capacités organiques, puisqu'il se manifeste, même sans elles ou en dehors d'elles.

Les phénomènes d'extériorisation nous révèlent *un dynamo-psychisme séparable de l'organisme.* C'est là la négation même du parallélisme classique !

Il n'y a pas de parallélisme psycho-anatomique :

L'action sensorielle peut se révéler en dehors des organes des sens : l'action motrice peut s'exécuter en dehors des muscles ; l'action psychique peut se dérouler en dehors du cerveau !

Il n'y a pas de parallélisme psycho-physiologique :

Le fonctionnement apparent, sensoriel, moteur ou intellectuel peut être supprimé ou inerte. Le corps du sujet, dont la sensibilité s'exerce à distance est, généralement, pendant ce temps, profondément anesthésié. Ses muscles exécutent parfois, pendant l'extériorisation motrice, quelques vagues mouvements réflexes associés ; mais ces contractions synergiques, d'ailleurs non constantes, ne représentent jamais un effort concordant à l'effet. Quant à ses centres nerveux, ils sont plongés dans un état d'annihilation, variant de l'engourdissement vague à la « trance » spéciale, sorte de coma transitoire pendant lequel toutes les fonctions, excepté celles de la vie végétative, sont totalement supprimées.

Plus cette annihilation fonctionnelle est profonde, plus remarquables apparaissent souvent les manifestations métapsychiques. Plus l'extériorisation, la sécession d'avec l'organisme est complète, plus les phénomènes se montrent élevés et complexes :

S'agit-il de vision à distance ou de télépathie ? les cas les plus remarquables sont ceux qui dépassent le plus, dans les proportions les plus invraisemblables, la portée des sens.

S'agit-il de matérialisation idéoplastique ? Les formations ont d'autant plus d'activité propre et d'autonomie apparente qu'elles sont mieux distinctes et séparées du médium.

En somme, comme je l'avais exposé dans *l'Etre Subconscient*, la démonstration classique en faveur du parallélisme psycho-physiologique, dans le fonctionnement dit normal de l'Etre, se retourne totalement contre ce parallélisme dans le fonctionnement dit supranormal :

Cette démonstration négative tient dans la triple formule :

— Pas de corrélation entre l'anatomo-physiologie et les manifestations métapsychiques.

— Activité métapsychique en raison inverse de l'activité fonctionnelle.

— Activité métapsychique (sensible, dynamique, motrice, intellectuelle, idéoplastique) séparable de l'organisme même.

Tout se passe, avec évidence, on peut l'affirmer sans réserve, comme s'il n'y avait pas, pour le subconscient supranormal, de parallélisme psycho-physiologique.

9° Le subconscient déborde l'organisme et le conditionne

D'ailleurs, le subconscient porte, en lui-même, une preuve suprême de cette vérité : non seulement, en effet, *il dépasse, dans ses manifestations, toutes les contingences dynamiques et matérielles ; mais encore il les conditionne.*

C'est ce que nous avons vu en psychologie, puisque le psychisme conscient n'est qu'une part, la plus faible, du psychisme total et est véritablement conditionné par le psychisme subconscient qui constitue le fond même de l'être pensant, sa caractéristique essentielle.

C'est ce qui est plus évident encore en physiologie, où nous avons pu démontrer que la substance organique se résoud dans un dynamisme supérieur et que ce dynamisme supérieur a son idée directrice dans le subconscient. L'idée directrice subconsciente se montre même, dans les états supranormaux, capable de désorganiser momentanément la substance organique pour la reconstituer dans des représentations différentes. Il est donc certain que l'organisme, loin d'être, comme l'enseignait la théorie matérialiste, le générateur de l'idée est au contraire conditionné par l'idée et n'apparaît que comme un produit idéoplastique de ce qu'il y a d'essentiel dans l'être, c'est-à-dire son psychisme subconscient.

Mais ce n'est pas tout encore :

Ce subconscient, qui a en lui les capacités directrices et centralisatrices du moi, dans toutes ses représentations, a aussi le *pouvoir de s'élever au-dessus de ces représentations mêmes.*

Les facultés de télépathie, d'action mento-mentale ou de lucidité sont des facultés qui échappent aux représentations parce qu'elles échappent précisément aux conditions dynamiques ou matérielles qui les régissent.

Le subconscient est au-dessus du cadre même des représentations, c'est-à-dire du temps et de l'espace, dans l'intuition, le génie et dans la lucidité.

Ainsi, la thèse que Carl du Prel avait soutenue dans des œuvres admirables d'intuition ; que Myers avait basée sur une documentation solide et nous-mêmes sur un raisonnement qui n'a pas été réfuté, s'offre maintenant, dans toute son ampleur, à l'examen et à la discussion des savants et des penseurs de bonne foi.

On peut l'affirmer sans réserve :

Il y a, dans l'Etre vivant, un dynamo-psychisme qui constitue l'essentiel du moi, et qui ne peut absolument pas se ramener au fonctionnement des centres nerveux. Ce dynamo-psychisme essentiel n'est pas conditionné par l'organisme ; bien au contraire, tout se passe comme si l'organisme et le fonctionnement cérébral étaient conditionnés par lui.

10° Conclusions de l'examen synthétique de la psycho-physiologie

Telles sont les premières conclusions essentielles d'une psycho-physiologie intégrale, basée sur tous les faits ; mais spécialement sur les faits les plus élevés et les plus complexes ; imposée par la connaissance approfondie du subconscient ; mais s'adaptant aisément, comme nous le montrerons plus loin, à l'ensemble des faits plus simples, qu'elle éclaire complètement.

La science offre ainsi les matériaux de bon aloi qu'il suffira de réunir, de coordonner et de classer pour substituer, à l'indescriptible chaos de la psycho-physiologie classique, un édifice harmonieux basé sur ces deux solides piliers :

— *Notion d'un dynamisme supérieur conditionnant le complexus organique.*

— *Notion d'un psychisme supérieur indépendant des contingences cérébrales et coordonnant la multiplicité des états de conscience.*

Mais, avant de tenter l'œuvre de synthèse, nous devons chercher, dans les systèmes connus, ce que nous offre la philosophie.

LIVRE PREMIER

TROISIEME PARTIE

LES THEORIES PHILOSOPHIQUES DE L'EVOLUTION

TROISIEME PARTIE

LES THEORIES PHILOSOPHIQUES DE L'EVOLUTION

Les fondements scientifiques des philosophies de l'évolution

Les philosophies qui prennent pour base la connaissance des faits connus, sur l'évolution collective et sur l'évolution individuelle, arrivent à des conclusions extrêmement différentes, suivant qu'elles embrassent plus ou moins de ces faits connus et suivant qu'elles vont plus ou moins loin au-delà de ces faits connus.

D'ailleurs, au fur et à mesure du progrès ininterrompu des sciences naturelles, la conception de l'évolution doit s'adapter aux connaissances nouvellement acquises. Elle subit ainsi des modifications successives, parfois complètes.

Les questions générales que soulève l'évolution peuvent être ramenées à trois :

Y a-t-il évolution ?
Qu'est-ce qui évolue ?
Comment et pourquoi l'évolution ?

Y a-t-il évolution ? On peut considérer la question comme résolue scientifiquement. Oui, il y a évolution, évolution ininterrompue du simple au complexe.

Qu'es-ce qui évolue ?

La question est déjà infiniment plus compliquée et difficile. Les notions scientifiques actuelles tendent à établir l'unité de substance. Elles tendent en outre à décomposer cette substance une jusqu'à l'atome. Elles tendent enfin, aujourd'hui, à faire de l'atome non pas quelque chose de matériel proprement dit, mais quelque chose comme un centre de forces.

« La matière, écrit M. Gustave Le Bon (1), a successivement passé par des stades d'existence fort différents : Le premier nous reporte à l'origine même des mondes et échappe à toutes les données de l'expérience. C'est la période du chaos des vieilles légendes. Ce qui devait former l'univers n'était alors constitué que par des nuages informes d'éther.

« En s'orientant et en se condensant sous l'influence de forces inconnues, agissant pendant des entassements d'âges, l'éther a fini par s'organiser sous forme d'atomes. C'est de l'agrégation de ces derniers que se compose la matière telle qu'elle existe dans notre globe ou telle que nous pouvons l'observer dans les astres à diverses phases d'évolution.

« Pendant cette période de formation progressive, les atomes ont emmagasiné la provision d'énergie qu'ils devaient dépenser sous des formes diverses : chaleur, électricité, etc... dans la suite des temps.

« En perdant lentement ensuite l'énergie, d'abord accumulée par eux, ils ont subi des évolutions diverses et revêtu par conséquent des aspects variés.

« Quand ils ont rayonné toute leur énergie sous forme de vibrations lumineuses, caloriques ou autres, ils retournent par le fait même des rayonnements consécutifs à leur

---

(1) M. GUSTAVE LE BON : *L'Evolution de la matière.*

dissociation, à l'éther primitif, d'où ils dérivent. Ce dernier représente donc le nirvana final auquel reviennent toutes choses après une existence plus ou moins éphémère.

« Ces aperçus sommaires sur les origines de notre univers et sur sa fin ne constituent évidemment que de faibles lueurs projetées dans les ténèbres profondes qui enveloppent notre passé et voilent notre avenir. Ce sont de bien insuffisantes explications. La science ne peut en proposer d'autres. Elle n'entrevoit pas encore le moment où elle pourra découvrir la véritable raison première des choses, ni même atteindre les causes réelles d'un seul phénomène. Il lui faut donc laisser aux religions et aux philosophies le soin d'imaginer des systèmes capables de satisfaire notre besoin de connaître. »

Nous essayerons, dans la suite de cet ouvrage, de montrer que nos connaissances actuelles nous permettent d'aller bien plus loin que ne le pense M. Le Bon à la recherche du sens de l'évolution.

Analysons d'abord les systèmes proposés, jusqu'à présent pour la solution de la 3ᵉ question :

Comment et pourquoi l'évolution ?

Les théories philosophiques de l'évolution pourraient à la rigueur, se ramener à deux : La théorie déiste ou providentielle et la théorie panthéiste.

En fait, la métaphysique panthéistique est infiniment complexe, puisqu'elle embrasse tous les systèmes qui placent dans l'univers même sa raison d'être et sa fin.

Ces systèmes, soit par leur développement, soit par leurs conclusions, sont très différents les uns des autres et ne sauraient être confondus dans une étude uniforme.

Nous ne saurions, d'ailleurs, dans le cadre de cet ouvrage, les passer tous en revue. Un choix s'impose, et ce choix sera naturellement déterminé par l'objectif que nous poursuivons.

Nous considèrerons simplement :

La philosophie de l'évolution providentielle et dogmatique.

L'évolution panthéistique ou monistique contemporaine.

Le système de « l'Evolution créatrice » de M. Bergson.

La philosophie de l'Inconscient, d'après Schopenhauer et de Hartmann.

CHAPITRE PREMIER

L'EVOLUTIONNISME PROVIDENTIEL

1° Tentatives de conciliation de l'évolutionnisme avec l'idée providentielle et dogmatique

Après avoir lutté longtemps et désespérément contre l'idée évolutionniste, un certain nombre de partisans de la philosophie théologique et dogmatique arrivent, peu à peu, bon gré, mal gré, à s'y rallier.

Ils comprennent, en effet, que le dogme de la création n'est pas plus satisfaisant que les enseignements matérialistes.

Comme le dit très bien Vogel (1) : « au point de vue strictement rationnel, il est équivalent de proclamer que l'homme est un produit du hasard ou d'affirmer que sa création est due à l'acte arbitraire d'un Dieu personnel. Au point de vue moral, faire disparaître l'individu humain après une vie toute d'aventure et sans sanction aucune à ses actes est également équivalent à le faire juger, par un arrêt absolu et pour l'éternité, sur la base d'actes matériels d'une valeur, d'une durée et d'une autonomie infimes. Mais cette équivalence de probabilités et d'absurdités, qui existe dans l'apport des écoles matérialistes et des religions occidentales à la solution du problème cosmique, cesse dès que surgit la théorie évolutionniste. »

D'après les croyants ralliés à l'évolutionnisme, l'univers

---

(1) Vogel : *La Religion de l'Evolutionnisme* (Chez Fischlin, à Bruxelles).

évoluerait par la volonté et sous la direction d'une Providence souverainement puissante, souverainement juste et souverainement bonne.

Le transformisme ne serait nullement incompatible avec l'idée d'un plan divin et avec les enseignements traditionnels, débarrassés, bien entendu, d'impedimenta dogmatiques puérils et surannés.

Loin d'être contraire à l'idée providentielle, disent-ils, la formule évolutive soulagerait cette dernière de la très grave objection basée sur les imperfections de l'univers. Ces imperfections, trop marquées pour être conciliables avec la notion d'une providence responsable, dans *une création définitive*, sont au contraire facilement compréhensibles dans un monde en *voie d'évolution* : elle n'apparaissent plus alors que comme une nécessité inhérente à un état inférieur et comme la mesure même de l'infériorité momentanée de cet état (1).

Ce n'est pas sans une certaine hésitation que nous allons discuter la valeur de ce raisonnement (2). Pareille discussion semblera en effet inutile et fastidieuse, aussi bien aux partisans qu'aux adversaires de l'idée providentielle ; car tout a déjà été dit, depuis longtemps, à ce sujet et d'autre part la question est de celle qui comporte généralement des convictions ou des croyances inébranlables.

Mais, du moment que certains prétendent substituer, à l'ancien acte de foi, dérobé à toute critique, une argumentation logique, force est bien de les suivre sur le terrain

---

(1) Consulter le curieux recueil de Conférences du R. P. Zahm traduit sous le titre : *l'Evolution et le Dogme*, par l'abbé Flageolet Lethielleux éditeur, 10, rue Cassette, Paris.

(2) Ce chapitre ne doit absolument pas être considéré isolément. Ce qui précède et ce qui suit, prouve qu'il n'est pas besoin d'avoir recours à la conception providentielle, pour reconnaitre dans l'univers, une harmonie idéale. Nous nous efforcerons de démontrer que l'évolution est précisément la réalisation de la souveraine conscience, de la souveraine justice, du souverain bien

des faits et d'exposer, une fois de plus, les objections qui s'opposent inévitablement à leur thèse.

Ces objections peuvent être ramenées à deux principales :

A) L'objection basée sur la constatation, dans l'évolution, de tâtonnements et d'erreurs.

B) L'objection basée sur la prédominance du mal dans l'univers.

2° Objection basée sur la constatation évidente, dans l'évolution, de tatonnements et d'erreurs.

Une évolution s'effectuant sur un plan divin préétabli ou régi constamment par une providence souverainement parfaite ne saurait comporter de tâtonnements ni d'erreurs. Or ces tâtonnements et ces erreurs sont innombrables.

Ils ne constituent pas une exception ; ils semblent presque la règle.

Des milliers et des milliers d'espèces ont disparu dans la suite des siècles. Il y a eu, dans ces formes évolutives, comme un *véritable gaspillage* de forces vivantes et d'énergies.

Tout nous montre, dans l'évolution, une force créatrice qui n'est pas sûre d'elle-même : qui produit surabondamment, pour arriver à se concrétiser dans des formes sélectionnées.

Ces tâtonnements sont absolument évidents dans les phases inférieures de l'évolution :

Il se produit pour les espèces ce qui se produit pour les individus : des germes sont donnés par milliers ; un petit nombre seulement arrivent à la croissance ; parmi ces privilégiés, quelques-uns seulement parviennent à l'état adulte.

Comment faire rentrer dans un plan divin un pareil gaspillage qui serait inexplicable et inutile ?

Tout se passe en réalité, comme s'il n'y avait pas de plan appréciable : de Vries a montré que, dans les espèces végétales, les mutations se font tout à fait indépendamment des facteurs vitaux et se produisent tout à coup, simultanément et anarchiquement, dans des directions différentes et sans rapport avec l'utilité de tel ou tel caractère nouveau. La sélection opère ensuite. Les facteurs classiques agissent pour faciliter ou contrarier le développement des caractères apparus ; faire triompher ou faire disparaître les nouvelles espèces. Mais la poussée créatrice interne pour les végétaux et sans doute pour les animaux inférieurs, est une *poussée aveugle,* une sorte d'explosion désordonnée et incohérente.

Pour les animaux d'un ordre élevé, même si la poussée est moins aveugle, si elle correspond au besoin, à quelque chose comme une aspiration obscure à des formes supérieures, elle comporte néanmoins encore des tâtonnements et des erreurs.

Comment ne pas voir, par exemple, dans l'histoire des reptiles de l'époque secondaire, comme un tâtonnement pour arriver à la série évolutive supérieure des mammifères ? *Toute l'évolution d'ailleurs est-elle autre chose qu'une longue série de tâtonnements ?*

Les tâtonnements et les erreurs se retrouvent dans les détails comme dans l'ensemble. Les caractères organiques inutiles, ne pouvant se rattacher à aucun plan, n'ont rien d'exceptionnel.

Delage et Goldsmith en citent de nombreux exemples.

« Les divers caractères de coloration des ailes des insectes, des coquilles des mollusques, caractères qui, suivant l'expression d'Eimer, ne leur sont pas plus utiles que n'est la coloration brillante de l'or pour ce métal ou ne le sont pour la bulle de savon ses reflets irisés ». Les dimensions exagérées des bois de l'élan fossile d'Irlande ; les défenses contournées et pratiquement inutilisables du mammouth ; les défenses extraordinairement développées du babyrussa moderne ; les yeux de certains crustacés placés à l'extrémité de pédoncules trop longs ? etc... « Il semble ici que le développement, une fois commencé se soit poursuivi comme par inertie. »

Il y a même des organes qui ne sont pas seulement inutiles, mais nuisibles, comme l'appendice de l'homme.

Les instincts sont eux-mêmes parfois erronés : C'est trompés par leurs instincts que certains gibiers, tels que les bécasses, vont toujours aux mêmes gites, où elles trouvent la mort ; que les poissons migrateurs sont incapables d'éviter les zones dangereuses, toujours les mêmes, où ils périssent par milliers, etc...

3° Objection basée sur le mal universel

Si la constatation des tâtonnements et des erreurs dans l'évolution semble difficilement compatible avec la notion d'un plan divin, il en est une autre plus redoutable encore pour l'idée providentielle, c'est *la constatation du mal universel*.

Le mal est partout, en effet. Il semble que l'écrasement du plus faible domine la vie humaine et animale. La terre, le ciel et les eaux ne sont que d'immenses et perpétuels champs de carnage, auprès desquels les champs de bataille de l'humanité n'apparaissent que des modalités intermittentes et atténuées !

Les plus charmants oiseaux, les insectes les plus délicats ne sont le plus souvent que des bêtes féroces, pires que les grands carnassiers.

Pourquoi cet instinct de férocité, de férocité raffinée, mais exempte de toute réflexion et de toute responsabilité chez les insectes ?

Il n'y a pas une nécessité inéluctable à ce que les animaux s'entredévorent ; puisque certains d'entre eux, et parmi les plus puissants, se nourrissent exclusivement de végétaux.

Pourquoi toutes les maladies, les épidémies, les catastrophes cosmiques ? Pourquoi, toujours et partout, tant de souffrances et tant de mal ?

L'objection du mal est vraiment la plus formidable que l'on puisse opposer à l'idée providentielle. Le vieil et irréfutable argument se présente immédiatement et fatalement à l'esprit : s'il est un créateur, ce créateur n'a pas su, n'a pas voulu ou n'a pas pu empêcher le mal : il ne saurait donc être souverainement intelligent, souverainement bon ou souverainement puissant.

La solidité de cet argument est encore mise en valeur par la faiblesse des réfutations qui en ont été tentées !

On a dit que, si le mal n'existait pas, la créature serait l'égale du créateur. Ce sophisme ne tient pas debout. A moins d'être l'œuvre, non d'une véritable Providence, mais d'un médiocre démiurge, la création ne saurait être basée sur la souffrance universelle. Elle devrait comporter non le maximum, mais le minimum de mal possible.

On a dit aussi que le mal était la conséquence de la liberté donnée par Dieu à la créature.

Or il est clair que les grandes épidémies, la plupart des infirmités et des maladies, les grandes catastrophes cosmiques, etc... n'ont rien à voir avec la liberté humaine.

On a invoqué enfin le « *Péché originel* ».

Or le dogme du péché originel lui-même ne saurait innocenter du mal la Providence. Guyau fait ressortir cette vérité dans une page magistrale :

« La suprême ressource du Christianisme et de la plupart des religions, écrit-il dans son « irréligion de l'avenir », c'est l'idée de chute. Mais cette explication du mal par une défaillance primitive revient à expliquer le mal par le mal lui-même ; il faut qu'antérieurement à la chute, il y ait déjà quelque chose de mauvais dans le prétendu libre arbitre lui-même, ou autour de lui, pour qu'il puisse faiblir : une faute n'est jamais primitive. On ne tombe pas quand il n'y a pas de pierres sur la route, qu'on a les jambes bien faites et qu'on marche sous l'œil de Dieu. Il ne saurait y avoir de péché sans tentation, et nous revenons ainsi à cette idée que Dieu a été le premier tentateur ; c'est Dieu même qui déchoit alors moralement dans la chute de ses créatures, par lui voulue. Pour expliquer la faute primitive, source de toutes les autres, la faute de Lucifer, les théologiens, au lieu d'une tentation par les sens, ont eu l'idée d'une tentation de l'intelligence même : c'est seulement par orgueil que pèchent les anges, et c'est du plus profond d'eux-mêmes que vient ainsi leur faute. Mais l'orgueil, cette faute de l'intelligence, ne tient en réalité qu'à sa courte vue ; la science la plus complète et la plus haute n'est-elle pas celle qui voit le mieux ses limites ? L'orgueil est donc donné, pour ainsi dire, avec l'étroitesse même du savoir : l'orgueil des anges ne peut provenir que de Dieu. On ne veut et on ne fait le mal qu'en vertu de *raisons* ; mais il n'y a pas de raisons contre la *raison* même. Si, suivant les partisans du libre arbitre, l'intelligence humaine peut, dans des mouvements d'orgueil et de perversité intérieure, se créer, se susciter à elle-mêmes des motifs de faire le mal, elle ne le peut du moins que là où son savoir est borné, ambigu, incertain. On n'hésite pratiquement que là où il n'y a pas l'absolue évidence intellectuelle : on ne peut pas faillir dans la lumière et contre la lumière. Un Lucifer était donc par sa nature même impeccable. La volonté du mal ne naît que de l'opposition qu'une intelligence imparfaite croit saisir par erreur, dans un monde hypothétiquement parfait, entre son bien et celui de tous. Mais, si Dieu et son œuvre sont bien réellement parfaits, une telle antinomie entre le bien individuel et le bien universel — qui apparaît déjà aux plus hautes intelligences humaines comme n'étant sans doute que provisoire — apparaîtra bien mieux encore comme telle à l'archange de l'intelligence même, au

« porte lumière » de la pensée. Savoir, c'est participer en quelque sorte à la conscience de la Vérité suprême, à la conscience divine ; avoir toute la science, ce serait concentrer en soi tous les reflets de la conscience même de Dieu : comment, de tout ce divin, le satanique pourrait-il sortir ? »

D'ailleurs, le dogme du péché originel ne s'applique qu'à l'humanité.

Les Cartésiens l'avaient si bien compris que, systématiquement, ils écartèrent l'objection en déclarant que les animaux n'étaient que des automates.

« Si les bêtes pensent, disaient-ils, elles ont une âme. Si cette âme est mortelle, celle de l'homme pourrait bien l'être aussi. Si elle est immortelle, on ne comprend ni comment ni pourquoi les bêtes peuvent souffrir et sentir leurs souffrances. Les bêtes ont-elles donc mangé du foin défendu ? Attendent-elles un Messie ? »

Aujourd'hui que la question de « l'âme animale » ne fait plus de doute, l'argument des Cartésiens se retourne forcément contre l'idée providentielle.

En dernière ressource, les partisans de cette idée en sont réduits à dénier à l'intelligence humaine la capacité de comprendre le plan divin.

Sans doute, l'intelligence humaine est encore bien débile ; mais c'est par trop la rabaisser que de lui refuser le droit de porter un jugement sur les douloureuses conditions de la vie terrestre. Ce jugement ne comporte pas de doute :

L'évolution ne saurait être l'œuvre d'une divinité souverainement intelligente, juste, bonne et puissante, soit que cette divinité ait réglé d'avance, dans son entendement, cette évolution dans ses moindres détails; soit qu'elle intervienne constamment pour la régir au fur et à mesure.

On a cependant tenté de concilier avec les faits l'idée providentielle :

Le mal, les tâtonnements et les erreurs pourraient se comprendre, a-t-on dit, de la façon suivante :

La Providence se serait bornée, en créant l'univers primitif, à mettre en lui, avec l'élan progressif, toutes les potentialités. L'évolution, l'élan donné, se serait alors faite d'elle-même, et les réalisations s'effectueraient librement, en dehors de tout plan préétabli et de la direction providentielle, qui aurait cessé d'intervenir.

C'est à peu près ce qu'exprime le père Zahn dans son livre « *l'Evolution et le dogme* »

« Pour toute l'ancienne école de théologie naturelle, Dieu était la cause directe de tout ce qui existe. Pour l'évolutionniste, il est la cause des causes, *causa causarium*, du monde et de tout ce qu'il renferme. Dans les anciennes théories, Dieu créait chaque chose directement et dans l'état où elle existe actuellement.

« D'après l'évolution, la création, ou plutôt le développement des Etres a été un progrès lent et graduel, exigeant d'incalculables périodes de temps pour transformer le chaos en cosmos et pour donner à l'univers visible toute la beauté et toute l'harmonie qu'il présente... Ainsi comprise, et c'est son véritable sens, l'évolution, pour emprunter les expressions de Temple (1) « nous enseigne que l'exécution du plan divin relève davantage de l'acte primordial de la création, et moins des actes ultérieurs de son gouvernement providentiel. Il y a là, de la part de Dieu, plus de prévoyance d'un côté et, de l'autre, moins d'interventions répétées, et tout ce qui a été enlevé à celles-ci a été ajouté à celle-là. »

La responsabilité du créateur, vis-à-vis du problème du mal, serait ainsi diminuée ; mais non totalement écartée, car on ne saurait admettre, en effet, que Dieu, dans son omniscience, n'eut pas prévu la future prédominance du mal.

Les déistes sont alors conduits à conclure que l'évolution n'aurait pas pu être orientée dans un sens différent,

---

(1) TEMPLE : *Relations between Religion and Science.*

parce que le mal est la condition même de l'évolution, et contient en germe le bien futur.

Il y a là une restriction singulière à la toute puissance divine, qui ne saurait être conditionnée par quoi que ce soit.

De plus, il n'est nullement démontré que le mal soit un facteur évolutif indispensable. Un grand nombre de naturalistes contemporains pensent le contraire. Ils se basent, non sur des idées préconçues, mais sur l'examen impartial des faits.

Que démontrent ces faits ? c'est que les variations nouvelles apparaissent et prospèrent d'autant mieux que les conditions ambiantes leur procurent un mode d'existence plus facile et plus doux.

Kropotkine, étudiant les régions Sibériennes, remarque que la vie y est relativement rare et que les périodes les plus dures, au point de vue climatérique, sont suivies non d'une évolution progressive, mais d'une régression dans tous les sens.

Un botaniste russe, Korschinsky (1) est arrivé aux conclusions suivantes :

Les nouvelles formes n'apparaissent pas dans des conditions d'existence rigoureuses, ou, si elles apparaissent, elles s'éteignent rapidement. Les variations sont surtout fréquentes quand l'ambiance est avantageuse, tandis que les conditions inclémentes, loin de favoriser l'évolution, la ralentissent en restreignant les variations et en éliminant les formes nouvelles en train de se constituer.

Un autre botaniste, Luther Burbank, cultivateur en Californie (2) conclut, de très nombreuses recherches, qu'un sol riche et des conditions générales favorables déterminent les variations générales et les favorisent, alors

---

(1) KORSCHINSKY : *Hétérogénèse et Evolution. Contribution à la théorie de l'origine des espèces* (mém. acad. Pétrograd, IX, 1899.
(2) DELAGE et GOLDSMITH : *Les Théories de l'Evolution.*

que les conditions de vie rigoureuse les empêchent et amènent une régression générale.

Il en est pour l'humanité comme pour les formes de vie inférieure. Les années marquées par des disettes, des épidémies, des guerres, etc... donnent naissance à une génération affaiblie et inférieure.

Il est donc certain que : 1° le mal, trop accentué ne favorise pas l'évolution, mais la gêne. Ce n'est plus un aiguillon, c'est un frein.

2° Le mal n'est pas indispensable pour l'évolution, puisque la vie est surtout surabondante et variée dans les régions favorisées au point de vue des conditions de climat, d'alimentation et de bien-être.

Autre considération, celle-là capitale :

Puisque la lutte pour la vie et l'adaptation sont des facteurs secondaires et qu'on peut concevoir l'évolution se faisant sans eux, il est clair que le mal ne peut plus être considéré comme la condition *sine qua non* de l'évolution.

Que le mal soit inévitable dans les phases inférieures de l'évolution et apparaisse simplement comme la mesure même de l'infériorité des mondes, cela est plausible ; mais ce ne l'est que si l'on considère les mondes *évoluant par une poussée primitivement aveugle et inconsciente. Ce n'est plus dans l'hypothèse d'un plan divin.*

Aucune argumentation, si subtile soit-elle, ne peut tenir contre cette évidence : « un créateur est un être en qui toutes choses ont leur raison et leur cause, conséquemment à qui vient aboutir toute responsabilité suprême et dernière. Il assume ainsi sur sa tête le poids de tout ce qu'il y a de mal dans l'univers. A mesure que l'idée d'une puissance infinie, d'une *Liberté* suprême devient inséparable de l'idée de Dieu, Dieu perd toute excuse, car l'absolu ne dépend de rien, il n'est solidaire de rien et, au contraire, tout dépend de lui, a en lui sa raison. Toute culpabilité remonte ainsi jusqu'à lui : son œuvre, dans la série multiple de ses effets, n'apparaît plus à la pensée moderne que comme une seule action, et cette action est susceptible, au même titre que toute autre, d'être appréciée au point de vue moral ; elle permet de juger son auteur ; le monde devient pour nous le jugement de Dieu. Or, comme le mal et l'immoral, avec le progrès même du sens moral, deviennent plus choquants, dans l'univers, il semble, de plus en plus, qu'admettre un « créateur » du monde, c'est, pour ainsi dire, centraliser tout ce mal en un foyer unique, concentrer toute cette immoralité dans un seul être et justifier le paradoxe : « Dieu, c'est le mal. » Admettre un créateur, c'est, en un mot, faire disparaître du monde tout le mal pour le faire rentrer en Dieu comme en sa source primordiale ; c'est absoudre l'homme et l'univers pour accuser leur libre auteur. » (1)

4° LE NÉO-MANICHÉISME

Il resterait à l'esprit humain une ressource suprême pour absoudre non seulement l'homme et l'univers ; mais pour absoudre Dieu lui-même : ce serait de se refuser à voir en lui le libre auteur du monde et d'attribuer la création de ce dernier à un demi dieu ou à un démon malfaisant ; de voir dans l'univers « un double principe du bien et du mal luttant à armes égales et triomphant tour à tour. »

Or, la conception manichéenne, quelque compliquée, absurde et niaise qu'elle apparaisse à tout esprit philosophique, n'est pas morte. Elle a cours encore, paraît-il dans des sectes mystiques qui ont hérité des enseignements moyenageux. L'écho de ces vieilles traditions se retrouve même ailleurs. Ce n'est pas sans un sentiment de profonde surprise qu'on voit la pensée manichéenne affirmée par des esprits imbus du traditionnalisme chrétien (2). Flour-

---

(1) GUYAU : *L'Irréligion de l'avenir.*
(2) FLOURNOY : *Le génie religieux.*

noy qui n'a pas craint d'exposer de semblables idées, s'efforce d'écarter les objections inévitables par un faux-fuyant : « Si Dieu existe, il est dès l'origine en lutte contre un principe indépendant de lui et d'où vient tout le mal ; il n'est donc pas l'Absolu, le Tout-puissant, le Créateur et le maître omnipotent de cet univers, et nous retombons fatalement dans la vieille doctrine des manichéens. Je vous avoue que je ne suis pas assez théologien ni philosophe pour tirer ça au clair ! Mais ce ne serait peut-être pas la première fois qu'une hérésie condamnée par les conciles se trouverait avoir raison contre eux et présenter plus de conformité avec la pensée du Christ que la tradition reçue. Quoi qu'il en soit, la notion d'un Dieu, limité sans doute, mais pure bonté, sans cesse à l'œuvre pour tirer tout le bien possible de maux dont il n'est pas l'auteur, et luttant contre des résistances étrangères pour introduire son règne d'amour dans le chaos primordial (ce qui serait la cause et le mot dernier de l'évolution), cette notion, dis-je, qui me paraît ressortir de toute la carrière de Jésus, me semble infiniment plus *généreuse* que la conception courante du Dieu morigéneur et vindicatif, punissant sur les enfants l'iniquité des pères, et comblant ses créatures (et de préférence les meilleures) d'épreuves dont elles devraient encore le remercier ! »

Est-il besoin de discuter le manichéisme ou le néo-manichéisme ? Non, évidemment. Il suffit de faire observer qu'il est encore plus compliqué que vain et par suite, contraire à toute méthodologie, soit philosophique, soit scientifique.

Le manichéisme apparaît simplement comme une preuve éclatante de l'impossibilité de concilier, avec le problème du mal, l'hypothèse d'une création providentielle. Mais il ne résiste pas à cet argument : que *l'hypothèse d'une cause première extérieure à l'univers est une hypothèse inutile.*

Puisque, bon gré mal gré, nous devons toujours arriver à *la conception d'une cause première, elle-même sans cause*, il est tout à fait superflu de placer cette cause première ailleurs que dans l'univers même.

La conception d'une création *ex nihilo* ne saurait solutionner la difficulté inhérente, fatalement, à la recherche de la cause première. Elle ne fait que la révéler et elle augmente encore cette difficulté, en la chargeant du formidable problème du mal.

CHAPITRE II

LE MONISME

Le monisme, qui n'est que l'adaptation du panthéisme aux sciences naturelles et à la théorie évolutionniste, présente une grande force de séduction :

D'une part, il simplifie la haute philosophie en ramenant tout à une hypothèse unique, ce qui est conforme à l'esprit et à la méthode scientifiques.

D'autre part, il est en concordance évidente avec la synthèse évolutionniste, considérée dans l'ensemble et dans les parties, dans l'univers et dans l'individu.

La philosophie panthéistique s'offre ainsi à nous avec un caractère de probabilité indiscutable.

Nous verrons, dans la suite de ce travail, ce caractère de probabilité s'affirmer davantage encore par les nouvelles conceptions de la psychologie.

Sans sortir du domaine des sciences naturelles, il est permis d'affirmer que les conceptions mécanistes, déterministes ou finalistes, sujet des séculaires controverses philosophiques, sont facilement conciliables dans la synthèse panthéistique ; tandis qu'elles sont, en dehors d'elle, dépourvues de toute base positive et condamnées à demeurer de vaines et stériles spéculations.

En dehors de la philosophie panthéistique, les conceptions dites scientifiques de l'univers se ramènent à cette formule :

« L'univers évoluant est déterminé par l'adjonction, la superposition mécanique aux éléments primitifs d'éléments nouveaux, créant ainsi une construction graduelle de plus en plus complexe et perfectionnée. »

Or, les faits démentent cette hypothèse : Comme le fait remarquer Bergson : « Un simple coup d'œil, jeté sur le développement d'un embryon, montre que la vie procède non par association et addition d'éléments, mais par dissociation et dédoublement. »

Enfin, nous l'avons vu, le plus ne peut sortir du moins que s'il est contenu en puissance dans le moins.

Quant aux conceptions finalistes, elles aboutissent fatalement, si elles ne prennent pas pour base et point de départ la philosophie panthéiste, à ces théories vulgaires et enfantines, qu'il est si facile de ridiculiser, d'après lesquelles tous les éléments de la structure universelle ont été faits l'un par l'autre. Il suffit, pour ruiner cette conception, de faire remarquer, avec R. Wallace, que toute adaptation a nécessairement l'apparence d'un arrangement intentionnel.

Au contraire, en partant du panthéisme, le mécanisme et le finalisme sont tout autre chose ; parce qu'ils se fondent dans une seule hypothèse métaphysique.

Ils impliquent l'idée que notre conception du temps et de l'espace est chose relative à notre entendement ; qu'en s'élevant au-dessus de ces conceptions relatives, on ne doit voir ni commencement ni fin, ni point de départ, ni but, ni arrivée, ni passé, ni présent, ni avenir, mais simplement un tout harmonieux. Il ne faut pas dire : « L'univers a été construit dans un but donné par des moyens donnés », ni « les moyens ont déterminé nécessairement le but. »

Ces distinctions mécanistes ou finalistes sont vaines. Elles s'évanouissent dans l'absolu. On arrive ainsi, comme dit Bergson, à « une métaphysique où la totalité du réel est posée en bloc, dans l'éternité et où la durée apparente des choses exprime simplement l'infirmité d'un esprit qui ne peut pas connaître tout à la fois. »

C'est ce que Laplace avait exprimé dans la phrase célèbre :

« Une intelligence qui, pour un instant donné, connaîtrait toutes les forces dont la nature est animée et la situation respective des êtres qui la composent ; si, d'ailleurs elle était assez vaste pour soumettre ces données à l'analyse, embrasserait dans la même formule les mouvements des plus grands corps de l'univers et ceux du plus léger atome : rien ne serait incertain pour elle ; et l'avenir, comme le passé, serait présent à ses yeux. »

Qu'objecte à cela M. Bergson ? Qu'on ne saurait faire abstraction du temps. « La durée, dit-il, est ce qu'il y a de plus indiscutable dans notre expérience. Nous percevons la durée comme un courant qu'on ne saurait remonter. Elle est le fond de notre être et nous le sentons bien, la substance même des choses avec lesquelles nous sommes en communication. »

Cette objection est sûrement insuffisante. Si le temps et l'espace ne sont que des illusions relatives à notre entendement limité, il est évident que ces illusions peuvent s'imposer à cet entendement comme une réalité sans cesser pour cela d'être des illusions.

Ce qui semble vrai, c'est que la métaphysique mécaniste ou finaliste n'est ni *démontrable ni réfutable ;* parce qu'elle se place en dehors et au-dessus de nos procédés de raisonnement et de nos méthodes.

Elle semble cependant trouver un appui inattendu dans les faits de lucidité dans l'avenir ; faits dont un certain nombre sont aujourd'hui bien établis.

Mais, même en admettant sa possibilité métaphysique abstraite, elle n'apporte rien de concret à ajouter à la doctrine de l'évolution.

La question du mécanisme ou finalisme transcendant se confond avec la question de l'absolu. Elle est au-dessus de notre intelligence et ne peut être discutée avec fruit.

Nous devons nous contenter d'admettre la *nécessité d'un*

principe unique renfermant en lui toutes les potentialités évolutives et d'essayer simplement de comprendre comment se réalisent ces potentialités.

Or, il est bien certain que le panthéisme naturaliste classique, ou monisme, ne permet pas cette compréhension.

Quand Haeckel écrit au sujet de la loi d'évolution : « Cette loi suprême de la nature étant posée et toutes les autres lois lui étant subordonnées, nous nous sommes convaincus de l'universelle *Unité de la nature* et de l'éternelle valeur des lois naturelles. De l'obscur *problème* de la substance est issue la claire *loi de substance*... » il ne fait qu'énoncer une formule très incomplète sinon sans valeur :

La claire loi de substance n'a rien de clair en réalité, sinon dans son affirmation de l'Unité.

Elle est parfaitement obscure en tout ce qui concerne les facteurs essentiels et le sens de l'évolution.

---

(1) Haeckel : *Les énigmes de l'univers.*

CHAPITRE III

L'EVOLUTION CREATRICE DE M. BERGSON

J'ai déjà eu, maintes fois, à citer M. Bergson.

Il est temps d'entreprendre un examen méthodique de son œuvre et de rechercher si elle nous apporte la solution du problème évolutionniste.

Bien que je ne veuille envisager ici, des idées de M. Bergson, que celles qui concernent l'évolution, je serai obligé de m'arrêter parfois sur sa philosophie en général. Sa théorie de « l'Evolution créatrice » est en effet son œuvre maîtresse ; mais il serait impossible de la comprendre considérée isolément, en dehors de ses autres travaux.

Je vais donc tenter d'exposer fidèlement, dans ses grandes lignes, la synthèse de M. Bergson, et de la discuter librement, sans le parti pris de ses détracteurs systématiques ou de ses admirateurs béats.

1° Exposé de la philosophie bergsonienne sur l'évolution

M. Bergson admet le transformisme. Il considère ses preuves comme suffisantes et indiscutables. Mais, ajoute-t-il, alors même qu'elles ne le seraient pas, on ne saurait écarter la conception de l'évolution. Il s'efforce de démontrer cette nécessité dans une page qui est certainement l'une des plus fortes, des plus profondes et des plus remarquables qu'il ait écrites :

« Admettons pourtant que le transformisme soit convaincu d'erreur. Supposons qu'on arrive à établir, par inférence ou par expérience, que les espèces sont nées par un processus discontinu, dont nous n'avons aujourd'hui aucune idée. La doctrine serait-elle atteinte dans ce qu'elle a de plus intéressant et, pour nous, de plus important ? La classification subsisterait sans doute dans ses grandes lignes. Les données actuelles de l'embryologie subsisteraient également. La correspondance subsisterait entre l'embryogénie comparée et l'anatomie comparée.

« Dès lors, la biologie pourrait et devrait continuer à établir entre les formes vivantes les mêmes relations que suppose aujourd'hui le transformisme, la même parenté. Il s'agirait, il est vrai, d'une parenté idéale et non d'une filiation matérielle. Mais, comme les données actuelles de la paléontologie subsisteraient aussi, force serait bien d'admettre encore que c'est successivement, et non pas simultanément, que sont apparues les formes entre lesquelles une parenté idéale se révèle. Or, la théorie évolutionniste, dans ce qu'elle a d'important aux yeux du philosophe, n'en demande pas davantage. Elle consiste surtout à constater des relations de parenté idéale et à soutenir que, là où il y a ce rapport de filiation pour ainsi dire *logique* entre des formes, il y a aussi un rapport de succession *chronologique* entre les espèces où ces formes se matérialisent. Cette double thèse subsisterait en tout état de cause. Et dès lors, il faudrait bien encore supposer une évolution quelque part, — soit dans une pensée créatrice où les idées des diverses espèces se seraient engendrées les unes les autres exactement comme le transformisme veut que les espèces elles-mêmes se soient engendrées sur la terre, — soit dans un plan d'organisation vitale immanent à la nature, qui s'expliciterait peu à peu, ou les rapports de filiation logique et chronologique entre les formes pures, seraient précisément ceux que le transformisme nous présente comme des rapports de filiation réelle entre des individus vivants, — soit enfin dans quelque cause inconnue de la vie, qui développerait ses effets *comme si* les uns engendraient les autres. On aurait donc simplement *transposé* l'évolution. On l'aurait fait passer du visible dans l'invisible. Presque tout ce que le transformisme nous dit aujourd'hui se conserverait, quitte à s'interpréter d'une autre manière.

« Ne vaut-il pas mieux, dès lors, s'en tenir à la lettre du transformisme, tel que le professe la presque unanimité des savants ?... C'est pourquoi nous estimons que le langage du transformisme s'impose maintenant à toute philosophie, comme l'affirmation dogmatique du transformisme s'impose à la science. »

L'évolution étant définitivement établie et ayant la valeur d'un fait certain, il est indispensable de chercher à comprendre comment elle se réalise.

Pour M. Bergson, elle n'est due à aucun des facteurs classiques invoqués par les naturalistes ; ces facteurs sont secondaires :

« Que la condition nécessaire de l'évolution soit l'adaptation au milieu, nous ne le contestons aucunement... mais autre chose est reconnaître que les circonstances extérieures sont des forces avec lesquelles l'évolution doit compter; autre chose soutenir qu'elles sont les causes directrices de l'évolution... La vérité est que l'adaptation explique les sinuosités du mouvement évolutif, mais non pas les directions générales du mouvement, encore moins le mouvement lui-même. La route qui mène à la ville est bien obligée de monter les cotes et de descendre les pentes, elle *s'adapte* aux accidents du terrain, mais les accidents du terrain ne sont pas cause de la route et ne lui ont pas imprimé sa direction. »

Quel est donc le facteur essentiel ?

Ce facteur essentiel, c'est une sorte de poussée intérieure, un « *élan vital* » originel et indéfini.

Cet élan vital appartient à un principe immanent qui est vie, intelligence, matière, mais qui déborde la vie, l'intelligence et la matière dans le passé, le présent et l'avenir, qui les contient, les présuppose et les précrée, pour ainsi dire, au fur et à mesure de leur réalisation.

Ce principe immanent, cependant, n'a rien de tout fait par lui-même ; il se crée progressivement en même temps qu'il crée l'univers évoluant. Il constitue ce que M. Bergson appelle « *la Durée* ». La « Durée » n'est pas très commode à comprendre. Un disciple éminent de M. Bergson la décrit ainsi :

« C'est, nous dit-il, une évolution mélodique de moments dont chacun contient la résonnance des précédents et annonce celui qui va suivre ; c'est un enrichissement qui ne s'arrête jamais et une perpétuelle apparition de nouveautés. C'est un devenir indivisible, qualitatif, organique, étranger à l'espace, réfractaire au nombre... Imaginez une symphonie qui aurait sentiment d'elle-même et qui serait créatrice de soi : voilà comment il convient de concevoir la durée. » (1)

C'est la durée avec son élan vital qui est la cause essentielle de l'évolution, et non l'adaptation darwinienne ou lamarckienne.

Comment concevoir l'évolution dans la « Durée » ? Tout se passe comme s'il y avait un centre d'où les mondes jailliraient comme les fusées divergentes d'un immense bouquet.

Mais ce centre n'est pas une chose concrète : c'est « une continuité de jaillissement. »

Ce centre, c'est Dieu ; mais « Dieu, ainsi défini, n'a rien de tout fait : il est vie incessante, action, liberté. La création, ainsi conçue, n'est pas un mystère. Nous l'expérimentons en nous dès que nous agissons librement. »

Donc, il n'y a pas de finalité préétablie : pas de plan déterminé d'avance pour l'évolution : il n'y a que des réalisations qui se commandent et s'enchaînent réciproquement ; « une création qui se poursuit sans fin en vertu

---

(1) Le Roy : *Une philosophie nouvelle*. Alcan, éditeur.

d'un mouvement initial ». Cette création réalise au fur et à mesure, non seulement les formes de la vie, mais les idées qui permettent à l'intelligence de la comprendre et les termes qui servent à l'exprimer. « Son avenir déborde son présent et ne pourrait s'y dessiner en une idée. »

M. Le Roy (1) a résumé, aussi clairement que possible, la pensée de M. Bergson, sur le processus créateur et sa conception de l'esprit et de la matière issus de ce processus : « Dans cette conception de l'être, la conscience est partout, comme la réalité originelle et fondamentale, toujours présente à mille et mille degrés de tension ou de sommeil et sous des rythmes infiniment divers.

« L'élan vital consiste en une « exigence de création » : la vie, à son plus humble stade, constitue déjà une activité spirituelle ; et son effort lance un courant de réalisation ascendante, qui à son tour détermine le contre-courant de la matière. Ainsi tout le réel se résume en un double mouvement de montée et de descente. Le premier seul, qui traduit un travail intérieur de maturation créatrice, *dure* éternellement ; le second, en droit, pourrait être presque instantané, tel celui d'un ressort qui se détend ; mais l'un impose à l'autre son rythme. Esprit et matière apparaissent de ce point de vue non pas comme deux choses qui s'opposeraient, termes statiques d'une antithèse immobile, mais plutôt comme deux sens inverses de mouvement ; et, à certains égards, il faut donc moins parler de matière ou d'esprit que de *spiritualisation* ou de *matérialisation*, celle-ci résultant d'ailleurs automatiquement d'une simple interruption de celle-là « conscience ou supra-conscience est la fusée dont les débris éteints retombent en matière. »

« Quelle image de l'évolution universelle nous est alors suggérée ? Non pas une cascade déductive, ni un système de pulsations stationnaires, mais un jet qui s'épanouit en

---

(1) LE ROY : *Une philosophie nouvelle.*

gerbe et qu'arrêtent partiellement ou du moins gênent et retardent les gouttelettes retombantes. Le jet lui-même, la réalité qui se fait, c'est l'activité vitale, dont l'activité spirituelle représente la forme la plus haute ; et les gouttelettes qui redescendent, c'est le geste créateur qui retombe, c'est la réalité qui se défait, c'est la matière et c'est l'inertie... »

En définitive, selon M. Bergson, « la matière est définie par une espèce de descente, cette descente par l'interruption d'une montée, cette montée elle-même par une croissance, et un principe de création est ainsi au fond des choses » (1).

Mais alors se pose la formidable question du commencement. Comment l'univers a-t-il pu sortir de rien ? Comment ce qui est peut-il provenir de ce qui n'est pas : du néant ?

Pour M. Bergson, la question ne doit même pas se poser : « l'idée de néant, au sens où nous la prenons quand nous l'opposons à celle d'existence, est une pseudo-idée. » En réalité, « le néant est impensable, puisque, penser le rien est nécessairement penser quelque chose : « la représentation du vide est toujours une représentation pleine, qui se résout à l'analyse en deux éléments positifs : l'idée distincte, ou confuse, d'une substitution, et le sentiment, éprouvé ou imaginé, d'un désir ou d'un regret. »

Donc « l'idée du néant absolu, entendu au sens d'une abolition de tout, est une idée destructive d'elle-même, une pseudo-idée, un simple mot. »

« Quand je dis : il n'y a rien, ce n'est pas que je perçoive un « rien » je ne perçois jamais que de l'être ; mais je n'ai pas perçu ce que je cherchais, ce que j'attendais. et j'exprime ma déception dans le langage de mon désir. »

En somme, c'est par une simple illusion de raisonne-

---

(1) Le Roy : *Ibid.*

ment que l'on oppose l'idée de rien à celle de tout. C'est « opposer du plein à du plein » et « la question de savoir pourquoi quelque chose existe est par conséquent une question dépourvue de sens, un pseudo-problème soulevé autour d'une pseudo-idée. »

Le processus créateur ne peut donc pas ne pas exister et il n'y a aucun mystère dans la constatation de l'existence de la matière, de la vie, de la conscience. Ce sont fonctions de la « durée ».

Le seul mystère réside dans la question des rapports réciproques, dans l'Evolution créatrice, de la matière, de la vie et de la conscience.

M. Bergson rejette les théories matérialistes. Pour lui, la conscience n'est pas le produit du fonctionnement du cerveau : « Cerveau et conscience se correspondent, parce qu'ils mesurent également, l'un par la complexité de sa structure et l'autre par l'intensité de son réveil, la quantité de choix dont l'être vivant dispose. Mais cette correspondance n'a rien d'une équivalence ni d'un parallélisme. Précisément parce qu'un état cérébral exprime simplement ce qu'il y a d'action naissante dans l'état psychologique correspondant, *l'état psychologique déborde infiniment l'état cérébral.* »

« M. Bergson, dit M. G. Gillouin (1) abonde en comparaisons ingénieuses et frappantes pour signifier cette solidarité *sui generis* de la conscience et de l'organisme.

« Parce qu'un certain écrou, dit-il, est nécessaire à une certaine machine ; parce que la machine fonctionne quand on laisse l'écrou et s'arrête quand on l'enlève, on ne prétendra pas que l'écrou soit l'équivalent de la machine. Or, la relation de la conscience au cerveau paraît bien être celle de l'écrou à la machine. La conscience d'un être vivant, dit-il encore, est solidaire de son cerveau dans le

---

(1) G. Gillouin : *La philosophie de M. H. Bergson.* Bernard Grasset, éditeur.

sens où un couteau pointu est solidaire de sa pointe : le cerveau est la pointe acérée par où la conscience pénètre dans le tissu compact des événements, mais il n'est pas plus co-extensif à la conscience que la pointe ne l'est au couteau. »

Donc ce qu'il y a en nous de conscience n'est pas lié à l'organisme et jouit *de liberté*. Mais ce mot de liberté doit être pris dans un sens très large. Ce qui est libre, c'est moins l'être « individualisé » pour ainsi dire, que l'être intérieur, l'être complet.

« Nous sommes libres, dit M. Bergson (1) quand nos actes émanent de notre personnalité entière. La liberté est donc fonction de notre pouvoir d'introspection ».

« La liberté est chose qui se fait en nous sans cesse : nous sommes libérables plutôt que libres : et la liberté enfin est chose de durée, non d'espace et de nombre, non d'improvisation ni de décret : est libre l'acte longtemps préparé, l'acte lourd de toute notre histoire, qui tombe comme un fruit mûr de notre vie antérieure. » (2).

« Que sommes-nous (3) en effet, qu'est-ce que notre *caractère*, sinon la condensation de l'histoire que nous avons vécue depuis notre naissance, avant notre naissance même, puisque nous apportons avec nous des dispositions prénatales ? Sans doute nous ne pensons qu'avec une petite partie de notre passé ; mais c'est avec notre passé tout entier, y compris notre courbure d'âme originelle, que nous désirons, voulons, agissons. »

Ces notions générales admises, pénétrons plus avant dans le mécanisme de l'Evolution créatrice. Cette évolution ne se fait pas sur une seule ligne. Du centre originel jaillissent des lignes, au début confondues et s'interpénétrant, puis au fur et à mesure de l'évolution, se déga-

---

(1) *Essai sur les données immédiates de la conscience.*
(2) Le Roy : *Ibid.*
(3) *L'Evolution créatrice.*

geant et se distinguant les unes des autres, en divergeant de plus en plus, comme les fusées d'un feu d'artifice.

Sur terre, les principales lignes d'évolution aboutissent à la création *de la vie végétale, de la vie animale et instinctive, de la vie humaine et intellectuelle.*

Ces formes de vie sont absolument distinctes. Il y a un abîme entre les végétaux, les animaux et l'homme.

« L'erreur capitale, dit M. Bergson, celle qui, se transmettant depuis Aristote, a vicié la plupart des philosophies de la nature, est de voir dans la vie végétative, dans la vie instinctive et dans la vie raisonnable trois degrés successifs d'une même tendance qui se développe, alors que ce sont trois directions divergentes d'une activité qui s'est scindée en grandissant. La différence entre elles n'est pas une différence de degré, mais de *nature*. »

« Instinct et intelligence, dit-il aussi, représentent les deux solutions divergentes, également élégantes d'un seul et même problème... entre les animaux et l'homme, il n'y a plus une différence de degré, mais de nature. »

Pour parer à l'objection de la présence d'intelligence chez l'animal et d'instinct chez l'homme, M. Bergson dit :

« Intelligence et instinct, ayant commencé par s'interpénétrer, conservent quelque chose de leur origine commune. Ni l'un ni l'autre ne se rencontrent jamais à l'état pur... Il n'y a pas d'intelligence où l'on ne découvre des traces d'instinct ; pas d'instinct surtout qui ne soit entouré d'une frange d'intelligence. »

Mais ce qui caractérise essentiellement l'animal, c'est l'instinct ; ce qui caractérise essentiellement l'homme, c'est l'intelligence.

Quel est le rôle de l'homme dans la création ? Ce rôle est tout à fait à part.

Il représente ce qu'il y a d'essentiel dans l'évolution actuellement réalisée ; la vie végétale et animale n'étant que des produits d'un tâtonnement pour arriver à la vie humaine : « tout se passe, dit M. Bergson, comme si un être indécis et flou, qu'on pourra appeler, comme on voudra, homme ou surhomme, avait cherché à se réaliser et n'y était parvenu qu'en abandonnant en route une partie de lui-même. Ces déchets sont représentés par le reste de l'animalité et même par le monde végétal. »

Seul l'homme a pu acquérir la conscience :

« Avec l'homme, la conscience brise la chaîne (des nécessités matérielles) ; chez l'homme, et chez l'homme seulement, elle se libère.

« Toute l'histoire de la vie, jusque là, avait été celle d'un effort de la conscience pour soulever la matière, et d'un écrasement plus ou moins complet de la conscience par la matière qui retombait sur elle... Il s'agissait de créer, avec la matière, qui est la nécessité même, un instrument de liberté, de fabriquer une mécanique qui triomphât du mécanisme, et d'employer le déterminisme de la nature à passer à travers les mailles du filet qu'il avait tendu. Mais, partout ailleurs que chez l'homme la conscience s'est laissée prendre au filet dont elle voulait traverser les mailles.

« Elle est restée captive des mécanismes qu'elle avait montés... Au bout du large tremplin sur lequel la vie avait pris son élan ; tous les autres sont descendus trouvant la corde tendue trop haute ; l'homme seul a sauté l'obstacle. »

La conscience humaine, ainsi formée et libre, est-elle indestructible ou est-elle mortelle ?

A cette grave question, qui domine toutes les philosophies et toutes les religions, M. Bergson répond simplement :

« L'humanité entière, dans l'espace et dans le temps, est une immense armée qui galope à côté de chacun de nous, en avant et en arrière de nous, dans une charge entraînante capable de bousculer toutes les résistances et de franchir bien des obstacles, même peut-être la mort. »

Tels sont, résumés, les principaux enseignements de M.

Bergson. Il nous reste à parler de la méthode sur laquelle sont basés ces enseignements.

Cette méthode de M. Bergson consiste à faire appel, pour résoudre les problèmes philosophiques, non à l'intelligence, mais à *l'intuition*.

A l'intelligence appartiendrait la solution des problèmes concernant les rapports de l'être avec l'univers, la connaissance du matériel et de l'inorganique et cela seulement. C'est là le domaine propre de la science.

Quant au monde de la vie et de l'âme, il ne relève pas de la réflexion ni de la connaissance scientifique mais de l'intuition.

Qu'est-ce donc que l'intuition, telle qu'il faut la comprendre, suivant M. Bergson ?

L'intuition n'est pas autre chose que *l'instinct conscient de lui-même*, capable de réfléchir sur son objet et de l'élargir indéfiniment.

« Si la conscience qui sommeille en l'instinct se réveillait, s'il s'intériorisait en connaissance au lieu de s'extérioriser en action ; si nous savions l'interroger et s'il pouvait répondre, il nous livrerait les secrets les plus intimes de la vie, car il ne fait que continuer le travail par lequel la vie organise la matière. »

Malheureusement, par suite de l'évolution de l'animalité à l'homme, l'intuition est vague et discontinue : « c'est une lampe presque éteinte, qui ne se ranime que de loin en loin, pour quelques instants à peine... Sur notre personnalité, sur la place que nous occupons dans la nature, sur notre origine et notre destinée, elle projette une lumière vacillante et faible, mais qui n'en perce pas moins l'obscurité de la nuit où nous laisse l'intelligence. »

L'intuition, cependant, ne doit ni ne peut faire abstraction complète de l'intelligence : il est inévitable de tenir compte, dans une certaine mesure, de l'enseignement des faits et du contrôle rationnel.

Mais « la tâche propre du philosophe serait de résorber

l'intelligence dans l'instinct ou plutôt de réintégrer l'instinct dans l'intelligence ». Ainsi comprise « la philosophie s'appuie sur la science, l'enveloppe et la suppose ; puis elle implique une épreuve de vérification proprement dite. » (1)

On a objecté que cette conception de l'intuition et de ses rapports avec l'intelligence était paradoxale, le raisonnement qui l'appuyait tournant dans un cercle vicieux : d'une part, a-t-on dit aux Bergsoniens, vous prétendez que l'intuition va au-delà de l'intelligence, dans un domaine qui lui est propre et d'autre part vous réservez à l'intelligence un droit de contrôle dans ce domaine qui n'est pas le sien !

C'est, répondent les Bergsoniens, que l'intelligence évoquée par nous n'est pas « l'intelligence discursive et critique, laissée à ses propres forces... enfermée dans un cercle infranchissable ». Il s'agit de tout autre chose : « que l'intelligence accepte le risque de faire le saut dans le fluide phosphorescent qui la baigne et à qui elle n'est pas tout à fait étrangère, puisqu'elle s'en est détachée et qu'en lui résident les puissances complémentaires de l'entendement, elle s'y adaptera bientôt et ainsi ne se sera momentanément perdue que pour se retrouver plus grande, plus forte, plus riche. » (1)

Pour rompre « le cercle infranchissable » l'intelligence doit faire abstraction de ses méthodes habituelles de raisonnement et s'abandonner à la puissance magique de l'intuition. Rénovée, vivifiée, exaltée, transformée par l'intuition, l'intelligence deviendra une super-intelligence capable de juger même les produits de l'intuition.

2° Critique de la Philosophie bergsonienne

La philosophie bergsonienne offre à la critique une *méthode* et des *enseignements*.

---
(1) Le Roy : *Ibid*.

Examinons d'abord la méthode :

D'après M. Bergson, les grands problèmes philosophiques sur la vie, la nature de l'être et de l'univers, Dieu et la destinée, sont extra-scientifiques et leur solution dépend uniquement de l'intuition.

L'intuition, telle qu'il la comprend, est à la fois inspiration instinctive et introspection. Elle admet le contrôle de l'intelligence, mais d'une intelligence super-intelligente, pour ainsi dire, d'une intelligence exaltée et vivifiée elle-même par l'intuition.

Cette méthode permettrait et permettrait seule d'aller au delà des faits connus et des notions scientifiques.

La première question qui se pose est de se demander :

1° Si l'intuition bergsonienne « est chose nouvelle » et inaugure une méthode inédite.

2° Si cette méthode doit être spécialisée à la philosophie comme la philosophie serait spécialisée à elle.

Or, ces deux propositions ne sont nullement démontrées.

Il est certain que tous les hommes de génie, tous les inventeurs, tous les grands esprits qui ont ajouté quelque chose de nouveau à l'activité humaine, étaient, avant tout, des intuitifs.

D'autre part, l'intuition ne saurait être spécialisée à la philosophie. Elle est de tous les domaines, philosophique, artistique, industriel, scientifique. La science comporte autant d'intuition que de raisonnement. Les grandes découvertes scientifiques ont été dans l'entendement d'hommes de génie avant d'être adaptées aux faits ou démontrées vraies. Il y a autant d'intuition dans le génie d'un Newton ou d'un Pasteur que dans celui d'un grand métaphysicien.

Ce qui distingue la méthode des philosophes de la méthode des savants — et cela seulement — c'est que les savants se tiennent, autant que possible, dans la limite des faits, ont comme critérium l'adaptation aux faits ou les déductions rationnelles ; tandis que les philosophes, tout en cherchant à mettre leur intuition en accord avec les faits, s'élèvent parfois, dans des hypothèses hardies, au delà des faits.

C'est précisément ce que fait M. Bergson et pas autre chose.

Je sais bien qu'on a voulu voir dans « l'intuition bergsonienne » quelque chose d'inédit... J'avoue humblement n'avoir pas compris et trouver absolument fastidieuses les discussions engagées à ce sujet entre partisans et adversaires de M. Bergson.

Il est bon d'ailleurs de faire ressortir que cette prétendue méthode nouvelle qui consiste à opposer l'intuition à la raison et à placer dans la première la seule source des vérités philosophiques avait déjà été revendiquée expressément et avait été déjà critiquée jadis, exactement comme elle l'est aujourd'hui :

« On cherche à passer en contrebande des sophismes palpables au lieu de preuves : on en appelle à l'intuition... On abhorre le terrain de la *réflexion*, c'est-à-dire de la connaissance raisonnée, de la délibération judicieuse et de l'exposition de bonne foi ; en un mot l'usage propre et normal de la raison ; on proclame un mépris souverain pour la *philosophie réfléchie*, en désignant par là toute suite de pensées bien enchaînées et bien logiques dans leurs déductions telles qu'elles caractérisent les travaux des philosophes antérieurs.

« Ensuite, quand la dose d'impudence est suffisante et, de plus, encouragée par l'ignorance de l'époque, on s'exprimera à ce sujet à peu près en ces termes : « Il n'est pas difficile de comprendre que cette « manière » qui consiste à énoncer une proposition, à donner les raisons qui l'appuient et à réfuter de même par des raisons la thèse contraire, n'est pas la forme sous laquelle puisse se présenter la vérité. La vérité est le mouvement d'elle-même par elle-même. »

Qui a écrit cette virulente apostrophe ?

Sans doute, pensera-t-on, un détracteur de M. Bergson critiquant la philosophie de la durée... Pas du tout : c'est Schopenhauer parlant de Hegel (1).

A vrai dire, la question de la nouveauté et de l'originalité de « l'intuition bergsonienne » est tout à fait secondaire.

Admettons, un instant, cette nouveauté et contentons-nous d'apprécier la méthode par ses enseignements. Notre jugement dépendra des résultats obtenus.

S'il est démontré que les enseignements de M. Bergson n'ont de valeur que dans la limite où ils peuvent être contrôlés par les faits ; que, lorsqu'ils vont trop au delà des faits, ils sont ou insuffisants ou erronés, il sera prouvé, par cette démonstration, que « l'intuition bergsonienne » n'a aucune valeur spéciale.

Il ne sera plus permis, dès lors, d'opposer la méthode intuitive à la méthode scientifique. Il sera établi, une fois de plus, qu'il n'y a, pour arriver à la vérité qu'une seule et même méthode, celle qui fait concorder l'intuition avec la logique et l'examen des faits ; celle qui n'admet pas d'autres inductions que les inductions rationnelles, *la méthode positive.*

Or, les enseignements de M. Bergson peuvent être divisés en trois catégories :

A) *Les enseignements qui sont en concordance avec les faits* et rentrent, par conséquent dans le cadre de la méthode scientifique.

B) *Les enseignements qui ne sont pas déduits des faits* et sont indémontrables.

C) *Les enseignements qui sont en opposition avec des faits* bien établis, et sont par conséquent erronés.

Examinons successivement ces trois catégories d'enseignements.

---

(1) Schopenhauer « *parerga et paralipomena* ».

3° Enseignements en concordance avec les faits ou déduits des faits

Ce sont les enseignements relatifs à l'évolution, en tant que doctrine générale, à ses preuves, à son principe de causalité essentielle.

La réalité du transformisme, l'impossibilité de l'expliquer par les facteurs classiques, sélection et adaptation, sont mises en lumière par M. Bergson avec une logique impeccable et une force de conviction irrésistible.

Aux raisons que j'ai exposées dans la première partie de ce travail, raisons d'ordre synthétique, qu'on retrouve, pour la plupart, plus ou moins développées, çà et là, dans divers chapitres de « l'Evolution créatrice » M. Bergson ajoute des raisons d'ordre analytique et spécial.

Il trouve de nouvelles preuves de l'impuissance des facteurs classiques dans l'examen de quelques détails d'anatomie comparée, tels que l'œil de certains mollusques comparé à l'œil des vertébrés.

Ce travail analytique de M. Bergson est très consciencieux et le raisonnement déduit des faits considérés est précis et rigoureux. S'il n'est pas de nature à convaincre les naturalistes (car la discussion peut s'éterniser sur ce sujet sans arriver à des conclusions irréfutables), cela est de peu d'importance, puisque l'examen synthétique de l'évolution prouve, d'une manière indéniable, que les facteurs classiques ne sont que des facteurs secondaires et qu'il existe un facteur essentiel encore inconnu.

La nécessité de ce facteur essentiel, consistant dans une sorte de poussée intérieure créatrice, dans « l'élan vital » est mise en évidence par l'examen de tous les faits.

Ces enseignements de M. Bergson sont, je le répète, des inductions strictement rationnelles et ne *sortent pas du domaine de la méthode scientifique.*

Tels qu'ils sont, et en faisant abstraction des autres

enseignements, ils suffisent à assurer, à la philosophie bergsonienne, un rang à part dans les hautes manifestations de la pensée contemporaine.

La notion de l'élan vital était en germe dans certains systèmes naturalistes, tels que celui de Noegeli et dans la philosophie panthéistique ancienne ou moderne ; mais le mérite propre du système bergsonien est de l'avoir adaptée rigoureusement aux faits et de l'avoir présentée avec une puissance vraiment géniale.

4° Enseignements qui ne sont pas déduits des faits et qui ne sont pas démontrables

Ce sont les enseignements sur Dieu, sur l'inexistence du néant, sur la nature de l'esprit et de la matière, sur les rapports de la conscience et de l'organisme, sur l'indépendance de la conscience vis-à-vis de la matière, sur la liberté humaine, sur les espérances de survie.

Tous ces enseignements sont donnés sans être basés sur les faits, même sur les faits qui seraient susceptibles, comme nous le verrons plus loin, de les confirmer partiellement. Ils sont d'ordre purement intuitif.

Est-il besoin de démontrer leur impuissance ?

Il faut d'autres arguments que le recours à l'intuition pour ruiner les conceptions physiologiques classiques relatives à la dépendance de la conscience au cerveau. *Tant que subsistera, dans la science, la notion expérimentale du parallélisme psycho-physiologique*, tous les plus beaux raisonnements d'ordre spiritualiste ou toutes les plus hautes espérances idéalistes, exprimées en dehors d'un acte de foi, resteront absolument sans valeur.

C'est en vain que M. Bergson s'efforce d'appuyer ses enseignements intuitifs sur *des comparaisons*. Il a beau comparer l'évolution à un feu d'artifice ; Dieu au centre de jaillissement de ce feu d'artifice ; l'intelligence à la force ascendante des fusées et la matière aux débris retombants des fusées éteintes ; il a beau imaginer mille comparaisons pour faire comprendre comment, en dépit du parallélisme psycho-physiologique apparent, la conscience n'est pas liée à son organe... toutes ces comparaisons, plus ingénieuses les unes que les autres, peuvent donner à l'esprit une satisfaction superficielle et passagère : elles ne prouvent rien.

Non seulement elles ne prouvent rien ; mais encore elles sont dangereuses, par l'illusion de preuve qu'elles donnent, à un examen non approfondi et par les erreurs où elles peuvent entraîner.

La principale erreur de la philosophie bergsonienne, erreur que nous ferons ressortir tout à l'heure, la conception anthropocentrique, vient probablement de la comparaison initiale de l'évolution à un feu d'artifice à fusées divergentes.

5° CONTRADICTIONS ET IMPRÉCISIONS.

En dehors de ces comparaisons, illusoires ou dangereuses, la philosophie de M. Bergson offre un caractère spécial, fait de *contradictions évidentes* et *d'imprécision quasi systématique*.

Les contradictions sont tout à fait frappantes :

M. Bergson fait de l'intuition une sorte d'instinct déchu, un résidu de l'évolution animale. Mais en même temps, il en fait la base de la méthode philosophique ; de sorte que l'homme, l'Etre privilégié de la création, d'après son système, ne peut savoir la vérité qu'en ayant recours à la faculté qui, toujours d'après son système, caractérise l'évolution animale ! Puis, pour pallier l'insuffisance de cette notion première de l'intuition, il arrive à en faire une faculté supra humaine ; mais qui, cependant, n'est toujours que de l'instinct !

Il repousse le contrôle de l'intelligence en matière de philosophie, et il se voit contraint d'avoir recours, pour le contrôle, à je ne sais quelle super-intelligence différente de l'intelligence même.

Il oppose l'intuition à l'intelligence, mais, par le raisonnement le plus subtil, il s'efforce de ramener l'une à l'autre ; place le critérium de la vérité dans l'intuition contrôlée par l'intelligence, vivifiée elle-même par l'intuition ; de sorte qu'en dernier lieu, c'est *l'intuition qui est à la fois juge et partie.*

Il dénie à la logique le droit de connaître ce qui concerne la vie et les grands problèmes philosophiques ; mais, n'en fait pas moins, dans son œuvre, une très large part à l'érudition et au raisonnement !

Il invente une nouvelle entité métaphysique, « la durée », mais il se trouve que cette entité est basée précisément sur ce qu'il y a de moins certain, de plus subjectif, de plus relatif à notre entendement : le concept du temps !

L'imprécision est plus formidable encore : L'œuvre de M. Bergson aboutit finalement, grâce à cette imprécision, à un vague idéalisme, mais un *idéalisme qui n'arrive pas à s'exprimer franchement et nettement.*

Les difficultés semblent esquivées plutôt que résolues. Les anciennes antinomies ne sont pas conciliées dans une synthèse supérieure, vraie ou fausse, mais du moins précise : elles sont, osons le dire, comme subtilisées sous des formules confuses et floues.

Cette imprécision quasi systématique provoque, à la lecture approfondie de l'œuvre de M. Bergson, une sorte de malaise, que ni l'immense talent de l'écrivain, ni ses vues géniales n'arrivent à dissiper.

On ne sait plus, en effet, si l'on entrevoit la vérité à travers un mirage ou si l'on est simplement dupe d'une illusion paradoxale. On a l'impression d'une construction fort belle, mais quasi fantomatique ; faite de draperies chatoyantes, masquant une structure intérieure incomplète et défectueuse, dont la base et le couronnement apparaissent également évanescents.

On a la crainte d'être dupe d'une sorte de mirage ou de la fantasmagorie d'un magicien.

« M. Bergson, dit M. Gillouin (1), nous entraîne avec lui, tournant et surmontant tous les obstacles, avec une aisance qui fait songer à je ne sais quelle « haute école intellectuelle ! » Elle fait songer aussi, malheureusement, à une sorte de prestidigitation...

L'imprécision de la philosophie bergsonienne fait qu'elle semble conforme, à un examen superficiel, aux doctrines les plus opposées. C'est un spectacle comique et en même temps attristant, de voir les tendances les plus contraires se placer sous la tutelle de M. Bergson :

Déistes et panthéistes, dogmatiques et théosophes, néo-catholiques, néo occultistes et même, paraît-il, néo syndicalistes (2), invoquer son autorité !

Quant aux philosophes, ils sont simplement déconcertés par un système assez souple pour permettre de déclarer d'une part (3) : « Quelle que soit l'essence intime de ce qui est et de ce qui se fait, nous en sommes » ; ce qui semble bien une profession de foi panthéiste, conforme à l'esprit général de la métaphysique bergsonienne ; et, d'autre part, affirmer que, de toute cette même métaphysique : « se dégage nettement l'idée d'un Dieu créateur et libre, générateur à la fois de la matière et de la vie, et dont l'effort de création se continue, du côté de la vie, par l'évolution des espèces et par la constitution des personnalités humaines » et que cette œuvre « est la réfutation catégorique du monisme et du panthéisme ! » (4).

6° ENSEIGNEMENTS CONTRAIRES A DES FAITS BIEN ÉTABLIS

L'un des principaux enseignements de M. Bergson est

---

(1) GILLOUIN : *La philosophie de M. Bergson*.
(2) Id.
(3) *Revue de métaphysique et de morale*, nov. 1911.
(4) *Etudes*, 20 février 1917.

celui de la distinction, *non pas de degré, mais de nature*, entre l'animal et l'homme.

Or cet enseignement ne s'appuie sur aucun fait et il est en contradiction avec les connaissances les plus précises de la psychologie contemporaine.

D'après M. Bergson, l'évolution en lignes divergentes aurait abouti, d'une part, à l'instinct animal ; d'autre part à l'intelligence humaine. L'instinct animal aurait gardé des « franges d'intelligence » et l'intelligence humaine un résidu d'instinct. Mais instinct et intelligence sont séparés par un abîme infranchissable et *l'homme représente seul le produit essentiel et supérieur de l'évolution, tandis que le monde végétal et animal n'en sont que les déchets.*

Cette théorie répugne profondément aux philosophes naturalistes, qui voient en elle un retour, plus ou moins sincère ou plus ou moins déguisé, aux vieilles idées anthropocentriques. Elle troublerait infiniment, si elle était établie sur une base positive, l'harmonie de la synthèse évolutive.

Mais cette base n'existe pas ; et l'enseignement de M. Bergson repose sur une omission capitale : sur la mise à l'écart, dans la conception de « l'évolution créatrice », du *psychisme subconscient.*

L'étude du psychisme subconscient chez l'animal et chez l'homme prouve avec évidence, nous allons le faire ressortir, l'identité de nature de l'animal et de l'homme.

Point n'est besoin de rechercher s'il n'y a pas, chez l'animal, plus que des franges d'intelligence : la psychologie comparée est trop peu avancée pour permettre de l'établir avec certitude. Il suffira de démontrer qu'il y a, chez l'homme, autre chose que des résidus d'instinct : *un domaine subconscient infiniment vaste qui n'est que le développement de cet instinct.*

A ce domaine appartient l'automatisme des grandes fonctions vitales, identique chez l'homme et chez l'animal ; les grandes forces instinctives (instinct de conservation, de reproduction, etc...) également puissantes chez l'animal et chez l'homme, bien que parfois masquées chez ce dernier et enfin le subconscient supérieur actif, dont l'instinct animal n'est que la première manifestation, et qui joue, dans la vie mentale de l'homme, un rôle infiniment plus vaste que celui de la conscience, derrière laquelle il se dérobe simplement.

La psychologie subconsciente domine la vie animale comme elle domine la vie humaine et la conscience n'apparaît que comme une acquisition, qui se réalise au fur et à mesure de cette évolution et proportionnellement au niveau atteint de cette évolution. Il n'y a donc pas de différence de nature entre l'animal et l'homme : tous deux sont régis au point de vue psychique, par l'Inconscient. Il n'y a, entre eux, qu'une différence de degré, marquée par le degré de réalisation conscientielle.

La démonstration de cette vérité est capitale, car elle porte avec elle la faillite d'un des principaux enseignements du système bergsonien, et par suite, de sa méthode.

Cette démonstration comporte trois parties :

A) *L'instinct animal n'est que la manifestation première, d'ordre inférieur, du psychisme inconscient.*

B) *La subconscience humaine, n'est que le développement, l'épanouissement, l'enrichissement, par l'évolution progressive, de l'instinct animal.*

C) *Le degré de réalisation conscientielle chez l'animal et chez l'homme, et de l'animal à l'homme, est purement et simplement fonction du niveau évolutif.*

A) L'INSTINCT ANIMAL N'EST QUE LA MANIFESTATION PREMIÈRE, D'ORDRE INFÉRIEUR, DU PSYCHISME SUBCONSCIENT.

En effet, l'instinct n'obéit, en majeure partie, ni à la logique, ni à la réflexion consciente, ni à la volonté. Ses apparences sont celles du subconscient humain.

L'instinct aboutit à des résultats merveilleux, souvent

supérieurs aux résultats de la réflexion voulue et consciente : c'est exactement ce que fait le subconscient humain.

L'instinct est mystérieux dans son essence ; il ne relève d'aucune des règles psychologiques connues, tout comme le subconscient humain.

L'instinct enfin, se rattache au subconscient humain par la psychologie dite supranormale, dont il est impossible de ne pas tenir compte aujourd'hui.

On observe, dans l'instinct dit accidentel, une *transition très nette et très frappante* entre le subconscient instinctif proprement dit et le subconscient supranormal.

Guidés par cet instinct accidentel, les animaux se comportent parfois avec la sûreté, la lucidité inhérentes au somnanbulisme humain.

Fabre a cité les exemples suivants, observés par lui-même :

Un chat est transporté, sans pouvoir se rendre compte du chemin parcouru, loin de la maison familière, d'un bout à l'autre de la ville d'Avignon. Il s'échappe tout à coup et, en quelques instants, arrive à son ancien domicile. Il avait traversé la ville *sensiblement en droite ligne, sans tenir compte des obstacles non absolument infranchissables.* Il avait parcouru un long dédale de rues populeuses, sans voir les mille périls de la route, les gamins ni les chiens. Il avait traversé à la nage un cours d'eau, la Sorgue, dédaignant les ponts, qui ne se trouvaient pas exactement sur son passage ; bref, il avait agi tout à fait comme *en état de somnanbulisme*.

Un autre chat est emmené, en chemin de fer, d'Orange à Sérignan (7 kilomètres de distance). Il semble, pendant les premiers jours, s'accoutumer à sa nouvelle demeure et ne manifeste aucune idée de fugue. Puis, tout à coup, emporté par une impulsion irrésistible, il s'échappe et rejoint son ancien domicile *par la ligne la plus courte*, en traversant l'Aygues à la nage !

Des cas analogues de chiens, parcourant un trajet inconnu, long et compliqué, pour rejoindre la maison de leur maître, ont été maintes fois signalés.

Nous touchons, par ces exemples, à ce qu'on a appelé la *phénoménalogie métapsychique.*

Et, en effet, on a pu constater, chez les animaux, non seulement des manifestations hypnotiques ou somnambuliques, mais de véritables phénomènes supranormaux.

Certains ont parfois d'étranges prémonitions : le « hurlement à la mort » des chiens ne peut plus être oublié, quand on l'a une fois entendu, dans des circonstances tragiques. Je l'ai moi-même observé à diverses reprises et j'en ai été vivement impressionné.

En voici un cas :

Une nuit, je veillais, en qualité de médecin, une jeune femme qui, atteinte en pleine santé, le jour même, d'un mal foudroyant, était à l'agonie. La famille était avec moi, silencieuse et éplorée. La malade râlait. Il était une heure du matin (la mort survint au jour).

Tout à coup, dans le jardin qui entourait la maison, retentirent des hurlements à la mort, poussés par le chien de la maison. C'était une longue plainte, lugubre, sur une note unique, émise d'abord sur un ton élevé, puis qui allait, decrescendo, jusqu'à s'éteindre doucement et très lentement.

Il y avait un silence de quelques secondes, et la plainte reprenait, identique et monotone, infiniment triste. La malade eut une lueur de connaissance et nous regarda, anxieuse. Elle avait compris. Le mari descendit à la hâte pour faire taire le chien. A son approche, l'animal se cacha et il fut impossible, au milieu de la nuit, de le trouver. Dès que le mari fut remonté, la plainte recommença et ce fut ainsi pendant plus d'une heure, jusqu'à ce que le chien put être saisi et emmené au loin.

Le naturaliste R. Wallace et d'autres auteurs ont cité nombre de cas, d'ordre métapsychique, plus mystérieux encore, ayant pour acteurs des animaux, spécialement les chiens et les chevaux.

On connaît, à ce propos, les cas des chevaux calculateurs, d'Elberfeld. Ce cas a été observé par maints savants, tels que le professeur Claparède, de Genève, et tous sont unanimes à en affirmer l'authenticité.

M. de Vesme a montré qu'il ne saurait s'agir de calculs conscients et réfléchis, mais de solutions d'ordre métapsychique et subconscient (1).

Je crois inutile d'insister sur ces faits ou des faits analogues connus de tous les spécialistes.

De Hartmann avait déjà assimilé les caractères de l'instinct aux caractères des manifestations supranormales dans les cas de double vue, de pressentiment, de clairvoyance. C'est, remarque-t-il, avec la même soudaineté et la même précision, que l'instinct et l'inconscient imposent leurs données à la conscience.

En résumé, ce qu'il faut retenir de l'analyse de l'instinct animal, c'est qu'il est d'ordre subconscient ; qu'il est de la même essence que le subconscient humain ; qu'il n'est, de toute évidence, que la manifestation première, d'ordre inférieur, de ce psychisme subconscient.

S'il occupe, chez l'animal la totalité ou la quasi totalité du champ psychologique, c'est simplement parce que, chez lui, le conscient n'est encore qu'à l'état d'ébauche.

B) La Subconscience humaine n'est que le développement, l'épanouissement, l'enrichissement de l'instinct animal.

Cette loi n'est que le corollaire de la première et repose sur la même argumentation. On trouve, dans le subconscient humain, tout ce qui caractérise essentiellement l'instinct animal. M. Ribot a dit de l'inspiration : « Avant tout,

---

(1) *Annales des sciences psychiques.*

elle est impersonnelle et involontaire : elle agit à la *façon d'un instinct*, quand et comme il lui plaît. » (1)

Il reste seulement à établir que ce qui, dans le subconscient, est supérieur à l'instinct, peut s'expliquer simplement par la différence de niveau évolutif.

Cette démonstration sera faite dans le livre II, auquel nous renvoyons le lecteur.

Nous montrerons par quel processus se fait l'enrichissement progressif du subconscient et comment l'inspiration géniale, l'intuition supérieure, les facultés créatrices qu'il possède ont déjà leur ébauche dans l'instinct animal.

D'ailleurs il serait difficile, aux partisans de M. Bergson, de s'insurger contre cette loi, puisque, pour eux, l'intuition est d'essence instinctive.

On comprend infiniment mieux l'intuition, en la considérant comme un épanouissement et un enrichissement de l'instinct, qu'en la considérant comme un résidu d'une faculté spéciale à l'animal.

C) LE DEGRÉ DE RÉALISATION CONSCIENTIELLE CHEZ L'ANIMAL ET CHEZ L'HOMME ET DE L'ANIMAL A L'HOMME EST PUREMENT ET SIMPLEMENT FONCTION DU NIVEAU ÉVOLUTIF.

La démonstration de cette loi sera faite, également, dans le livre II. Cette démonstration perd d'ailleurs beaucoup de son importance par suite de la constatation que la majeure partie de la psychologie, soit humaine, soit animale est subconsciente et que le subconscient est de même essence chez l'homme et chez l'animal.

Dès lors, la différence capitale que M. Bergson s'efforçait d'établir entre l'instinct animal et l'intelligence humaine, perd toute importance.

A ne considérer que le spectacle de l'évolution conscientielle, prise séparément, il devient bien évident qu'elle est simple fonction du niveau évolutif et qu'il n'y a pas

---

(1) RIBOT : *Psychologie des sentiments*. (C'est moi qui ai souligné : à la façon d'un instinct.)

le moins du monde d'abîme infranchissable entre l'intelligence animale et l'intelligence humaine.

Il apparaît profondément illogique et faux de dire qu'il n'y a, dans l'animal, que des franges résiduelles d'intelligence.

De la base au sommet actuel de l'évolution, il y a une intelligence consciente qui se développe par degrés : potentielle dans le monde végétal et dans l'animalité très inférieure ; ébauchée dans l'animalité plus élevée ; déjà nette et active dans l'animalité avancée, où elle commence à jouer un rôle important ; plus nette et plus active encore dans l'humanité inférieure ; rayonnante et épanouie dans l'humanité supérieure.

Il nous reste à tirer une conclusion d'ensemble de cet examen de la conception bergsonienne de « l'*Evolution créatrice* ».

De tous ses enseignements, les seuls qui résistent à la critique, sont précisément les enseignements *basés sur l'examen des faits ou tirés, par une induction rationnelle, de l'examen des faits :*

Ce sont les enseignements sur la cause primordiale de l'évolution, sur l'insuffisance des facteurs classiques, sélection ou adaptation, sur la nécessité d'admettre un élan vital essentiel et créateur.

Les autres enseignements, ceux qui sont basés sur une conception soi-disant nouvelle de l'intuition sont, ou bien insuffisants et imprécis, ou bien, pire encore, contraires aux faits.

Quoi que l'on pense de la méthode de M. Bergson, quelque admiration que l'on professe pour son incomparable talent d'exposition et de séduction, on ne saurait trouver, dans le système de « l'Evolution créatrice » une solution de la grande énigme.

Les vérités qu'il contient sont éclipsées par une erreur certaine, portant sur un point essentiel et viciant radicalement toute sa métaphysique.

Dr Gustave Geley.

CHAPITRE IV

LA PHILOSOPHIE DE L'INCONSCIENT

Nous venons de voir que la principale erreur de « l'*Evolution créatrice* » et en général de tout le système bergsonien, consiste dans la mise à l'écart de la psychologie dite inconsciente ou subconsciente.

Nous allons examiner maintenant la philosophie basée précisément, au contraire de celle de M. Bergson, *sur l'Inconscient*.

L'expression : « *philosophie de l'Inconscient* » a été inventée par de Hartmann ; mais la base de cette philosophie, la notion d'un Inconscient créateur, immanent et omniprésent, est de toutes les époques et de toutes les civilisations.

Les nombreuses conceptions métaphysiques de l'entendement humain sur la nature des choses se ramènent, somme toute, à deux, en apparence contradictoires, si la contradiction n'est pas due simplement à la limitation actuelle de nos facultés intellectuelles et intuitives.

Les unes admettant un créateur et une création, font de la création une œuvre raisonnée, l'effort d'une volonté souveraine et consciente. Elles se heurtent à des antinomies inconciliables, comme celles de l'idée providentielle et de l'universalité du mal ou de l'âme individuelle, immortelle, mais non éternelle, n'ayant pas de fin, mais ayant eu un commencement.

Les autres placent le divin dans l'univers même. De l'infinie variété et multiplicité des phénomènes, passagers et éphémères, elles s'efforcent de dégager l'essence divine, seule réelle et permanente.

Pour elles l'univers matériel, dynamique et intellectuel est fait de « *représentations* » ou « *d'objectivations* », de *l'immanence créatrice* ; mais ces représentations ne procèdent pas nécessairement d'un effort réfléchi et voulu ; car *la conscience n'apparaît pas comme un attribut primordial de l'Unité*.

L'Unique, le Réel, opposé au divers et à l'illusoire, c'est le principe divin des religions de l'Inde ou le principe unique des panthéistes et des monistes, c'est « l'Idée » de Platon, c'est « l'Intellect actif » d'Averrhoes, c'est la « Natura naturans », de Spinoza ; c'est « la Chose en soi » de Kant ; c'est la « Volonté » de Schopenhauer et c'est « l'Inconscient » de de Hartmann.

1° La démonstration de Schopenhauer

Jusqu'à la période moderne, cette conception grandiose n'avait reposé que sur l'intuition. Elle était restée d'ordre purement métaphysique et, par suite, entourée d'obscurités ou de contradictions.

De nos jours seulement et de plus en plus, elle *s'adapte aux faits ; elle entre dans le domaine de la philosophie scientifique*. Elle s'y adapte si bien qu'elle est destinée, sans doute, à permettre la fusion, la condensation du génie oriental et du génie occidental ; à rendre accessibles les plus hautes vérités ; à constituer la base et la charpente de l'édifice à la fois philosophique et scientifique qui abritera désormais toutes les aspirations et tous les idéals.

C'est à Schopenhauer que revient le mérite premier de cette adaptation aux faits. Sans doute, son système comprend de graves erreurs ; erreurs explicables par l'insuffisance des notions naturalistes et psychologiques dont il partait ; mais, par sa clarté et sa précision, par sa profondeur géniale, il mérite d'être pris comme point de départ de toute étude moderne sur la nature des choses.

Il est indispensable, pour bien comprendre la suite de ce travail, d'avoir, présente à l'esprit, la thèse de Schopenhauer.

Or, « *le monde comme volonté et comme représentation* » ne peut pas être résumé. Il doit être étudié et médité tel quel. L'idée première, qui ramène les diverses, les innombrables apparences des choses à un principe unique, essentiel et permanent, ne saurait être isolée de sa démonstration intuitive et logique, des développements dictés par une inspiration souveraine, en un mot du cadre magique où l'a exposée le grand philosophe. Ce cadre est nécessaire pour en faire comprendre la puissance et pour mettre en valeur sa beauté.

Un exposé analytique est cependant indispensable ici et je m'en rends bien compte. Mais je prie du moins le lecteur instruit d'en pardonner l'insuffisance fatale, et je m'en excuse d'avance comme d'une profanation.

Le système de Schopenhauer ne prétend pas tout expliquer. Il proclame que certaines questions de haute métaphysique, celles du commencement et de la fin, ne sont pas susceptibles d'être totalement résolues. Il ne se demande donc pas d'où vient le monde ni comment il finira. Il recherche simplement *ce qu'il est*.

Pour Schopenhauer, le monde est à la fois *volonté et représentation* ; volonté réelle, représentation illusoire et factice.

Pourquoi la désignation de volonté, appliquée à l'essence réelle des choses ? C'est que la volonté « est quelque chose d'immédiatement connu, et connu de telle sorte que nous savons et comprenons mieux ce qu'est la volonté que tout ce qu'on voudra... le concept de volonté est le seul, parmi tous les concepts possibles, qui n'ait pas son origine dans le phénomène, dans une simple représentation intuitive, mais vienne du fond même, de la conscience immédiate de l'individu, dans laquelle il se reconnaisse lui-même, dans son essence, immédiatement, sans aucune forme, même celle du sujet et de l'objet, attendu qu'ici le connaissant et le connu coïncident. »

La volonté est la seule chose qui soit réellement. C'est l'absolu divin. Elle est une, indestructible, éternelle, en dehors de l'espace et du temps. Elle ne comporte ni individualisation, ni commencement, ni fin, ni origine, ni anéantissement.

La volonté, en s'objectivant, produit les diverses, les innombrables apparences des choses : « Dans la multiplicité des phénomènes qui remplissent le monde, où ils se juxtaposent ou se chassent réciproquement comme successions d'événements, c'est la volonté seule qui se manifeste : c'est elle dont tous ces phénomènes constituent la visibilité, l'objectivité ; c'est elle qui demeure immuable au milieu de toutes les variations. Elle seule est la chose en soi ; et tout objet est manifestation, phénomène, pour parler le langage de Kant. » (1)

La volonté est primitivement et essentiellement *inconsciente*. Elle n'a pas besoin de motifs pour agir. Nous la voyons, en effet, chez les animaux, se montrer active sans aucune espèce de connaissance, sous l'impulsion de l'instinct aveugle. Chez l'homme même, la volonté est inconsciente dans toutes les fonctions organiques, la digestion, les sécrétions, la croissance, la reproduction et dans tous les processus vitaux. « Ce ne sont pas seulement les actions du corps, c'est le corps entier lui-même qui est, nous l'avons vu, l'expression phénoménale de la volonté, la volonté objectivée, la volonté devenue concrète ; tout ce qui se passe en lui doit donc sortir de la volonté ; ici toutefois, cette volonté n'est plus guidée par la conscience, elle n'est plus réglée par des motifs ; elle agit aveuglément... »

---

(1) « Le monde comme volonté et représentation ».

La volonté se révèle comme inconsciente dans l'immense majorité de ses représentations : dans tout le monde inorganique, dans le monde végétal et dans presque tout le règne animal.

Ce que nous appelons la conscience n'a rien, en soi, d'essentiel. Elle ne tient pas à la volonté même. Elle n'en est qu'une réalisation temporaire, un produit éphémère et vain.

« La volonté, la volonté sans intelligence (en soi, elle n'est point autre), désir aveugle, irrésistible, telle que nous la voyons se montrer encore dans le monde brut, dans la nature végétale, et dans leurs lois, aussi bien que dans la partie végétative de notre propre corps, cette volonté, dis-je, grâce au monde représenté, qui vient s'offrir à elle et qui se développe pour la servir, arrive à savoir qu'elle veut, à savoir ce qu'est ce qu'elle veut ; c'est ce monde même, c'est la vie, telle justement qu'elle se réalise là. »

Mais cette conscience, si limitée, qu'acquiert ainsi la volonté est encore plus éphémère : elle ne dépasse pas les bornes temporaires de l'individualisation. C'est seulement pendant la durée de l'individualisation qu'elle a un rôle et ce rôle consiste simplement à substituer, à l'entraînement irréfléchi et infini, une activité réfléchie et bornée.

Il importe donc de distinguer expressément la volonté inconsciente de sa représentation consciente. Ce qu'il y a dans l'homme de vraiment supérieur, l'essence éternelle, le génie, l'inspiration, le pouvoir créateur, tout cela est impersonnel ; tout cela appartient à la volonté inconsciente.

Le domaine de la conscience, créé par l'objectivation des attributs de la volonté, ne relève que du psychisme cérébral. La conscience est liée, chez les animaux supérieurs et l'homme, à leur représentation organique ; elle naît et disparaît avec elle.

La mort entraîne son anéantissement. Par contre, ce qui est l'essence de l'Etre, la volonté, n'est pas atteinte : « Quand par la mort, nous perdons l'intellect, nous sommes simplement transportés par là dans notre état primitif dépourvu de connaissance, mais qui n'est pas absolument inconscient. C'est sans doute plutôt un état supérieur à cette forme là, où l'opposition du sujet et de l'objet disparaît...

« La mort s'annonce ouvertement comme la fin de l'individu ; mais en cet individu réside le germe d'un nouvel être. Donc, rien de ce qui meurt là ne meurt pour toujours ; mais rien de ce qui naît ne reçoit non plus une existence fondamentalement nouvelle. Ce qui meurt périt ; mais un germe subsiste, d'où sort une nouvelle vie, qui entre maintenant dans l'existence, sans savoir d'où elle vient et pourquoi elle est justement ce qu'elle est. Ceci est le mystère de la palingénésie.

« On peut en conséquence considérer chaque être humain de deux points de vue opposés : du premier, il est un individu commençant et finissant dans le temps, passant d'une manière fugitive... De l'autre, il est l'être originel indestructible qui s'objective en tout être existant. Sans doute, un tel être pourrait faire quelque chose de mieux que de se manifester dans un monde comme celui-ci ; car c'est le monde fini de la souffrance et de la mort. Ce qui est en lui et ce qui sort de lui doit finir et mourir. Mais ce qui ne sort pas de lui et ne veut pas sortir de lui le traverse avec la toute puissance d'un éclair qui frappe en haut et ne connaît ensuite ni temps ni mort. » (1)

Ainsi donc la conscience individuelle, de même que l'univers n'a pas d'existence propre et réelle. Elle est fonction temporaire de la volonté. Elle naît du vouloir vivre.

Or, le vouloir vivre est la conséquence d'une illusion néfaste de la volonté.

---

(1) SCHOPENHAUER : « La Religion ».

2° Le Pessimisme de Schopenhauer

Le pessimisme de Schopenhauer, qui lui a inspiré des pages de la plus haute éloquence, découle avec une rigoureuse logique de ses prémisses.

Si l'individualisation et la conscience ne sont qu'illusions passagères, bientôt disparues, tous les efforts, les peines, les luttes et les souffrances n'aboutissent à rien. Les injustices subies le sont sans compensation. La vie n'a pas d'objet.

Les espérances religieuses sont absurdes, puisque, sans même parler des difficultés dogmatiques qu'elles soulèvent, elles sont toutes basées sur cette conception insensée qu'une chose *ayant eu un commencement, l'âme individuelle, n'aurait cependant pas de fin.*

Il n'y a donc pas d'espoir, ni dans un monde futur, ni dans le monde présent.

Le vouloir vivre ne fait qu'engendrer l'effort sans but et la souffrance sans résultat : « Déjà, en considérant la nature brute, nous avons reconnu pour son essence intime l'effort, un effort continu, sans but, sans repos ; mais chez la bête et chez l'homme, la même vérité éclate bien plus évidemment. Or, tout vouloir a pour principe un besoin, un manque, donc une douleur : c'est par nature, nécessairement, qu'ils doivent devenir la proie de la douleur. Mais que la volonté vienne à manquer d'objet, qu'une prompte satisfaction vienne lui enlever tout motif de désirer, et les voilà tombés dans un vide épouvantable, dans l'ennui : leur nature, leur existence, leur pèse d'un poids intolérable. La vie oscille donc, comme une pendule, de droite à gauche, de la souffrance à l'ennui : ce sont là les deux éléments dont elle est faite, en somme. De là ce fait bien significatif par son étrangeté même : les hommes, ayant placé toutes les douleurs, toutes les souffrances dans l'enfer, pour remplir le ciel n'ont plus trouvé que l'ennui !

« Or, cet effort incessant, qui constitue le fond même de toutes les formes visibles revêtues par la volonté, arrive enfin, dans les sommets de l'échelle de ses manifestations objectives, à trouver son principe vrai et le plus général : là, en effet, la volonté se révèle à elle-même en un corps vivant, qui lui impose une loi de fer, celle de le nourrir ; et ce qui donne vigueur à cette loi, c'est que ce corps c'est tout simplement la volonté même de vivre, mais incarnée... Ajoutez un second besoin, que le premier traîne à sa suite, celui de perpétuer l'espèce. En même temps, de tous côtés, viennent l'assiéger des périls variés à l'infini, auxquels il n'échappe qu'au prix d'une surveillance sans relâche...

« Pour la plupart, la vie n'est qu'un combat perpétuel pour l'existence même, avec la certitude d'être enfin vaincus... La vie elle-même est une mer pleine d'écueils et de gouffres : l'homme, à force de prudence et de soin, les évite et sait pourtant que, vînt-il à bout, par son énergie et son art, de se glisser entre eux, il ne fait que s'avancer peu à peu vers le grand, le total, l'inévitable et irrémédiable naufrage : qu'il a le cap sur le lieu de sa perte, sur la mort. »

Efforts, souffrances, mort, c'est là tout ce que la volonté acquiert de la connaissance et c'est pour cela qu'après « s'être affirmée » elle en arrive à « se nier ». C'est le fruit même de l'existence individuelle.

« Quelle différence, s'écrie Schopenhauer, entre notre commencement et notre fin. Celui-là caractérisé par les illusions du désir et les transports de la volupté ; celle-ci, par la destruction de tous nos organes et l'odeur cadavérique ! La route qui les sépare, quant au bien-être et à la joie de la vie, va toujours aussi en pente descendante : l'enfance aux rêves joyeux, la gaie jeunesse, la virilité laborieuse, la vieillesse caduque et souvent lamentable, les tortures de la dernière maladie et enfin le combat de la mort ! »

Le pessimisme de Schopenhauer n'est pas seulement la conséquence logique de ses prémisses philosophiques ; il repose aussi sur la claire vision de la vie.

Cette vision lui inspire une immense pitié : pitié pour les animaux qui, lorsqu'ils ne s'entredévorent pas eux-mêmes, souffrent toutes les misères « dans un enfer dont les hommes sont les démons ! »

Pitié pour les hommes, que le vouloir vivre conduit à des peines et des douleurs non compensées par quelques joies clairsemées et basées d'ailleurs en grande partie sur l'illusion.

Comment de plus, l'homme jouirait-il de ces courtes joies, quand il a acquis la conscience de son identité essentielle avec un monde où le mal règne en souverain ? Comment ne pas souffrir de l'immense douleur universelle ?

Comment ne pas comprendre que le vouloir vivre est néfaste et qu'il faut arriver à l'anéantir par l'abdication du désir et le renoncement aux motifs illusoires dont se berce l'intelligence, pour trouver à la vie une raison suffisante.

C'est seulement en atteignant cette conception que l'on comprend la raison de la vie et de la souffrance :

Pour les animaux, la souffrance s'explique « par le fait que la volonté de vivre, ne trouvant absolument rien en dehors d'elle dans le monde des phénomènes et étant une volonté affamée, doit dévorer sa propre chair. » Pour l'homme, plus conscient : « la valeur de la vie consiste précisément à lui apprendre à ne pas vouloir d'elle. » L'existence n'est autre chose qu'une sorte d'aberration, dont la connaissance exacte du monde doit nous guérir.

3° La Systématisation de de Hartmann

De Hartmann n'a fait que reprendre la thèse de Schopenhauer, en développant certaines données relatives aux sciences naturelles et à la psychologie.

Pour de Hartmann, à côté et au-dessus des causes admises par la conception mécanique de la nature, existe un principe supérieur qu'il appelle l'inconscient.

L'inconscient est ce qu'il y a d'essentiel, de divin dans l'univers. En lui sont en puissance la volonté et la représentation.

Tout ce qui est réalisé l'est ainsi par la volonté de l'inconscient.

— Dans l'*évolution*, l'inconscient joue le rôle primordial : la sélection naturelle n'explique pas l'origine des formes nouvelles : elle n'est qu'un moyen, que l'un des procédés que l'inconscient utilise pour arriver à ses fins.

— Dans l'*individu*, l'inconscient joue le rôle prédominant sur les phénomènes vitaux : il a en lui l'essence de la vie ; il forme l'organisme et le maintient, répare ses dommages internes et externes, et guide avec finalité ses mouvements.

Il joue le rôle essentiel dans les *phénomènes psychologiques* :

Il est la source des instincts, de l'intuition, du sens artistique et du génie créateur.

Enfin l'inconscient est à la base de la *phénoménologie supranormale*, qui est une simple manifestation de son pouvoir divin, indépendant des contingences relatives au temps, à l'espace, aux représentations psychologiques, dynamiques et matérielles.

Pour de Hartmann, comme pour Schopenhauer, il y a un abîme entre l'inconscient et le conscient.

Le premier est divin et le deuxième purement humain.

Le conscient, suffisamment développé, nous permet cependant de juger l'univers et la vie. Or ce jugement n'est pas favorable. La conscience, étant à la fois éphémère et improductive, ne saurait participer de l'infini divin.

Elle souffre de sa limitation sans compensation et sans espoir, de son impuissance, de toutes les contingences pénibles, d'autant plus pénibles pour elle qu'elle est plus développée, de l'existence individuelle. Sa dernière ressource serait de tendre, par un effort suprême, à se supprimer elle-même ; mais peut-être même ce sacrifice serait il inutile, car l'inconscient créateur, indestructible, recommencerait sans doute une évolution, destinée à aboutir à la même réalisation consciente et aux mêmes désolantes conséquences de cette réalisation.

4° Critique de la distinction spécifique entre conscient et inconscient

Deux choses frappent avant tout dans les systèmes de Schopenhauer et de de Hartmann :

C'est, en premier lieu, la netteté du raisonnement et sa rigueur quasi scientifique, et c'est, en deuxième lieu, la conclusion pessimiste qui semble en découler naturellement et forcément.

Cette conclusion s'impose, en effet, si l'on admet, comme ces deux philosophes, qu'il y a, entre l'inconscient et le conscient, un abîme infranchissable, une différence essentielle.

Cette différence essentielle enlève à l'univers et à la vie toute fin idéale et toute signification.

Or, alors que les autres postulats des philosophes allemands sont déduits avec une rigueur mathématique, la *distinction essentielle entre l'inconscient et le conscient ne repose sur rien.*

L'assimilation de la conscience à une simple « représentation » n'est pas logique.

Pourquoi la conscience serait-elle exclusivement liée aux apparences temporaires qui constituent l'univers ?

Pourquoi tout ce qui est de son domaine ne serait-il pas enregistré, assimilé et conservé par l'essence éternelle de l'Etre ?

Quoi ? *Le principe divin, Volonté ou Inconscient, aurait toutes les potentialités, hormis une seule, la plus impor-*

tante, celle d'acquérir et de garder la connaissance de soi ?

Combien il est plus logique de supposer cette volonté réelle et éternelle, objectivée dans les personnalités factices et transitoires, *gardant le souvenir intégral acquis dans ces objectivations et passant ainsi, par les expériences infinies, de l'Inconscient primitif au Conscient.*

Certes, la « personnalité » humaine, celle qui s'étend de la naissance à la mort de l'organisme, est destinée à périr, à avoir une fin comme elle a eu un commencement ; mais « l'individualité » réelle, celle qui est l'essentiel de l'être, garde, gravés en elle, tous les états de conscience de la personnalité transitoire et se les assimile.

Quand, conformément au mystère palingénésique dont parle Schopenhauer, elle constitue une autre personnalité vivante, elle apporte à cette personnalité l'acquit antérieur et s'enrichit ensuite elle-même de nouveau, dans et par cette nouvelle objectivation.

C'est ainsi en un mot, que la volonté inconsciente originelle devient peu à peu la volonté consciente.

Chose curieuse : Schelling et Hegel, dont les systèmes avaient précédé ceux de Schopenhauer et de de Hartmann et sont infiniment moins précis, avaient cependant proclamé le passage de l'Inconscient au Conscient et en avaient tiré des conclusions idéalistes et optimistes.

La métaphysique des deux derniers philosophes, plus précise, plus documentée au point de vue scientifique, accuse ainsi un recul regrettable au point de vue idéaliste.

Pour Schelling, l'univers est le produit d'une « *activité* » essentielle inconsciente. Cette activité devient, en partie du moins, consciente d'elle-même chez l'homme.

Pour Hegel, cette activité essentielle inconsciente est cependant pourvue d'une sorte de raison : la création est rationnelle. Une finalité raisonnable se retrouve dans l'évolution et le progrès qu'elle comporte. Mais la raison devient graduellement consciente. L'évolution n'est en somme que le moyen qu'emploie la raison universelle et créatrice pour arriver à prendre conscience d'elle-même.

Il n'y a pas d'objection positive à faire à cette conception. Mais cela ne suffit pas. Il importe de *l'établir sur des faits*.

Les lacunes, les erreurs et les contradictions, ainsi que les navrantes conclusions pessimistes, sont appelées à disparaître à la lumière des faits nouveaux.

A la philosophie de l'Inconscient, grandiose et géniale, certes, mais faussée par ces lacunes et ces erreurs, les faits nouveaux et les inductions qu'ils comportent permettent de substituer une philosophie identique comme essence et comme prémisses, mais totalement différente par son développement et par ses conclusions.

Par son *développement* : parce qu'elle embrasse la totalité des faits tout en restant strictement rationnelle, en évitant tout dogmatisme et en sachant faire la part de ce qui peut être expliqué et de ce qui échappe encore forcément à nos capacités de savoir et de comprendre.

Par ses *conclusions*, diamétralement opposées au pessimisme désolant de Schopenhauer, par le seul fait que se trouve comblé l'abîme artificiel creusé par lui entre l'Inconscient et le Conscient.

LIVRE II

DE L'INCONSCIENT AU CONSCIENT

ESQUISSE D'UNE PHILOSOPHIE RATIONNELLE

DE

L'EVOLUTION ET DE L'INDIVIDU

AVANT-PROPOS

Nous pouvons maintenant tenter une théorie explicative générale de l'évolution et de l'individu, basée sur l'examen de tous les faits connus, d'ordre naturaliste et d'ordre psychologique, sur les déductions qu'ils comportent et aussi sur quelques inductions, mais sur des inductions strictement rationnelles.

Nous laisserons de côté, systématiquement, *tout ce qui est pure métaphysique* : la question de Dieu, de l'infini, de l'absolu, du commencement et de la fin, de la nature essentielle des choses.

Nous n'envisagerons que ce qu'il est permis de savoir et de comprendre, sur la destinée du monde et sur la destinée individuelle, d'après le degré de capacité à la fois intuitive et intellectuelle que comporte la réalisation évolutive actuelle.

C'est peu, relativement. C'est cependant beaucoup plus que ne l'enseigne la philosophie naturaliste classique.

Il est possible, dès maintenant, de connaître le mécanisme et « le sens » de l'évolution collective et individuelle, le degré de dépendance et le degré d'indépendance de la conscience individuelle vis-à-vis de l'organisme matériel, le pourquoi de la vie.

Ces notions bien établies comportent un *enseignement nettement idéaliste, non plus vague mais précis, non plus basé sur un acte de foi ou de prétendue « intuition », mais sur un calcul de probabilité.*

La limitation préalable que nous nous imposons n'est pas fondée sur l'antique et caduque distinction entre « le connaissable et l'inconnaissable » ; mais simplement sur la constatation de l'incapacité relative de nos facultés *actuelles* de savoir et de comprendre.

Il n'y a pas, à proprement parler, d'inconnaissable. Ce qu'on appelle le domaine de l'inconnaissable se réduit incessamment dans le cours de l'évolution. Les phénomènes météorologiques les plus simples étaient de l'inconnaissable pour nos ancêtres des cavernes ; les lois de la gravitation, la constitution physique des astres, l'origine des espèces animales étaient de l'inconnaissable jusqu'à la période scientifique contemporaine ; ils sont aujourd'hui du domaine de la science. Il doit en être de même, désormais, pour les grandes lois de la vie et de la destinée, de l'univers et de l'individu.

Quant aux problèmes qui, fatalement, échappent encore à toute tentative d'interprétation, ils peuvent être résolument et systématiquement écartés ; ils constitueront la philosophie des humanités futures, idéalement évoluées.

Le sacrifice que s'impose la philosophie scientifique moderne, en limitant ainsi rationnellement ses visées, présente d'ailleurs d'immenses avantages :

Tout d'abord, ce sacrifice, une fois résolument et courageusement accepté, nous éloigne également de ces deux formidables pierres d'achoppement de l'idéalisme : le mysticisme et le découragement.

Le penseur évitera le mysticisme, car il saura désormais se soustraire au dévergondage de l'imagination personnelle, particulièrement luxuriante quand il s'agit de l'imagination subliminale ; comme au dogmatisme ancien ou nouveau ; au messianisme et au « magisme » ; à l'attrait orgueilleux et puéril des prétendues initiations et du néo-prophétisme.

Il évitera le découragement et il ne sera plus porté à dire, comme Herbert Spencer, paraphrasant et développant lui-même une pensée célèbre de Pascal :

« Puis vient l'idée de cette matrice universelle, antérieure à toute création comme à toute évolution et dépassant infiniment l'une et l'autre en étendue comme en durée ; puisque l'une et l'autre, pour être intelligibles, doivent être conçues comme ayant eu un commencement, tandis que l'espace n'a pas de commencement. L'idée de cette forme d'existence, qui, parcourue en tous sens, si loin que puisse porter l'imagination, contient toujours, au delà, des régions inexplorées, en comparaison desquelles la portion traversée par l'esprit est infinitésimale ; la représentation d'un espace où notre immense système solaire se réduit à un point est trop écrasante pour que l'esprit s'y puisse appesantir. A mesure que j'avance en âge, la conscience que, sans origine ni cause, l'espace infini a toujours existé et doit exister toujours, produit en moi une émotion qui me fait reculer d'effroi ! (1) »

Le vertige de l'infini et de l'absolu n'existe plus pour le philosophe qui a compris et admis les limitations actuelles de la philosophie. Il trouve, au contraire, une grande sérénité dans l'affirmation résignée de ces limitations et dans la discipline féconde qu'elle lui impose.

Puis et surtout, ce sacrifice permet d'éviter toutes les vaines et prétentieuses discussions spéculatives, toutes les formules stériles, tous les systèmes contradictoires où se sont enlisées tour à tour les plus hautes intelligences et qui n'ont plus qu'un intérêt historique ou artistique.

De même, il permet de se passer définitivement des entités métaphysiques « la chose en soi », le « non être », la « volonté », l' « inconscient », « la durée », etc... qui, au fond, ne sont que de vaines formules. A ces entités factices, abstractions pures, nous proposons de substituer quelque chose de concret : *la notion d'un dynamo-psychisme essentiel*, que l'on constate comme une *réalité*, alors même que l'on ne peut encore en pénétrer la nature métaphysique et qu'il convient même de s'abstenir de cette recherche.

---

(1) HERBERT SPENCER : « *Acts and Coments* ».

Mais, ici, se dresse immédiatement une objection : « *le dynamo-psychisme essentiel* », par cela même qu'il est quelque chose de concret ou de concevable comme tel et que nous pouvons, en quelque mesure, nous le représenter, n'est plus la chose en soi, soustraite, par définition, à toute représentation et parfaitement inconcevable, comme Kant l'avait établi.

A cela, nous répondrons que la même objection peut être adressée à tous les systèmes basés sur la distinction de l'essence divine de l'univers d'avec les manifestations phénoménales. Schopenhauer avait cru esquiver la difficulté en faisant de la chose en soi la volonté inconsciente d'elle-même, n'ayant ni substratum, ni cause, ni but, parce qu'elle est « hors du domaine où règne le principe de raison ». Ainsi privée de tous ses attributs, la volonté qui ne sait ni ce qu'elle veut, ni comment elle veut, ni pourquoi elle veut, ni même si elle veut, n'est plus qu'une abstraction aussi inconcevable que la chose en soi.

L'inconscient de de Hartmann se conçoit mieux, simplement parce que notre entendement attribue naturellement, spontanément et nécessairement à l'inconscient un substratum concret, et en fait justement ce que nous proposons ici sans équivoque : *le dynamo-psychisme inconscient.*

Evidemment, c'est là, si l'on veut, une « représentation », mais c'est la seule manière qui s'offre à nous de comprendre « la nature des choses ». Tenter de comprendre l'absolu, il ne faut pas l'oublier, c'est avant tout, de la part de l'intelligence relative, limiter l'absolu.

Qu'importe donc que « la chose en soi » nous soit, en elle-même, inaccessible ? nous pouvons du moins l'atteindre dans une première limitation. Nous constatons alors, sous l'immense variété des apparences phénoménales, transitoires et passagères, qui constituent l'univers physique, dynamique et intellectuel, un *dynamo-psychisme essentiel, permanent et réel.* Ce dynamo-psychisme et son activité immanente se révèlent à nous dans l'immense série d'expériences que représente l'évolution ; — et l'évolution, elle-même, nous le verrons, n'est autre chose que son passage de l'inconscient au conscient.

Les deux bases, les deux postulats primordiaux de la philosophie que nous allons exposer et soutenir sont donc les suivants :

I. CE QU'IL Y A D'ESSENTIEL DANS L'UNIVERS ET DANS L'INDIVIDU, C'EST UN DYNAMO-PSYCHISME UNIQUE, PRIMITIVEMENT INCONSCIENT MAIS AYANT EN LUI TOUTES LES POTENTIALITÉS; LES APPARENCES DIVERSES ET INNOMBRABLES DES CHOSES N'ÉTANT JAMAIS QUE SES REPRÉSENTATIONS.

II. LE DYNAMO-PSYCHISME ESSENTIEL ET CRÉATEUR PASSE, PAR L'ÉVOLUTION, DE L'INCONSCIENT AU CONSCIENT.

Ces deux propositions reposent sur des faits. Elles peuvent aujourd'hui faire l'objet d'une démonstration précise, *dans l'individu* d'abord ; puis par une vaste induction, être reportées à l'*univers*.

LIVRE II

PREMIERE PARTIE

L'INDIVIDU

ET L'EVOLUTION INDIVIDUELLE

OU LE PASSAGE DE L'INCONSCIENT AU CONSCIENT DANS L'INDIVIDU

CHAPITRE PREMIER

L'INDIVIDU CONÇU COMME DYNAMO-PSYCHISME ESSENTIEL ET COMME REPRÉSENTATIONS

1° Les bases scientifiques de cette conception (1)

La distinction, dans l'individu, d'un dynamo-psychisme essentiel et réel et de représentations apparentes a été bien démontrée par tous les faits connus, dans notre étude sur l'individu physiologique.

Nous avons établi, de par ces faits mêmes, le néant des apparences sur lesquelles est basée la conception générale de la physiologie classique : conception de l'Etre simple complexus cellulaire, s'organisant de lui-même en tissus spécifiquement distincts et ayant en lui seul sa raison d'être, son origine et ses fins, la raison de sa forme, de son mécanisme, de son fonctionnement ; toutes propriétés provenant uniquement, par hérédité, des cellules génératrices.

A l'encontre de cette conception, nous avons montré qu'il n'était pas possible de trouver, dans l'organisme même et dans l'associationnisme cellulaire, les raisons de la forme spécifique, ni l'origine, la cause essentielle ou les fins de ses différents modes d'activité.

Nous avons été forcés de comprendre que la forme corporelle n'est qu'une illusion temporaire ; que les organes et tissus n'ont pas de véritables déterminations spécifi-

---

(1) Tout ce chapitre et les suivants sont étroitement reliés aux démonstrations physiologiques et psychologiques du livre 1er de cet ouvrage. Ils seraient peu compréhensibles isolément.

ques ; que tous ces organes et tissus, de même qu'ils sont nés d'une substance primordiale unique, celle de la cellule œuf, peuvent être, dans le cours même de la vie, ramenés à cette substance primordiale unique ; laquelle peut elle-même, ensuite, s'organiser sous des formes nouvelles et constituer, temporairement, des organes ou tissus différents et distincts.

En un mot, nous avons dû nous rendre à l'évidence : le complexus organique, le corps, n'a ni qualités définitives et absolues, ni spécificité propre. Par son origine, par son développement, par ses métamorphoses embryonnaires et post-embryonnaires, par son fonctionnement normal comme par ses possibilités dites supranormales, par le maintien de la forme habituelle comme par les dématérialisations et rematérialisations métapsychiques, cet organisme se résoud dans un dynamisme supérieur qui le conditionne.

Il apparaît non plus comme tout l'individu, mais simplement comme un produit idéoplastique de ce qu'il y a d'essentiel dans l'individu, un dynamo-psychisme qui conditionne tout, qui est tout.

En termes philosophiques, l'organisme n'est pas l'individu : il n'en est que la représentation.

Avec cette conception, on comprend immédiatement toute la physiologie, toutes les capacités normales ou dites supranormales de l'Etre physique, tandis qu'en dehors d'elle tout est mystère, aussi bien pour les phénomènes les plus familiers du fonctionnement organique que pour les phénomènes les plus inattendus du médiumnisme.

Il n'y a, en réalité, ni physiologie normale ni physiologie supranormale. Tout se borne à des représentations : les unes accoutumées, les autres exceptionnelles ; mais également conditionnées par le dynamo-psychisme essentiel et seul réel.

Si les métamorphoses embryonnaires et l'histolyse de l'insecte nous paraissent mystérieuses ; si l'interpénétration de la matière solide par la matière solide, les matérialisations et dématérialisations organiques nous paraissent impossibles, c'est parce que nous attribuons *une réalité* aux caractères et propriétés par lesquels nous nous représentons la matière. Si, au contraire, nous comprenons que ces caractères et propriétés sont factices et *irréels*, alors le mystère et l'impossibilité disparaissent ; ou du moins ne sont plus que relatifs, simple fonction de notre ignorance ou de notre débilité. Les changements que nous offre la physiologie normale comme la physiologie supranormale n'ont pas d'autre importance philosophique que des *changements dans les apparences*. Leur causalité et leur explication ne sont pas dans ces apparences, elles sont entièrement dans le dynamo-psychisme essentiel qui les conditionne.

Ce qui est vrai en ce qui concerne la physiologie l'est, à plus forte raison encore, en ce qui concerne la psychologie : le supranormal ne devient compréhensible que lorsqu'on a appris à distinguer le dynamo-psychisme essentiel de ses représentations. Pour concevoir la possibilité des actions mento-mentales, il faut commencer par admettre la réalité d'un psychisme supérieur, dégagé des contingences habituelles aux représentations psychologiques.

Pour que la vision à distance, hors de la portée des sens ou la lucidité dans le passé, le présent ou l'avenir perdent leur apparence d'incroyables miracles, il est indispensable de comprendre tout d'abord que le temps et l'espace ne sont que « les cadres de nos représentations » : aussi factices, aussi illusoires que les représentations mêmes.

Ainsi, la conception qui a trouvé son expression la plus forte dans l'œuvre de Schopenhauer (1), doit sortir désor-

---

(1) Schopenhauer avait déjà eu l'intuition de l'importance des faits dits supranormaux pour appuyer sa métaphysique (Parerga et Paralipomena).

mais du domaine de la métaphysique pour entrer dans celui de la science.

La distinction, dans l'individu, de ce qu'il a de réel et de permanent, que Schopenhauer appelait la volonté et que nous désignons sous le nom de dynamo-psychisme essentiel, d'avec les représentations temporaires est établie sur les faits. *Tout se passe, du moins, comme si les choses étaient ainsi.*

Nous pouvons, maintenant, faire un pas de plus dans la recherche de la vérité et, toujours en nous basant sur les faits, étudier et chercher à comprendre, dans la mesure du possible, *ce qui est, dans l'individu, représentations et ce qui est dynamo-psychisme essentiel.*

2° L'INDIVIDU CONSIDÉRÉ COMME REPRÉSENTATIONS

Pour Schopenhauer, faisant siennes, à ce point de vue, les idées courantes sur la biologie, la conception de la représentation individuelle était très simpliste. Théorie métaphysique à part, elle concordait avec la thèse matérialiste. Alors que cette dernière enseignait : *l'individu, c'est l'organisme*, la philosophie de Schopenhauer ajoutait simplement : *l'individu, c'est la volonté objectivée en organisme*. Mais l'organisme est *l'unique* représentation individuelle de la volonté.

Pour Schopenhauer, comme pour le physiologiste matérialiste, cette représentation unique, l'organisme, renferme en elle toutes les manifestations de l'activité individuelle, lesquelles tiennent étroitement dans les limites de temps et d'espace qui sont celles du corps. Elles naissent et disparaissent avec lui et ne sauraient dépasser la portée de ses capacités physiques ou sensorielles. Son psychisme est purement et simplement le produit de l'activité des centres nerveux. Sa conscience propre est fonction de cette activité. Tous les attributs de l'individu sont des attributs passagers et éphémères créés par l'objectivation de la volonté en un Etre organisé.

Cette conception de Schopenhauer était d'accord avec les connaissances biologiques de son temps. Elle ne l'est plus avec nos connaissances actuelles.

Les faits connus aujourd'hui démentent cette vue simpliste de l'individu. Les faits prouvent que *les manifestations de l'activité individuelle dépassent les limites et le cadre de l'organisme.*

Ils prouvent, en termes philosophiques, qu'il y a dans l'individu, des « représentations » du dynamo-psychisme créateur différentes de l'organisme même, représentations supérieures à l'organisme et qui le conditionnent au lieu d'être conditionnées par lui.

Tout se passe, en réalité, nous allons le démontrer, comme si le dynamo-psychisme essentiel s'objectivait, pour créer l'individu, non pas en une représentation unique, l'organisme, mais en une série de représentations hiérarchisées se conditionnant les unes les autres.

Nous avons vu, en physiologie, l'organisme étroitement et absolument conditionné par le dynamisme vital, dynamisme organisateur, directeur, centralisateur, capable de se séparer de l'organisme même, d'agir en dehors de lui, de le désagréger et de le reconstituer en formes nouvelles et distinctes. Nous pouvons et devons donc conclure que la représentation « organisme » est conditionnée par une représentation plus élevée, la représentation « *dynamisme vital* » (1).

La physiologie ne comporte pas, à elle seule, d'autre renseignement ni d'autres inductions.

Mais l'étude de l'individu psychologique nous a permis,

---

(1) Schopenhauer admettait l'existence d'une « force vitale » mais n'en faisait pas une objectivation distincte et supérieure.

par contre, d'arriver à des notions nouvelles et capitales.

Ces notions, en résumé, sont les suivantes :

L'apparence d'après laquelle la somme des consciences des neurones et le psychisme cérébral constituent toute l'individualité psychologique est fausse.

En réalité, comme l'organisme lui-même, le psychisme cérébral a son origine, ses fins, toutes ses conditions intimes de fonctionnement dans un dynamo-psychisme supérieur, en majeure partie subconscient. Il y a, nous l'avons démontré, dans l'individualité psychologique, un psychisme supérieur, indépendant du fonctionnement des centres nerveux, soustrait à toutes les contingences organiques, et ce psychisme supérieur forme le fond même de l'Etre, joue le rôle centralisateur et directeur de la synthèse psychique, relie tous les états de conscience dans le présent par son activité toujours immanente, quoique en majeure partie latente, et du présent au passé par sa cryptomnésie ; possède enfin les facultés dites supranormales.

Si nous voulons exprimer en termes philosophiques la nouvelle conception psycho-physiologique imposée par les faits, nous dirons : La représentation « *organisme* » loin de constituer tout l'individu, n'est que l'objectivation inférieure, la plus grossière, du dynamo-psychisme essentiel de cet individu. Au-dessus de la représentation « *organisme* » et la conditionnant, est une représentation supérieure « *le dynamisme vital* ». Au-dessus des représentations « *organisme* » et « *dynamisme vital* » et les conditionnant, est une troisième représentation, plus élevée et d'*ordre mental*.

Ces conceptions ne sont pas nouvelles. On sait que Pythagore et Aristote distinguaient du corps le dynamisme vital, qu'ils appelaient « Psyché » et de la Psyché le dynamo-psychisme mental qu'ils appelaient « Nous ».

De même les vitalistes, les spiritualistes de la vieille école et les animistes admettaient des catégories analogues. Mais la différence est grande, cependant, entre les idées anciennes et l'idée nouvelle. D'abord, l'idée nouvelle est *basée sur des faits*, démontrée par les faits. Elle repose, nous le verrons mieux encore dans la suite, sur le raisonnement : « tout se passe comme si les choses étaient ainsi. »

Puis, aussi, *l'idée nouvelle ne fait pas appel à des différenciations d'essence* entre le corps, le dynamisme vital, le dynamo-psychisme mental. Les uns et les autres, pour elle, sont simplement des représentations hiérarchisées d'un même principe essentiel. Leur différence est simple question d'évolution, d'activité, de réalisation.

Mais cela ne peut être bien compris avant d'avoir complété notre étude du moi. Réservons donc momentanément la suite de notre analyse des représentations et passons à l'examen du moi considéré comme *dynamo-psychisme essentiel*.

3° LE MOI CONSIDÉRÉ COMME DYNAMO-PSYCHISME ESSENTIEL

Le moi est-il distinct de ses représentations ? Qu'est le moi en dehors de ses représentations ? Jusqu'à présent, la réponse à ces questions était d'ordre purement métaphysique.

Consultons les faits et cherchons, dans cet examen seul, ce qu'il en est.

Vis-à-vis des faits, la question se pose ainsi :

Le moi est-il, comme l'enseigne la psychologie classique, la somme des états de conscience ou bien est-il séparable, est-il concevable séparément des états de conscience ?

Nous verrons que la réponse n'est pas douteuse, que le moi ne se confond pas avec les états de conscience. Mais, pour le comprendre, un certain effort est nécessaire. Nous admettons, sans trop de difficulté, que le moi ne s'identifie pas avec le corps matériel, mais beaucoup plus malaisément qu'il ne s'identifie pas avec le « mental ». On se distingue moins aisément soi-même de la représentation mentale que de la représentation organique. Il faut modifier des habitudes intellectuelles invétérées et faire appel à toute la rigueur du raisonnement pour aller au-delà du « je pense, donc je suis » ; pour admettre : « je suis, même en dehors de mes pensées. *Elles me représentent*, mais mes représentations mentales ne sont pas tout moi ». Cependant, en se basant sur les faits, rien n'est plus certain. Le raisonnement est précis : si le moi n'était que la somme des états de conscience, on ne pourrait comprendre comment, ces états de conscience étant intacts, le moi, qui ne serait que leur synthèse, pourrait perdre ce qu'il a de plus important, d'essentiel, la notion de son unité et la possibilité de son contrôle sur la synthèse psychique. *Or c'est là précisément un fait banal que cette intégrité des états de conscience coexistant avec la disparition de l'unité synthétique et de la direction centralisatrice.*

La diminution ou la disparition du contrôle du moi est la base de toute la psychologie anormale, de toutes les anomalies psychologiques coexistant avec l'intégrité anatomo-physiologique des centres nerveux.

Qu'il s'agisse de névrose pure comme l'hystérie, de folie essentielle, d'hypnose, de dédoublement de la personnalité, de médiumnisme, toujours et avant tout on constate, comme phénomène primitif, la disparition du contrôle et de la direction centralisatrice du moi. Dans les troubles hystériformes, dans la folie essentielle, les états de conscience sont et restent longtemps intacts. Les facultés prises isolément ne sont pas atteintes ; la mémoire, l'imagination, le sentiment, etc., sont les mêmes ; mais la direction centrale a fait place à l'anarchie ou à la polyarchie.

Dans l'hypnose, le dédoublement de la personnalité, le médiumnisme, les facultés et connaissances, les états de conscience les plus variés, les processus mentaux conscients ou subconscients persistent intégralement. Mais là encore, la direction centrale habituelle du moi a disparu, pour faire place à une direction hétérogène. En un mot, *les états de conscience, les facultés, les capacités, les connaissances peuvent être dissociés, séparés de ce qu'il y a d'essentiel dans le moi : la conscience de son unité et de sa réalité.*

Donc, le moi est distinct des états constitutifs qui nous le représentent.

Le phénomène le plus typique au point de vue de notre démonstration, est celui *des altérations de la personnalité.*

Les modifications de la personnalité prouvent deux choses :

1° L'existence dans le « mental » de « groupements de strates », comme dit Jastrow (1), constituant autant de formations subconscientes.

2° L'existence d'une direction psychique, centralisatrice et directrice de ces groupements mentaux, puisque c'est précisément la défaillance, la mise en défaut de cette direction centrale qui est la base et la condition *sine qua non* des altérations de la personnalité et de l'apparition d'états seconds. « Lorsque, dit Jastrow, le moi dominant abandonne une part quelque peu considérable de sa souveraineté, il peut se faire que des activités organisées s'émancipent... » On voit alors : « *le moi altéré entretenir des relations si particulières, si incomplètes, si détournées avec le moi normal que l'on est forcé d'admettre que l'esprit est dissocié. On voit encore l'autocratie psychique renversée faire place à un gouvernement affaibli exerçant son pouvoir sur un territoire réduit.* »

En résumé, le moi réel conditionne et dirige le dynamopsychisme mental.

Ce qu'il y a d'essentiel dans le moi ne peut donc pas être confondu avec les états de conscience subordonnés et secondaires.

Dans le mental comme dans l'organisme, il faut distinguer l'essence permanente et les « représentations » temporaires. Les états de conscience ne sont que des repré-

---

(1) JASTROW : « *La subconscience* » (c'est moi qui ai souligné).

sentations du moi. Mais le moi, parcelle individualisée du dynamo-psychisme universel, ne saurait se confondre avec ses représentations.

Du reste, cette assertion a, en sa faveur, une autre preuve encore : *Les faits démontrent qu'il y a, dans le moi, des capacités qui dépassent les limites des états de conscience et dominent toutes les représentations.*

L'intuition, le génie créateur dépassent largement le cadre des facultés intellectuelles.

Il n'y a, dans l'intuition et dans le génie, rien de ce qui caractérise les enchaînements de la logique. Ce sont là des facultés supérieures, tenant évidemment de l'essence divine du moi.

A plus forte raison, les facultés psychiques supranormales et spécialement la lucidité, indépendante de toutes les contingences, ne peuvent-elles se rattacher à l'intellect.

Ainsi, encore une fois, le moi, le moi essentiel, le moi réel, est distinct des états de conscience et des processus mentaux qui le représentent momentanément.

Soit, dira-t-on. Mais que faut-il entendre exactement par le moi réel, distinct des représentations ?

Est-ce l'essence créatrice, volonté, inconscient, dynamo-psychisme essentiel... peu importe le nom, mais essence créatrice *dépourvue en elle-même de toute individualisation*, n'acquérant cette individualisation que dans et par les représentations, et la perdant quand cessent les représentations ?

Est-ce une parcelle du dynamo-psychisme essentiel *gardant l'individualisation, le souvenir, la conscience de soi* en dehors même des représentations traversées par elle ?

Pour répondre à cette question, considérons la 2ᵉ partie de notre démonstration : le dynamo-psychisme essentiel passe, par l'évolution individuelle, de l'inconscient au conscient.

CHAPITRE II

LE DYNAMO-PSYCHISME ESSENTIEL PASSE, DANS L'EVOLUTION INDIVIDUELLE, DE L'INCONSCIENT AU CONSCIENT

Jusqu'à présent, notre démonstration est restée rigoureusement scientifique, basée totalement sur les faits ou des inductions étroitement tirées des faits. Dans la suite, tout en suivant la même méthode, nous serons amenés à laisser une marge un peu plus large à l'hypothèse... Mais que le lecteur veuille bien suspendre son jugement : tout se tient dans cet ouvrage. *Aucun des détails de ses enseignements ne doit être considéré isolément et en dehors de la synthèse d'ensemble. Cette synthèse est telle, nous le verrons plus loin, qu'elle s'impose en bloc, avec toute la force de la vérité.*

Pour Schopenhauer et pour de Hartmann, le conscient est inséparable des représentations. Entre le conscient d'une part, et la volonté ou l'inconscient d'autre part, existe, d'après eux, un abîme que rien ne peut combler. Il y a, entre l'un et l'autre, une différenciation essentielle.

Nous voulons démontrer, au contraire : 1° qu'il n'y a nul abîme entre l'inconscient et le conscient ; qu'ils s'interpénètrent perpétuellement dans l'individu ; qu'ils se conditionnent mutuellement. 2° Qu'il se fait un passage ininterrompu de l'inconscient au conscient ; que l'inconscient primitif tend de plus en plus, par une évolution indéfinie et ininterrompue, à devenir conscient.

1° LE CONSCIENT ET L'INCONSCIENT S'INTERPÉNÈTRENT ET SE CONDITIONNENT RÉCIPROQUEMENT

Considérons l'inconscient :

Dans l'étude analytique de ses éléments constitutifs, nous trouvons des éléments innés, que nous étudierons plus loin et des éléments acquis. Ces derniers ont d'abord été conscients ; puis du champ de la conscience ont passé dans le champ de la subconscience et sont devenus cryptomnésiques. Une part de la cryptomnésie subconsciente est faite ainsi d'anciennes acquisitions conscientes. Il y a donc un courant perpétuel du conscient à l'inconscient.

Considérons maintenant le conscient :

Dans l'étude analytique de ses éléments constitutifs, nous avons trouvé des éléments acquis, que nous connaissons bien, et des éléments innés, qui sont plus obscurs. Ces derniers sont d'abord subconscients, puis du champ de la subconscience, passent dans le champ de la conscience ; de cryptopsychiques, ils deviennent psychiques.

Le fonds même de l'être conscient, sa caractéristique essentielle sont faits des capacités subconscientes.

Le psychisme conscient est ainsi constitué en majeure partie par le subconscient même, qui le conditionne et le dirige. Il y a donc un courant perpétuel de l'inconscient au conscient.

En somme double influence réciproque et perpétuelle, de l'inconscient au conscient et du conscient à l'inconscient ; interpénétration totale.

Non seulement l'abîme infranchissable n'existe pas, mais les connexions sont absolument étroites et directes.

L'inconscient conditionnant le conscient perd, par cela même, en partie, son caractère d'inconscient. Il se comporte alors, non comme de l'inconscient, mais comme du *conscient cryptoïde,* tantôt actif, tantôt latent.

A son tour le conscient conditionne en partie l'inconscient, en reversant dans son sein la masse de ses acquisitions psychologiques. Enfin ces acquisitions, autrefois conscientes et devenues subconscientes, sont susceptibles, quand les conditions sont favorables, de réintégrer le domaine du conscient.

Que conclure de tout cela ? Simplement ceci :

Ce que nous appelons par expérience journalière « le conscient » n'est qu'une partie du conscient ; la partie accessible immédiatement, dans la limite de temps et d'espace considérée ; *mais une large part du conscient reste normalement latente.*

Ce que nous appelons par expérience journalière « l'inconscient » n'est qu'une part de l'inconscient, du vrai, de celui qui reste inaccessible et insondable. La majeure partie de l'inconscient arrive journellement à la conscience dont elle forme le fonds individuel et qu'elle dirige. Elle n'est même pas occulte ; elle garde simplement l'anonymat. Son activité est à la fois journalière, constante et cryptoïde.

Dès lors nous allons facilement compléter notre démonstration.

2° LE DYNAMO-PSYCHISME INCONSCIENT OU SUBCONSCIENT TEND A DEVENIR UN DYNAMO-PSYCHISME CONSCIENT

Cette proposition capitale peut être établie par l'examen rationnel du psychisme individuel.

L'analyse du subconscient supérieur nous permet de distinguer en lui deux grandes catégories de capacités et de connaissances.

A) *La première catégorie n'a pas d'analogie dans les capacités et connaissances conscientes :* elle comprend les facultés dites supranormales et créatrices et les connaissances que ces facultés sont susceptibles de procurer à l'Etre, indépendamment de ses moyens habituels de savoir et de connaître.

Cette catégorie, cette portion du moi reste forcément mystérieuse ; elle tient à l'essence même de l'inconscient. Elle lui fait participer à ce qu'il y a de divin dans l'univers et se dérobe encore à notre investigation rationnelle comme à une complète interprétation.

B) La seconde catégorie comprend les facultés et connaissances analogues, comme essence, aux facultés et connaissances conscientes et n'en différant que par la variété et l'étendue. Cette catégorie est plus facile à interpréter.

Nous constatons tout d'abord qu'elle est faite, pour une part, des expériences psychologiques acquises consciemment ou même à notre insu et passées intégralement dans la subconscience.

Tout se passe comme si la multitude des expériences journalières avait pour but ou pour résultat un enrichissement ininterrompu, pendant le cours de notre vie, de notre subconscient.

Aucun souvenir, aucune expérience psychologique ou vitale n'est perdue. L'organisme, dans le cours de la vie, subit d'immenses modifications et, sans doute, se renouvelle plusieurs fois, molécule par molécule. Les états de conscience se succèdent, tous plus ou moins différents les uns des autres. Une vie est faite en réalité d'une série de vies : vies de la première enfance, de l'enfance, de l'adolescence, de l'âge adulte et de la vieillesse ; vies distinctes, bien que réunies par un fonds commun.

Ces vies successives sont plus ou moins affectées par les oublis, en apparence définitifs, qui constituent, pour l'être, comme autant de petites morts.

Mais, à travers le renouvellement des molécules organiques et des états de conscience, persiste un *psychisme supérieur et profond, qui a enregistré tous ces états de conscience et qui les conserve d'une manière indélébile.*

Ils ne sont donc pas perdus, bien qu'ils restent en majeure partie latents.

Mais ce n'est pas tout : le psychisme subconscient, qui

s'enrichit ainsi, dans le cours de la vie, de tous les nouveaux états de conscience, ne fait pas que les enregistrer : *il se les assimile*.

Toutes les acquisitions conscientes sont assimilées et *transmuées en facultés*. Cela est bien visible dans le cours de l'existence. L'Etre « se développe », acquiert des facultés nouvelles ou plus marquées de sentir, de connaître, de savoir. Le progrès psychologique ne peut être que le résultat de cette *transmutation des connaissances en facultés*. Or, cette transmutation est subconsciente. Elle ne se passe pas dans les molécules cérébrales instables et éphémères ; elle nécessite une élaboration continue et profonde dans la partie permanente et essentielle de l'Etre, c'est-à-dire dans son dynamo-psychisme subconscient.

Ainsi donc, peu importent les désagrégations perpétuelles de la personnalité consciente. L'individualité subconsciente permanente conserve le souvenir indélébile de tous les états de conscience qui l'ont constituée. Elle tire de ces états de conscience, assimilés par elle, de nouvelles capacités.

Pendant le cours de la vie, le subconscient individuel a fait ainsi un pas nouveau vers le conscient.

Nous avons, dès lors, une base ferme d'où partir pour aller, plus haut et plus loin, à la découverte de la vérité.

La cryptopsychie n'est faite qu'en petite partie des expériences de la vie présente. La majeure partie est innée. D'où provient-elle donc ?

L'hypothèse explicative la plus « naturelle » et la plus raisonnable est celle qui sera basée sur les faits : Puisque la cryptopsychie et la cryptomnésie sont faites, en partie, des expériences journalières, passées dans la subconscience qu'elles enrichissent, il est légitime d'inférer qu'elles sont faites totalement d'expériences passées.

Puisque donc, on ne trouve, dans le cours de notre existence, l'origine que d'une partie seulement du trésor subconscient, on *est autorisé à chercher le complément de cette origine dans des expériences antérieures et à reculer, au-delà de l'existence actuelle, la cryptomnésie et la cryptopsychie de l'Etre.*

Evidemment, cette induction est formidable. A beaucoup de lecteurs, elle paraîtra de prime abord, sinon absurde, du moins hors de proportion avec les faits sur lesquels elle repose.

Seulement elle ne doit pas être considérée isolément. Elle doit être associée à l'ensemble des démonstrations précédentes.

Elle acquiert alors une force nouvelle. Il n'est pas difficile de comprendre comment le dynamo-psychisme essentiel, en s'objectivant dans de nouvelles représentations organiques, garde en lui la mémoire profonde des expériences réalisées dans les représentations antérieures.

Si, au lieu d'une seule existence, on embrasse des séries d'existences successives, on comprend immédiatement comment s'est faite l'acquisition de la conscience en partant de l'inconscient primitif.

Chacune des expériences, infiniment nombreuses et variées, s'est gravée dans le dynamisme essentiel de l'Etre et s'est traduite par un état de conscience : c'est-à-dire par un *souvenir* et par une *capacité*.

C'est ainsi que l'Etre passe, peu à peu, de l'inconscient au conscient.

L'induction palingénésique, d'ailleurs, ne se heurte à aucune objection d'ordre scientifique. C'est en vain qu'on s'efforcerait d'en trouver une seule dans la masse de nos connaissances.

Quant à l'oubli des existences antérieures, il est sans aucune importance pour la science moderne. Le souvenir ne joue qu'un rôle secondaire dans la psychologie normale ; l'oubli est toujours et partout. La majeure partie des souvenirs disparaît au cours de l'existence. La mémoire de la personnalité, mémoire cérébrale, est tout à fait débile, infidèle, défaillante. Elle est mise en défaut dans la vie régulière et normale ; elle l'est davantage encore dans les états anormaux par les « états seconds », soit spontanés, soit hypnotiques ou médiumniques.

Par contre, au-dessus de cette mémoire cérébrale, partielle, éphémère, existe la mémoire subconsciente, la mémoire de l'individualité vraie et totale, mémoire infaillible et indestructible comme elle.

C'est dans cette mémoire essentielle que restent, gravés à jamais, à la fois tous les événements de la vie actuelle et tous les souvenirs, toutes les acquisitions conscientes de l'immense série des vies antérieures.

A la lumière des deux propositions que nous venons d'établir, nous sommes à même de comprendre complètement l'évolution individuelle et de résoudre tous les problèmes naturalistes et philosophiques relatifs à l'individu.

Sans doute, au point de vue métaphysique, notre conception accorde nécessairement une large place encore à l'hypothèse, mais *au point de vue psychologique, elle ne laisse pas d'énigme qui ne soit éclaircie.*

CHAPITRE III

SYNTHESE DE L'INDIVIDU

1° Représentations primordiales et secondaires

La conception rationnelle de l'individu, conception en accord avec tous les faits, est la suivante :

Pour la genèse de l'individu, le dynamo-psychisme essentiel s'objective en représentations primordiales hiérarchisées et se conditionnant les unes les autres.

Les représentations primordiales sont, d'après nos connaissances actuelles :

Le mental,
Le dynamisme vital,
La substance organique unique (1).

Ces représentations primordiales se constituent elles-mêmes en représentations secondaires : le mental en états de conscience et pensées ; la substance unique en organes et cellules. Les représentations primordiales sont *des cadres qui restent les mêmes de la naissance à la mort du groupement individuel.*

Les représentations secondaires, au contraire sont en perpétuel état de renouvellement. Les cellules du complexus organique naissent, meurent, se succèdent avec une grande rapidité. Les états de conscience et les pensées se

---

(1) Les écoles dites occultistes qui, par des méthodes intuitives ou mystiques sont arrivées, chose curieuse, à des systématisations assez voisines, décrivent les diverses représentations primordiales comme pourvues chacune d'une apparence concrète, d'un substratum organique ou fluidique.

succèdent de même, s'associant, s'opposant, convergeant ou divergeant dans un chaos formidable, que seule ordonne et régularise la direction du moi.

Les derniers termes des représentations, cellules ou pensées ont, dans l'ensemble, leur autonomie, leur dynamisme propre, leur conscience ébauchée. Les cellules ou pensées sont des « tout », des dynamo-psychismes parcellaires, des monades (1).

Les hiérarchies qui se constatent entre les représentations principales existent aussi, dans leur cadre, pour les représentations secondaires. Il y a une hiérarchie des tissus et une hiérarchie des groupements mentaux. Enfin, dans les cadres des représentations primordiales, cadres fixes et immuables pour la durée du groupement vital, il y a, pour les représentations secondaires, possibilité de représentations différentes des représentations accoutumées. Ainsi les tissus et organes de la substance unique peuvent se constituer en représentations formelles nouvelles dans les matérialisations métapsychiques. Ainsi les représentations mentales peuvent se constituer en personnalités secondes dans le psychisme anormal.

Dès lors tout devient clair, soit dans la conception de l'individu, soit dans les particularités multiples de sa physiologie ou de sa psychologie.

Reprenons maintenant notre analyse de l'individu et de ses représentations. Etudions-les en détail.

2° Corps et dynamisme vital.

Le corps, objectivation inférieure, représentation idéoplastique du moi, ne joue plus le rôle primordial et essentiel que lui assignait la psycho-physiologie classique.

Les phénomènes connus de physiologie supranormale

---

(1) C'est ce que les expériences célèbres du docteur Carrel ont positivement démontré pour les cellules.

semblent établir que les diverses modalités anatomiques de l'organisme se ramènent à une représentation unique : *la substance primordiale*, qui n'est pas de la substance nerveuse, osseuse, musculaire, etc. mais qui est purement et simplement *la substance*.

Il y a là un champ d'études formidablement vaste. L'étude des modalités organiques devra être ainsi reprise sur un plan tout nouveau.

Cette substance organique est édifiée, développée, maintenue, réparée par le dynamisme vital, principe d'activité supérieure qui le conditionne.

Nous avons suffisamment démontré, dans l'étude de l'individualité physiologique, la réalité du dynamisme vital conçu comme indépendant du complexus organique et comme principe organisateur et directeur de ce complexus pour n'avoir pas à revenir sur cette démonstration.

Le dynamisme vital, d'autre part, a son existence propre, autonome, distincte de celle des principes dynamo-psychiques supérieurs de l'individu, *démontrée par ses limitations*, limitations dans l'espace et le temps, auxquelles échappent les principes supérieurs.

Sa puissance organisatrice, directrice, réparatrice ne dépasse, dans ses manifestations apparentes, ni la naissance ni la mort de l'organisme qu'elle conditionne. Elle leur est liée, du moins, de toute évidence, dans des limites étroites.

Dans l'édification de l'organisme, le dynamisme vital subit une double influence : *l'influence du dynamo-psychisme supérieur du moi et l'influence héréditaire liée à la substance même, soit : l'influence idéoplastique active de l'Etre et l'influence idéoplastique passive, l'empreinte idéale marquée dans la substance par les générateurs*.

Schopenhauer concevait déjà le processus de l'édification organique comme relevant réellement de l'idéoplastie active : « Les parties du corps doivent correspondre parfaitement aux principaux appétits par lesquels se manifeste la volonté ; elles doivent en être l'expression visible. Les dents, l'œsophage et le canal intestinal sont la faim objectivée ; de même, les parties génitales sont l'instinct sexuel objectivé ; les mains qui saisissent, les pieds rapides correspondent à l'exercice déjà moins immédiat de la volonté qu'ils représentent. De même que la forme humaine en général correspond à la volonté humaine en général, la forme individuelle du corps, très caractéristique et très expressive par conséquent, dans son ensemble et dans toutes ses parties, correspond à une modification individuelle de la volonté, à un caractère particulier. »

Ce que nous devons ajouter simplement à cette conception de l'idéoplastie active, c'est que l'objectivation du dynamo-psychisme essentiel n'est pas immédiatement et primitivement une objectivation dans la matière. Elle est d'abord mentale. Puis, l'objectivation mentale se transpose en objectivation dynamique et l'objectivation dynamique crée à son tour la représentation organique.

Quant à l'*idéoplastie passive*, l'empreinte idéale génératrice, c'est toute l'hérédité. Elle joue un rôle très important dans l'édification de l'organisme, parce que, au niveau évolutif actuel, la volonté directrice du moi n'est pas capable de modifier les grandes fonctions physiologiques. Le corps et le dynamisme vital forment, dans le groupement individuel, comme un « bloc inférieur », autonome, sur lequel le contrôle du « bloc supérieur » n'est que partiel et relatif.

L'influence de l'idéoplastie active n'en est pas moins capitale. C'est elle qui assure à l'organisme sa destination et sa fin et qui adapte la cérébration, chez l'homme, au rôle normal qu'elle devra remplir.

Dans la direction supérieure, l'action du dynamisme vital chez les êtres évolués et spécialement dans l'humanité, peut être déviée, faussée ou impuissante ; n'aboutir qu'à des formations avortées ou monstrueuses.

La formation embryonnaire de l'organisme, somme

toute, apparaît comme une « matérialisation » régulière et normale tandis que la matérialisation métapsychique n'est qu'une formation idéoplastique irrégulière et anormale.

L'édification de l'organisme peut se faire, d'ailleurs, normalement en dehors des conditions habituelles qui président à la génération des êtres les plus évolués. Dans la parthénogénèse, dans la reproduction par boutures, le groupement des monades organiques et dynamiques se fait sans la conjonction d'un spermatozoïde et d'un ovule. Ces faits, en apparence déconcertants, peuvent aisément se comprendre avec les notions nouvelles :

ils prouvent simplement que le conditionnement corporel et dynamique du groupement individuel ne réside pas exclusivement dans la fécondation (1).

Une fois constitué, le dynamisme vital représente comme un emmagasinement, une provision de forces, étroitement limité *dans sa durée* comme dans sa *puissance* :

Dans sa durée, car ses capacités de réparation organique diminuent avec la maturité et n'empêchent pas le corps de se désagréger peu à peu dans l'usure de la vieillesse.

Dans sa puissance, car une lésion organique trop grave surpasse, même avant le terme final, ses capacités réparatrices et amène la fin prématurée du groupement corporel.

Il est remarquable que la limitation du dynamisme vi-

---

(1) Il y a une singulière analogie, qu'il nous soit permis de le faire remarquer en passant, entre les reproductions par boutures et surtout par bourgeonnement, et les matérialisations métapsychiques. La matérialisation s'opère souvent, nous l'avons vu, par une sorte de bourgeonnement ou de prolongement dans la substance unique du médium, ce bourgeonnement s'épanouissant en un Etre ou un fragment d'Etre.

La différence réside dans la durée ; mais ce n'est là que question de modalité et de temps. Rien ne dit qu'on n'arrivera pas à séparer la matérialisation du médium, comme la bouture ou le bourgeon de la souche originelle, et à lui donner une existence séparée ! Impossible dira-t-on ! Non l'insensé serait celui qui, connaissant ce que nous savons, affirmerait l'impossibilité du fait.

tal soit plus marquée chez les êtres supérieurs que chez les êtres inférieurs. Il est d'ailleurs possible qu'il y ait moins, chez ces derniers, puissance plus forte que spécialisation moins étroite.

En tout cas, l'étude du dynamisme vital chez les êtres inférieurs, végétaux ou protozoaires, nécessitera une étude spéciale, à cause de ses différences de propriétés et d'action.

Ce qui paraît certain, c'est que, chez l'être évolué, l'action réparatrice du dynamisme vital est infiniment plus faible que chez l'être inférieur, à cause de la centralisation étroite qui détourne, au profit presque exclusif des éléments nobles de l'organisme, du système nerveux, l'activité majeure de ce dynamisme (1).

Elle est loin d'avoir cette puissance prodigieuse que l'on note chez certains invertébrés, et même chez les vertébrés inférieurs, et qui se manifeste jusque dans la régénération de membres ou même de viscères.

Telle qu'elle est, elle est certainement susceptible de merveilles insoupçonnées, et s'il est prématuré d'envisager une thérapeutique nouvelle, basée sur la connaissance approfondie du dynamisme vital, il est permis d'en prévoir la possibilité.

Le rôle et la fin du « bloc inférieur » corps et dynamisme vital, dans le groupement individuel, semblent être de *limiter l'activité du moi, de la spécialiser pour ainsi dire, de la déterminer dans un sens étroit.* Tout se passe comme si chaque existence terrestre, chaque objectivation organi-

---

(1) Il n'est pas absurde de penser que la diminution artificielle prolongée de la centralisation nerveuse, si elle était possible, par exemple par un état d'hypnose particulier à longue échéance, permettrait une puissance réparatrice et thérapeutique inattendue du dynamisme vital.

Cette puissance se manifeste d'ailleurs, par exception, dans des états anormaux, par exemple dans les guérisons dites miraculeuses

que ou, si l'on veut, chaque « incarnation » était, pour l'activité de l'Etre, une limitation dans le temps, dans l'espace et dans les moyens. Ce serait comme une contrainte à une tâche étroite et spécialisée, à un effort quasi exclusif dans une seule direction. Nette au point de vue physiologique, la limitation est plus nette encore au point de vue psychologique.

Cette limitation est la cause de l'impuissance des facultés supranormales. Elle est la cause de la difficulté des manifestations de l'inspiration supérieure, intuitive, créatrice ou géniale. Elle est la cause de l'oubli, pour l'Etre, pendant la vie organique, de *l'immense majorité des expériences acquises* en tant que souvenirs ; la cause enfin de l'ignorance de *sa situation réelle*.

En effet, l'organe cérébral est indispensable pour le fonctionnement psychologique dans ses rapports avec le monde extérieur. Or, cet organe n'est capable que *d'une activité restreinte et d'une capacité restreinte d'emmagasinement et de mémoire*. A mesure que les impressions passagères subies s'effacent, la mémoire de ces impressions tend à disparaître elle-même de la conscience normale.

Cela est très net dans le cours d'une seule existence. A plus forte raison, d'une existence à l'autre, le cerveau nouvellement acquis ne peut plus vibrer harmonieusement avec les impressions passées et celles-ci, dans la vie normale, n'arrivent pas, sauf rares exceptions, au seuil de la conscience.

Ces oublis ne sont qu'apparents, puisque les souvenirs restent, intégralement conservés, dans la mémoire essentielle de l'Etre. Leur résultat, dans les phases inférieures de l'évolution, est d'ailleurs heureux : *l'oubli nécessite des expériences multiples et dans des conditions toujours nouvelles.*

Il empêche, en outre, l'Etre d'être gêné ou détourné

dans sa voie. Il est, comme la mort elle-même, un facteur favorisant de l'évolution (1).

D'autre part, la non disponibilité habituelle des facultés propres à l'inconscient : instinct, intuition ou facultés supranormales *impose l'effort réfléchi constant* et favorise aussi l'évolution.

3° Les représentations mentales et le moi

Nous venons de considérer le *bloc inférieur* du groupement constitutif de l'individu : le corps et le dynamisme vital.

Considérons maintenant le *bloc supérieur*, le *dynamopsychisme mental et le moi*.

C'est en lui que réside tout ce qu'il y a d'essentiel dans l'Etre : les facultés innées, les dispositions intellectuelles et les capacités primordiales.

La monade centrale, le moi réel, est la source et le principe du génie créateur, de l'inspiration. Elle joue le rôle directeur et centralisateur dans la synthèse psychologique.

Elle assure la permanence individuelle, en dépit du perpétuel renouvellement des états de conscience dans une vie et des changements de personnalité d'une existence à l'autre.

Elle conserve la mémoire intégrale de toutes les acquisitions et se les assimile. Elle développe ainsi peu à peu, par cette assimilation, la conscience qui représente et synthétise toutes les réalisations.

En elle réside toute la conscience latente, faite d'un formidable passé d'innombrables expériences, d'innombrables acquisitions, d'innombrables réalisations.

Le mental que dirige le moi est fait des états de conscience non encore assimilés par lui, mais qu'il gouverne

---

(1) Voir la 3° partie.

et dont il se sert. Il y a là un groupement formidable de « dynamo-psychismes élémentaires », de monades intellectuelles, à un niveau élevé d'évolution et ayant un degré déjà marqué d'autonomie, d'activité propre, d'individualisation.

Ces éléments forment, dans la synthèse psychique, des groupements secondaires déterminés par l'affinité, des associations qui toutes visent à l'autonomie. Il y a ainsi, dans le psychisme, deux courants perpétuels : un courant divergent centrifuge et décentralisateur, une tendance à l'anarchie ou à la polyarchie et une tendance centripète, centralisatrice et dominatrice qui est celle du moi.

Le groupement général est lui-même déterminé par l'affinité. Ce sont les tendances, le niveau évolutif du moi et ses aspirations déterminées par l'évolution antérieure qui vont grouper les éléments psychiques dans la formation d'un nouvel être.

Pendant la durée du groupement corporel, il faut le répéter, car il s'agit là d'un fait primordial, le psychisme total est lié, pour ses manifestations dans ses rapports avec le monde extérieur, au psychisme cérébral et limité par lui. L'expression de la pensée et toutes les manifestations de l'activité mentale doivent emprunter le canal cérébral et ce canal, étroit et dirigé dans un sens donné, limite et détermine dans ce sens toute l'activité du moi.

L'association étroite du groupement implique donc une diminution de l'activité du moi ; tandis que la séparation d'avec le bloc inférieur en implique l'élargissement.

Le psychisme total est donc différent du psychisme de la vie normale, limité par les conditions cérébrales.

Il y a, dans cette conception, un point sur lequel il est nécessaire d'appeler spécialement l'attention, pour éviter de fausses et désastreuses interprétations ; c'est sur la subordination du psychisme cérébral au psychisme supérieur.

Elle ne doit absolument pas être comprise dans le sens qu'il y aurait dans l'Etre deux êtres distincts, différents d'essence et de destinée.

Pareille équivoque est malheureusement, jusqu'à présent, presque constante. Elle domine les systèmes de Schopenhauer et de de Hartmann.

« Consolons-nous, écrivait de Hartmann, d'avoir un esprit si pratique et si bas, si peu poétique et si peu religieux ; il y a, au fond de chacun de nous, un merveilleux inconscient qui rêve et qui prie pendant que nous travaillons à gagner notre vie. »

C'est dans la même erreur que tombent certains mystiques, qui enseignent gravement que les actes conscients, même les plus méritoires ou les plus coupables, n'ont que peu d'importance, parce qu'ils ne proviennent pas de l'Etre intérieur et n'ont pas de répercussion sur lui.

Cela est radicalement faux.

Le moi n'est pas double. Il est unique. Mais pendant la vie terrestre, les contingences cérébrales ne permettent que la manifestation restreinte et tronquée du psychisme total. Cette limitation dissimule à l'Etre, non seulement son essence métaphysique, *mais aussi la part la plus considérable de ses réalisations conscientielles.*

Quand, dans les états anormaux, la portion subconsciente et latente se manifeste plus ou moins nettement, elle crée l'illusion dualiste, précisément parce qu'elle apparaît toute différente du psychisme normal, étant en dehors et au-dessus de ses limitations temporaires.

Mais, conscient et subconscient constituent une seule et même individualité, dans laquelle les répercussions de l'un à l'autre sont corrélatives et perpétuelles.

Il est d'ailleurs très difficile, faute d'un critérium bien défini, de préciser quelles sont, dans l'Etre, les limites de l'apport du subconscient et dans quelle mesure cet apport est conditionné par les facteurs organiques et l'hérédité cérébrale.

Dans l'existence permanente et indestructible de l'individu, il y aurait, d'après les notions ci-dessus, des alternatives perpétuelles de « vie associée » et de « vie dissociée ».

Les phases de vie associée, de vie organique et matérielle comportent un *travail d'analyse*, de perfectionnements de détails, un acheminement à la conscience par des efforts restreints, efforts dirigés dans le sens spécial imposé par la présente objectivation ; efforts solidaires, par conséquent, des efforts des autres « monades » constitutives de l'organisme dynamique et matériel.

Les phases de vie dissociée comportent un travail de recueillement, d'assimilation profonde et intime, de *synthèse*.

Myers croyait en outre au développement spécial, pendant ces phases de « désincarnation », des facultés dites supranormales. Ces facultés, qui tiennent de l'essence divine de l'inconscient, doivent être, en réalité, immuables. Mais il est par contre fort possible que l'Etre apprenne, en dehors de ses existences terrestres, à se *servir de ces facultés supranormales, à les comprendre suffisamment pour les soumettre, peu à peu, à sa volonté.*

L'hypothèse est grandiose. Il appartient aux recherches futures, dans le domaine du métapsychisme, de l'étudier et peut-être de le confirmer.

Ce qu'on peut, dès maintenant, induire avec plus de certitude, c'est que l'Etre, dans ses phases de désincarnation, libéré des contingences cérébrales, peut et doit, lorsqu'il est arrivé à un niveau suffisant de conscience et de liberté (1), se connaître lui-même de mieux en mieux. Son passé lui serait accessible dans les seules limites de son évolution actuellement réalisée et il serait à même de préparer consciemment son avenir.

---

(1) Nous avons montré, dans « l'être subconscient » que la liberté et la conscience sont corrélatives l'une de l'autre.

4° INDUCTIONS MÉTAPHYSIQUES SUR L'ORIGINE ET LA FIN DE L'INDIVIDUALISATION

Ce paragraphe ne saurait avoir de prétention scientifique. Les hypothèses qui le constituent n'ont d'autre but que d'offrir matière à discussion.

L'ORIGINE DE L'INDIVIDU

A l'origine de l'évolution, dans la mesure où nous pouvons concevoir cette origine, il n'y a ni conscience, ni individualisation. C'est ce que Schopenhauer exprimait dans ces termes :

« Ainsi nous avons vu, au degré le plus bas, la volonté nous apparaître comme une poussée aveugle, comme un effort mystérieux et sourd, éloigné de toute conscience immédiate. C'est l'espèce la plus simple et la plus faible de ses objectivations. En tant que poussée aveugle et effort inconscient, elle se manifeste dans toute la nature inorganique, dans toutes les forces premières, dont c'est le rôle de la physique et de la chimie de chercher à connaître les lois, et dont chacune nous apparaît, dans des millions de phénomènes, tout à fait semblables et réguliers, ne portant aucune trace de caractère individuel. »

On peut admettre que *l'individualisation commence partout où apparaît, dans l'inconscient primitif, un rudiment de conscience.*

Ce rudiment de conscience est d'abord infime, inappréciable. Il existe cependant déjà, sans doute, dès que se manifeste dans l'univers, une ébauche d'organisation ; plus tôt, peut-être, que ne le croyait Schopenhauer.

Quoiqu'il en soit, dès que ce rudiment de conscience est acquis, il demeure indélébile, et ira, désormais, en s'accroissant sans cesse à l'infini.

Ainsi se constituent, de par l'accession rudimentaire à la

conscience, des *monades* individuelles. On peut conserver ce vieux mot de monade, en ne lui attribuant que le sens général d'individualité dynamo-psychique, parcelle du dynamo-psychisme universel créateur ; ayant, comme lui, toutes les potentialités de réalisation et le caractère de permanence divine.

La réalisation des monades, puis leur évolution, sont la résultante de l'effort continu du dynamo-psychisme inconscient dans sa tendance à la conscience, effort qui nécessite un travail immense d'analyses et de rapports.

De ce travail perpétuel d'analyses et de rapports résultent les groupements de monades qui constituent toute la représentation organisée de l'univers.

Il n'y a ainsi, dans l'universalité des choses, que des monades éternelles et des groupements temporaires de monades, des « représentations » éphémères.

Ce qu'on appelle la formation d'un Etre ne serait ainsi que l'association complexe, la formation d'un groupement.

Ce qu'on appelle la mort d'un Etre ne serait en réalité que la dissociation d'un groupement. Ce n'est pas l'anéantissement des monades constitutives qui vont, suivant les affinités déterminées par le passé, ou les nécessités requises pour l'évolution future, constituer un nouvel Etre par un nouveau groupement.

Ces monades ou individus sont toujours identiques en potentialité, mais non en réalisation. Grâce au rudiment de conscience acquise, la poussée évolutive devient de plus en plus accessible aux « rapports ». Les facteurs d'adaptation et de sélection commencent à jouer leur rôle. Ces facteurs imposent l'effort : effort d'abord purement réflexe, puis instinctif, puis réfléchi et l'effort amène forcément *l'inégalité*, inégalité de conscience, c'est-à-dire inégalité de réalisation.

Toutefois, les inégalités des parties évoluantes se trouvent largement restreintes et atténuées par leur *solidarité* originelle et essentielle.

Grâce à cette solidarité toute puissante, l'accession à la conscience ne saurait être purement individuelle : elle demeure fatalement collective, dans une très large mesure.

Ainsi, l'évolution des monades plus conscientes favorise l'évolution des monades moins conscientes ; mais de même le retard de ces dernières freine, pour ainsi dire, l'évolution des premières.

Cette solidarité, évidente dans toute la collectivité des êtres et dans tout l'univers, est surtout visible dans ces associations complexes qui constituent les colonies animales et surtout dans ces associations hiérarchisées qui constituent les êtres vivants et que nous avons déjà étudiées.

L'AVENIR DE L'INDIVIDU

Si maintenant, après avoir considéré l'évolution passée et présente, nous essayons de deviner ce que sera son avenir, nous sommes conduits naturellement à une induction capitale.

Les reversions du conscient dans l'inconscient éclairant de plus en plus ce dernier, il arrivera nécessairement un moment où il n'aura plus rien de mystérieux ni d'obscur.

A ce que nous appellerons le *sommet de l'évolution*, autant qu'on puisse concevoir ce sommet, la séparation apparente, la scission temporaire entre le conscient et le subconscient n'existera plus. Tout ce qui constitue l'Etre, comme capacités et comme connaissances, tout son formidable passé lui seront dès lors accessibles, intégralement, directement, régulièrement, normalement. De même les capacités supranormales seront soumises à la volonté consciente.

L'Etre subconscient aura disparu : il n'y aura plus que l'Etre conscient. Son essence métaphysique restera la même, mais aura acquis la connaissance d'elle-même et la connaissance du tout. Alors, mais alors seulement, le dynamo-psychisme essentiel méritera d'être appelé Volonté.

Si nous ne craignions pas de nous égarer par trop dans le domaine métaphysique, nous pourrions nous permettre une autre induction encore, mais induction qu'il faut se contenter de signaler discrètement et sous toutes réserves.

L'élargissement, infiniment vaste, de la conscience de l'Etre doit avoir pour résultat fatal de faire éclater, pour ainsi dire, les cadres factices et transitoires de l'individualisation.

Dès lors, les monades reviendront à l'unité originelle dont elles étaient sorties.

Mais cette unité, synthèse de toutes les consciences, les absorbera tout en les laissant, dans son sein, indélébiles et éternelles.

Arrivée à son summum, chaque conscience individuelle se sera « élargie » jusqu'à embrasser la conscience totale : elle sera devenue la conscience totale elle-même.

Le « sommet » de l'évolution pourrait donc être imaginé comme une sorte de « *nirvana conscient* ».

CHAPITRE IV

L'INTERPRÉTATION DE LA PSYCHOLOGIE D'APRÈS LES NOTIONS NOUVELLES

Il nous reste à adapter les notions précédentes à l'interprétation intégrale de la psychologie.

Nous allons trouver une preuve magnifique et concluante de leur véracité dans l'aisance et la limpidité de cette interprétation, faisant place à la lamentable impuissance de la psychologie classique.

Pour la psychologie classique, en effet, tous les états, tous les faits que nous allons envisager sont encore de purs mystères.

1° LA PSYCHOLOGIE DITE NORMALE

Supposons, chez un individu quelconque, la synthèse bien établie entre ses divers principes constitutifs. Ils sont liés par une affinité suffisante et il n'y a aucun sujet de désharmonie.

La centralisation est forte et l'homogénéité évidente.

La monade centrale, le moi, dirige le dynamo-psychisme mental et a le contrôle complet sur tous ses éléments. Par le dynamo-psychisme mental, il dirige le dynamisme vital et l'organisme, dans les limites seules que comporte son niveau évolutif, (on sait que le niveau actuel d'évolution humaine ne donne pas la connaissance du mécanisme vital ni la possibilité d'agir sur les grandes fonctions — le dynamisme vital gardant une large autonomie).

L'individu, ainsi constitué, est *bien équilibré*. Sa santé

psychique est parfaite. Mais en même temps, il se trouve *très limité* par les contingences organiques. La solidarité de son psychisme supérieur et de son psychisme cérébral étant absolue; toute l'activité du premier est bornée par l'étendue du second et restreinte à ses contingences.

Cet individu n'a pas, ne peut pas avoir conscience de ses capacités latentes ni de rien de ce qui concerne le psychisme supérieur. Chez lui, les produits de l'inspiration supérieure et du travail cérébral, étroitement amalgamés, forment un tout harmonieux. Sa psychologie est la *psychologie normale*, typique, marquée par l'équilibre des facultés et leur rendement régulier, mais aussi par leur étroite limitation.

Les êtres bien équilibrés peuvent être d'un niveau évolutif très variable. Il y a, parmi eux, beaucoup de médiocres, mais aussi des hommes fort intelligents.

Leurs productions intellectuelles sont régulières et sans à coup. Ils ne s'aperçoivent jamais du rendement subconscient, qui se confond étroitement chez eux avec le résultat du travail volontaire.

Ils ne connaissent guère l'intuition. Ils ne sont pas originaux. S'ils comprennent l'art, ils ne sont jamais des artistes, dans le beau sens du terme ; encore moins des inventeurs ni des créateurs. Ils n'ont jamais de vue géniale ni d'inspiration supérieure.

Les êtres bien équilibrés jouent un rôle scientifique ou social utile par leur pondération et la justesse de leur raisonnement à l'égard des contingences ; et en même temps nuisible par leur misonéisme et leur esprit de stabilité.

Leurs opinions sont généralement celles de leur milieu. Ils ne cherchent pas à innover et sont portés à accepter ce qui est idée régnante, celle-ci leur semblant établie comme juste par le seul fait qu'elle est régnante.

Ils sont réfractaires à la philosophie, ou bien se contentent d'une philosophie banale, terne, conforme aux idées établies. Ils ont une forte tendance au matérialisme ; car la fusion étroite des principes constitutifs et leur limitation par la matière ne leur permet pas de voir au delà de la matière. Ce qui, en eux, est au-dessus de cette limitation matérielle leur est tout à fait inconnu. Ils n'ont d'ailleurs guère de curiosité philosophique réelle. Pour eux, tout est relativement simple, parce qu'ils évitent d'aller au fond des choses.

2° Psychologie anormale

Supposons maintenant, au lieu de la synthèse harmonieuse bien établie et de l'amalgame parfait, hiérarchisé et fondu des divers principes constitutifs du moi, une synthèse instable, un manque d'union ou d'affinité entre les « cadres », une désharmonie : *toute la psychologie anormale en sera le résultat*.

Qu'il y ait rupture d'équilibre ou manque d'harmonie entre le corps et le dynamisme vital qui le dirige et le conditionne, nous avons là l'origine de toutes les manifestations hystériformes d'ordre physiologique.

Qu'il y ait rupture d'équilibre ou manque d'harmonie entre l'organisme et le dynamisme vital d'une part, et le dynamo-psychisme mental, d'autre part, nous avons là l'origine de toutes les manifestations hystériformes d'ordre psychologique.

Qu'il y ait déséquilibre entre le mental et le moi, nous avons là la source de toutes les manifestations de déséquilibre mental depuis la névrose simple jusqu'à la désintégration en personnalités multiples et jusqu'à la folie.

Théoriquement, le déséquilibre pourrait n'exister qu'entre deux des principes constitutifs du moi ; mais en réalité, il n'y a jamais de déséquilibre exclusivement partiel. Par suite de la solidarité essentielle du groupement individuel, toute cause de désharmonie entre deux « cadres » retentit sur tout le groupement. C'est pourquoi il n'y a pas de troubles hystérico-physiologiques sans troubles mentaux et pas de trouble dans le mental sans répercussions hystériformes.

La même cause productrice de la psychologie anormale, le manque d'équilibre parfait entre les principes constitutifs du groupement individuel, permet aussi la manifestation isolée de l'un ou l'autre de ces principes ; sa « sécession » ou même son « extériorisation ».

Elle a enfin un résultat heureux : celui de diminuer la limitation du psychisme supérieur.

Ainsi, *le même facteur est la source de la morbidité psychologique et des manifestations psychiques élevées ;* ouvre la porte à la fois au désordre mental et aux productions cryptopsychiques, cryptomnésiques, intuitives, géniales ou supranormales ; permet à l'Etre la vision, par éclairs, de son état réel et de sa destinée.

Ces notions générales acquises, nous pouvons entrer dans la voie des détails :

Nous considérerons successivement :
— Les états névropathiques ;
— La neurasthénie ;
— L'hystérie et l'hypnotisme ;
— La folie ;
— Les altérations de la personnalité ;
— Le travail intellectuel dans le psychisme subconscient supérieur et le génie.
— La cryptosychie et la cryptomnésie ;
— Le supranormal ;
— Le médiumnisme.

Tous ces états psychologiques anormaux ont des points de contact inévitables et des rapports réciproques, tant par leur nature originelle que par leur conditionnement. *Ils s'interpénètrent fréquemment.*

3° LES ÉTATS NÉVROPATHIQUES

A la base de tout état névropathique, il y a instabilité d'équilibre dans le groupement individuel, avec désordres relatifs partiels, fragmentaires, causes de toutes les manifestations de souffrance nerveuse.

Au contraire de ce que nous avons constaté dans l'Etre bien équilibré, nous voyons un manque d'homogénéité, d'affinité, de dépendance entre les divers principes constitutifs. La direction centralisatrice est imparfaite : il n'y a plus de fusion harmonieuse entre le moi et le mental, entre le mental et le dynamisme vital, entre ce dernier et l'organisme.

Cet état d'équilibre instable permet des décentralisations momentanées et partielles, sources de désordres mais aussi conditions d'une moindre limitation par l'organisme et de l'apparition, de la mise au jour possible de tout ce qui, dans l'Etre psychique normal, est cryptoïde ou occulte, comme facultés et comme connaissances. Mais cette mise au jour ne se manifeste jamais par un rendement régulier : La production intellectuelle se fait par à-coups. Elle nécessite une collaboration consciente-subconsciente dont nous connaissons les modalités et les difficultés.

Les êtres ainsi constitués, sont, comme les êtres bien équilibrés, d'un niveau évolutif très variable :

Il est parmi eux des médiocres, dont un grain d'originalité corrige cependant la monotonie psychologique.

Il est des névropathes inférieurs, qui traînent une existence morbide de demi-fous ou de demi-imbéciles, avec les tares physiques et mentales dites de dégénérescence.

Il y a enfin les névropathes supérieurs dont le talent ou le génie, de par sa nature originelle, est inséparable des mêmes tares.

Le névropathe supérieur souffre infiniment de ces tares : il a peine à bien conduire son groupement, à diriger son organisme et même son mental. Souvent ce mental lui échappe plus ou moins et il lui arrive, alors, de frôler le déséquilibre total ou la folie. En dehors des tares psychophysiologiques, le névropathe supérieur sent aussi obscurément la limitation imposée par les sens et le cerveau, et c'est là, pour lui, sans même qu'il l'analyse bien, sa plus grande souffrance.

Quelle peine, en effet, dans cette limitation : dans la perception intuitive des facultés supérieures réelles mais échappant néanmoins à la libre disposition ; dans le besoin de ramener à un travail analytique concret de vastes pensées abstraites ; dans l'effort pour exprimer par des mots ce qui se conçoit si bien sans les mots ; dans la nécessité, de soumettre à ce qu'il y a de plus inférieur, le mécanisme organique, ce qu'il y a de plus élevé, le moi conscient !

Guyau a magnifiquement fait ressortir ce point de vue :

« Nous souffrons, écrit-il, d'une sorte d'hypertrophie de l'intelligence. Tous ceux qui travaillent de la pensée, tous ceux qui méditent sur la vie et la mort, tous ceux qui philosophent finissent par éprouver cette souffrance. Et il en est de même des vrais *artistes*, qui passent leur vie à essayer la réalisation d'un idéal plus ou moins inaccessible. On est attiré à la fois de tous les côtés, par toutes les sciences, par tous les arts ; on voudrait se donner à tous ; on est forcé de se retenir, de se partager. Il faut sentir son cerveau avide attirer à lui la sève de tout l'organisme, être forcé de le dompter, se résigner à végéter au lieu de vivre ! On ne s'y résigne pas, on aime mieux s'abandonner à la flamme intérieure qui consume. La pensée affaiblit graduellement, exagère le système nerveux, rend femme : elle n'ôte pourtant rien à la volonté, qui reste virile, toujours tendue, inassouvie. De là des luttes longues, un malaise sans fin, une guerre de soi contre soi. Il faudrait choisir : avoir des muscles ou des nerfs, être homme ou femme : le penseur, l'artiste n'est ni l'un ni l'autre.

« Ah ! si, en une seule fois et d'un seul effort immense, nous pouvions arracher de nous-mêmes et mettre au jour le monde de pensées ou de sentiments que nous portons, comme on le ferait avec joie, avec volupté, dût notre organisme tout entier se briser dans ce déchirement d'une création ! Mais non, il faut se donner par petites fractions, se répandre goutte à goutte, subir toutes les interruptions de la vie. Peu à peu l'organisme s'épuise dans cette lutte de l'idée avec le corps, puis l'intelligence elle-même se trouble, pâlit, comme une lumière vivante et souffrante qui tremble à un vent toujours plus âpre, jusqu'à ce que l'esprit vaincu s'affaisse sur lui-même. »

La coexistence des troubles névropathiques ou même de la folie avec l'inspiration géniale ne prouve donc pas que cette dernière dérive de ceux-là. Elle prouve simplement que le déséquilibre dans le groupement individuel, condition première de ses manifestations décentralisatrices, est à la base du génie. De fait, la décentralisation psychologique est parfois poussée à tel point chez l'homme de génie, qu'il lui arrive de se comporter comme un visionnaire ; d'extérioriser ses inspirations, de les objectiver jusqu'à l'hallucination.

Un type de névropathe non moins curieux que l'homme de génie est le médium.

Ce qui caractérise essentiellement le type médium, c'est *l'excessive tendance à la décentralisation* dans son groupement individuel. C'est grâce à cette tendance que les phénomènes d'extériorisation ou d'action isolée des éléments constitutifs, la mise en jeu des réserves cryptoïdes et l'irruption du supranormal sont possibles.

La tendance décentralisatrice est l'origine des tares névropathiques habituelles ; mais de plus elle soustrait d'une manière anormale, plus forte que chez les autres névropathes, le groupement individuel à l'action directrice du moi. Le médium *n'est pas maître chez lui* : de là, au point de vue psychologique, une triple caractéristique :

— Il présente une grande impressionnabilité ;
— Il est très suggestible ;
— Il offre une instabilité extrême d'humeur et d'idées.

Cette caractéristique se retrouve, plus ou moins, chez tous les médiums, quelle que soit leur valeur intellectuelle.

L'instabilité psychologique des médiums n'empêche d'ailleurs ni la volonté d'être forte ni l'esprit de suite d'être remarquable, chez les médiums supérieurs du moins, *mais l'un et l'autre ne sont tels que lorsqu'ils s'appuient sur une suggestion ou une auto-suggestion.*

En dehors de ces circonstances, d'étranges défaillances peuvent se manifester : les opinions du médium sont instables, éminemment accessibles aux influences ambiantes, quand il n'est pas sur ses gardes. On le voit, d'un jour à l'autre, de la meilleure foi du monde et avec une ardeur toujours nouvelle, soutenir des idées diamétralement opposées. Il lui arrive, d'ailleurs, dans un court espace de temps, de passer par des alternatives extrêmes dans l'expression de sentiments contradictoires.

L'impuissance régulatrice du moi sur le mental se manifeste par une grande tendance aux disjonctions dans ce dernier. Ces disjonctions aboutissent parfois à la formation de personnalités secondes, suivant un processus que nous étudierons plus loin ; plus fréquemment à des ébauches de dédoublement, grâce auxquelles le médium apparaît essentiellement complexe, difficile à juger, capable des actes et pensées les plus divers et les plus contradictoires.

Dans la vie de tous les jours, on observe constamment la prédominance brusque et dominatrice d'une idée, d'une impression, d'un sentiment. Aussitôt, toutes les forces psychologiques, échappant au contrôle du moi, se groupent autour de l'idée usurpatrice et lui donnent une force inattendue.

C'est pour cette raison que les médiums font de très bons comédiens.

Cette toute puissance d'une idée peut avoir des résultats féconds ; mais en général, la pseudo centralisation autour de l'idée dure peu. Une idée nouvelle prend la place de l'idée usurpatrice et détermine un nouveau groupement et une nouvelle impulsion. A la merci de l'impression du moment, le médium est en proie au déclanchement subit, disproportionné, des forces psychiques dans le sens donné par l'impression. Il échappe alors à toute influence extérieure comme à tout raisonnement. Dans ces moments, une contradiction extérieure n'est jamais accueillie.

La concentration des forces psychologiques autour d'idées incessamment renouvelées et immédiatement renforcées par cette concentration fait que les médiums, quand ils sont intellectuellement supérieurs, font de brillants causeurs et des improvisateurs hors ligne ; mais le fonds même de leurs productions intellectuelles est extrêmement variable : il varie de l'inspiration supérieure à la fluence banale, véritable incontinence de la pensée.

De même que les tares névropathiques des hommes de génie n'expliquent pas le génie, de même les caractères ou défauts psychologiques des médiums n'expliquent pas le médiumnisme. Elles en sont, simplement, l'accompagnement inévitable.

4° LA NEURASTHÉNIE

Il peut sembler bizarre de faire de la neurasthénie un état relevant du déséquilibre dans le groupement individuel.

Rien n'est plus vrai cependant.

La neurasthénie est essentiellement due à un rapport défectueux entre le dynamisme vital et l'organisme.

Le trouble ne saurait exister sans une prédisposition congénitale ; mais il est généralement déclanché par une cause quelconque, une infection ou intoxication légère, un défaut de sécrétion glandulaire, une petite tare organique, un élément réflexe. Quelle que soit « l'épine » causale, il n'y a aucune proportion entre les symptômes et l'élément originel.

La défectuosité d'action du dynamisme vital se traduit, avant tout, par une impression de fatigue. Les fonctions vitales, l'usage régulier des organes, tout ce qui dans l'action physiologique, s'exécute généralement sans attention et sans peine, nécessite un effort douloureux chez le neurasthénique.

Le sommeil est troublé. Il y a toujours insomnie ou hypo-somnie n'interrompant pas complètement l'activité du cerveau. Aussi le sommeil n'est plus réparateur et le réveil est marqué par une grande fatigue. Dans le jour, le travail cérébral est lent, difficile, marqué par la difficulté d'associer les idées et de concentrer l'attention.

Le déséquilibre entre l'organisme et le dynamisme vital se répercute plus ou moins dans tout le groupement.

Ainsi, la neurasthénie n'est pas la conséquence de l'épuisement nerveux, qui est secondaire ; mais d'un trouble dans l'action du dynamisme vital sur le corps.

Pour guérir la neurasthénie, il ne s'agit pas de donner des « toniques ». Il faut, avant tout, régulariser les rapports de l'organisme avec le dynamisme vital, et en même temps supprimer le trouble organique causal.

Ce dernier point est actuellement accessible à la science médicale ; et en fait on améliore toujours la neurasthénie lorsqu'on arrive à connaître et à supprimer la cause originelle.

Le premier point, le plus important, la régulation du dynamisme vital dans ses rapports avec l'organisme, devra être étudiée et découvert en se basant sur les notions nouvelles et la connaissance précise de ce dynamisme vital. On devra essayer probablement les agents physiques dont le dynamisme est si puissant. Déjà, l'héliothérapie, la vie au grand air, jouent un rôle appréciable. Il y a là tout un vaste champ d'explorations.

La médiumnité curative mérite d'être sérieusement étudiée. Certains sujets semblent capables d'extérioriser partie de leur propre dynamisme vital pour renforcer le dynamisme vital défaillant de malades.

De là des cures surprenantes et qui dépassent même, peut-être, le cadre des maladies nerveuses.

5° L'Hystérie

L'hystérie est conditionnée par la désharmonie entre les principes constitutifs du groupement individuel et l'absence de subordination à la direction centrale du moi.

Au *point de vue physique et physiologique*, la désharmonie, l'absence d'affinité et de concordance entre les organes et le dynamisme vital expliquent toutes les tares polymorphes, toutes les localisations morbides : anesthésies, hyperesthésies, contractures, paralysies, troubles trophiques.

Les manifestations de la névrose seront instables et changeantes, précisément parce qu'elles ne sont pas des manifestations organiques mais des produits de l'insuffisance régulatrice du dynamisme vital.

Au point de *vue psychologique*, la désharmonie entre le mental et le moi et l'impuissance directrice de ce dernier expliquent toutes les tares psychiques si connues et si banales. L'hystérique est généralement un névropathe inférieur, incapable de s'acquitter de sa tâche : c'est un mécanicien qui ne sait pas conduire sa machine.

La suggestibilité, le pythiatisme, sont corollaires de la débilité de la direction du moi. *Ils ne sont pas la cause mais la conséquence de l'état hystérique.*

6° La Folie

Faisons un pas de plus : supposons un déséquilibre non plus relatif, mais absolu ou à peu près absolu ; un manque de direction non plus incomplet, mais total, ou à peu près total : nous avons *la folie*.

La folie c'est, avant tout, l'anarchie des éléments mentaux, sur lesquels le moi n'a plus d'action ; pas même le contrôle limité, caduc et intermittent qu'il garde encore dans l'hystérie.

L'anarchie mentale, par suppression du contrôle du moi, étant établie, que va-t-il se passer ?

Les fonctions psychiques, les facultés, les connaissances sont intactes, mais privées de direction. Elles peuvent n'accuser que de l'incohérence ; mais plus souvent la prédominance d'une idée, d'un sentiment, d'un groupement psychique élémentaire s'établit tant bien que mal et tend à s'imposer. De là, les troubles monoïdéiques et les délires systématisés.

Le déséquilibre mental n'est pas isolé : il s'accompagne toujours d'un déséquilibre total du groupement individuel, par suite de la solidarité fondamentale des principes constitutifs. La folie peut d'ailleurs être ascendante ou descendante, provenir du mental ou y aboutir. Très souvent, on le sait, elle est déclanchée par un trouble d'origine physiologique : toxique, infectieux ou reflexe atteignant le cerveau. Dans ces cas elle se traduira fréquemment par la confusion mentale ou par des phénomènes d'excitation maniaque ou de dépression mélancolique, alternant parfois dans le délire circulaire. L'hérédité habituelle de la folie prouve l'importance du facteur physiologique dans sa genèse.

D'autres fois, elle est d'origine purement mentale : dans ces cas elle est souvent incomplète. Il persiste alors un certain degré de contrôle du moi, insuffisant pour éviter la tendance au délire et la systématisation anormale autour d'une idée prédominante, mais suffisant pour laisser une apparence de raison et permettre la continuation de la vie psychique.

Il y a tous les degrés dans la folie d'origine mentale ; toutes les transitions entre le détraquement ébauché et la démence complète. Il n'y a pas seulement des demi-fous » il y a des « quarts et des dixièmes de fous. »

Le contrôle du moi sur son mental, dans la phase évolutive actuelle de l'humanité, est établi sur des bases si fragiles, qu'il s'affirme rarement avec régularité. En ce sens il n'est pas d'homme qui échappe complètement au déséquilibre mental. La folie ébauchée est presque la règle, et la santé psychique parfaite l'exception.

Qu'elle soit d'origine organique ou d'origine mentale, la folie essentielle n'est pas à proprement parler une maladie du cerveau. Elle est simplement le contrôle insuffisant ou nul du moi sur son mental. Les groupes élémentaires de ce dernier sont intacts et restent longtemps intacts. Toutefois, si le contrôle supérieur ne se rétablit pas, la désorganisation prolongée se répercute sur la fonction cérébrale et finit par s'y traduire par des lésions dégénératrices.

7° L'Hypnotisme

L'hypnotisme et ses modalités sont d'une interprétation extrêmement simple.

Ses manifestations sont analogues à celles de l'hystérie, avec la différence qu'elles sont artificielles et généralement amplifiées.

L'hypnose exige un certain état de prédisposition à la décentralisation, comme le médiumnisme.

Elle se réalise par une rupture factice dans l'équilibre du groupement individuel.

La cause réelle et vraie, la condition primordiale, c'est la décentralisation du groupement individuel.

Tous les phénomènes habituels se comprennent alors immédiatement : l'automatisme, la suggestibilité, les modifications de la personnalité, la substitution à la direction centrale d'une direction usurpatrice intrinsèque ou extrinsèque, le monoïdéisme, etc...

Le psychisme cérébral, isolé, sera surtout remarquable par son automatisme et son extrême suggestibilité. Il constituera, dans ses manifestations, comme une sorte de *subconscience inférieure*, passive, incapable d'aller au-delà de l'acquis et de l'habitude.

Le psychisme extra-cérébral se manifestera par la cryptomnésie et la cryptopsychie, par sa complexité extrême, par son groupement en personnalités d'ordre très variable. Parfois enfin, il se révèlera par ses capacités supérieures et par des éclairs supranormaux dus à la décentralisation et par suite à la diminution relative et momentanée de la limitation organique : l'hypnotisme est comme une porte entrouverte sur la portion cryptoïde du moi.

Quel rôle est dévolu à la suggestion dans la genèse de l'hypnose ? Simplement celui d'un facteur fréquent, commode mais nullement indispensable. La suggestion, par elle-même, n'explique rien. Elle n'agit d'ailleurs que secondairement, par suite de la diminution ou de la suppression de la direction supérieure du moi sur le groupement individuel décentralisé. Elle peut agir, exceptionnellement, sur les éléments mentaux mais elle agit surtout, est-il besoin de le faire remarquer ? sur le psychisme cérébral.

L'état d'hypnose banal, celui qui est classique, est dû, avant tout, à la sécession du bloc inférieur (dynamisme vital et organisme) d'avec le bloc supérieur (mental et moi). Ce bloc inférieur agit ou comme un automate ou comme un esclave sous la suggestion du magnétiseur.

Automatisme et toute puissance de la suggestion se comprennent ainsi sans peine.

L'automatisme dans l'hypnose et le somnambulisme est remarquable par la perfection des actes accomplis.

Dans « l'être subconscient » j'avais expliqué cette perfection par le fait que toutes les forces vitales, groupées autour d'une seule idée, sans réflexion et sans distraction, lui donnent une grande puissance et une grande sûreté. Cela est vrai, sans doute, mais il y a autre chose ; il y a comme une singulière régression de l'humanité à l'animalité : Le bloc inférieur, privé de la direction consciente, semble recouvrer alors, pour un temps, la sûreté caractéristique de *l'instinct* animal.

8° Les altérations de la personnalité

Rien ne fait mieux ressortir la vérité de notre conception de l'individu que l'aisance avec laquelle elle va nous permettre de comprendre les altérations de la personnalité.

Ces manifestations ont été, jusqu'à présent, ou bien de pures énigmes, ou bien l'origine de pseudo-interprétations, les plus grossières ou les plus insensées, quand toutefois ces pseudo-interprétations n'aboutissaient pas simplement à un verbalisme imbécile, distinguant la subconscience de l'infraconscience, de la superconscience ou de la coconscience !

A la base du phénomène et comme cause originelle, on note la mise à l'écart de la direction centrale du moi :

Les personnalités factices sont dues à des manifestations isolées dans le groupement psychologique séparé du moi.

L'activité isolée du psychisme cérébral se traduira soit par l'automatisme, soit par des pseudo personnalités d'origine suggestive, pseudo personnalités banales, d'ordre inférieur, sans originalité.

L'activité isolée des éléments mentaux du psychisme extra cérébral sera la source de la multiplication des personnalités dans ses modalités élevées et complexes.

Le phénomène de dissociation mentale ébauchée, de tendance au dédoublement est fréquent dans la vie normale, par suite de la complexité du mental, de la prédominance alternative de certains groupements, parfois rivaux ou antagonistes et de l'impuissance relative du moi à les mettre d'accord.

Mais dans les états anormaux et chez certains prédisposés, le dédoublement de la personnalité acquiert une puissance inattendue.

Pour que de véritables personnalités multiples apparaissent, deux conditions essentielles doivent se présenter :

— D'abord la *faculté de décentralisation* et l'instabilité de la direction centrale, l'impuissance de « l'autocratisme » individuel.

— Puis le *défaut d'assimilation des éléments* mentaux par le moi.

Cette seconde condition est capitale. Sans ce défaut d'assimilation, il pourra y avoir décentralisation : il n'y aura pas apparition d'une « personnalité » digne de ce nom.

Nous avons vu que le moi garde en lui la notion intégrale des états de conscience et se les assimile. Si l'assimilation est imparfaite, les états de conscience conservent, avec leur autonomie, leur activité excentrique et centrifuge, avec tendance aux manifestations isolées et distinctes.

La genèse d'une personnalité seconde est alors facile à se représenter : Tout d'abord, il y a activité anormale, « bourgeonnement parasitaire » dans le mental. Un groupement mal assimilé se constituera autour d'une pensée particulièrement active, d'une émotion, d'une tendance, d'une impression, d'une suggestion ou d'une auto-suggestion. Ce groupement primaire, échappant en partie au contrôle directeur et centralisateur, attire autour de lui, par affinité, des éléments mentaux secondaires plus faibles.

Dès lors s'élaborera, dans les profondeurs du mental,

une lutte latente et sourde entre le moi et la personnalité parasitaire. Le plus souvent, cette dernière, vaincue, se désagrège et s'assimile au moi. Mais parfois, par suite de l'impuissance directrice de ce dernier, soit qu'il soit faible par son niveau évolutif, soit que son action se trouve gênée par un manque d'affinité originel ou acquis ou par la tendance congénitale du groupement à la décentralisation, la personnalité parasitaire prospère et se développe.

Elle groupe autour d'elle une part de plus en plus vaste des activités mentales, s'adjoint des éléments imaginatifs, se fortifie par un exercice journalier et bientôt, une rupture sera possible : une confédération nouvelle se sera formée dans le mental ; une secession d'avec le moi.

Dès lors, une lutte ouverte s'établira, avec résultats variables, retours de fortune, entre le moi et la ou les personnalités factices, pour la possession du pouvoir, pour l'intégrité ou les désagrégations partielles, pour la domination sur le champ psychologique.

Il n'est aucun cas connu de personnalités secondes qui ne soit explicable par ce processus.

On pourrait peut-être aller plus loin encore ; supposer un défaut d'assimilation des éléments mentaux par le moi, non seulement dans la période comprise depuis la naissance du groupement vital actuel, mais jusqu'en deçà de ce groupement, dans un groupement antérieur : dans cette hypothèse, qui aurait besoin d'être établie sur des faits, on reculerait encore, on élargirait formidablement la genèse possible des personnalités secondes.

Telle ou telle de ces personnalités secondes pourrait ainsi n'être que la « représentation » mal assimilée et restée autonome, du moi dans une vie précédente...

Parmi les personnalités secondes, une part toute spéciale doit être faite aux personnalités médiumniques. Par leur caractère d'autonomie, leur originalité, leur permanence, par leurs affirmations très spéciales aussi sur leur origine ;

enfin par les facultés supranormales dont elles font preuve parfois, elles doivent faire l'objet d'une étude séparée. Nous les considèrerons en dernier lieu.

9° Le travail intellectuel et ses modalités. Le génie

Le travail intellectuel ordinaire est dû essentiellement à une collaboration étroite du psychisme cérébral et du psychisme supérieur.

Pendant l'état de veille, chez l'homme normal, il y a fusion, union, homogénéité des deux psychismes, d'où productions régulières mais qualitativement limitées par les capacités cérébrales. Les facultés supérieures ne se manifestent guère que par les tendances innées, les capacités générales et le caractère de l'individu.

Pendant le repos du cerveau, l'activité psychique supérieure persiste, mais n'est guère perçue ou reste totalement latente. Son action se manifeste néanmoins dans le mécanisme si connu de l'élaboration subconsciente, qu'on attribuait à tort, nous l'avons vu, à l'automatisme du cerveau.

L'automatisme du cerveau n'apparaît que dans les rêves ordinaires, incohérents, futiles, d'ordre banal.

Les rêves logiques, cohérents ou géniaux sont dus à une répercussion accidentelle du psychisme supérieur, toujours actif bien qu'inaperçu, dans le psychisme cérébral.

A côté du rêve, se place la rêverie. La rêverie est due au relâchement de l'effort intellectuel et du contrôle précis du moi. Les idées se déroulent suivant des associations ou des affinités habituelles et le moi assiste à leur défilé comme à un spectacle. Il n'intervient guère, sinon de temps en temps pour écarter une idée pénible, orienter les idées dans le sens désiré ou lâcher la bride à des broderies imaginatives.

Le travail intellectuel, pour donner tout son rendement, pour assurer à la collaboration et la direction du psychisme supérieur extra cérébral toute son activité, nécessite une diminution, un relâchement de la centralisation du **groupement** individuel.

C'est pour cela que l'étendue de l'élaboration subconsciente et l'apparition de l'inspiration sont presque toujours associées aux états anormaux et névropathiques que conditionne cette décentralisation relative et momentanée.

Il semble par moments, que la limitation de l'Etre par la cérébration soit comme brisée : alors apparaissent les facultés supérieures, qui n'en resteront pas moins toujours gênées ou même déviées, par les alternatives d'effort, c'est-à-dire d'action centralisée, et de relâchement de la synthèse, seule capable de diminuer la limitation cérébrale.

La cryptopsychie et la cryptomnésie, incompréhensibles par le fait des facultés cérébrales, s'expliquent très aisément par le fait du psychisme subconscient supérieur. Non accessibles, directement, à la volonté et à la connaissance de l'Etre borné normalement par ses limitations cérébrales, elles n'en contribuent pas moins largement, quoique d'une façon occulte, à élargir le champ de son activité psychique, dont elles constituent la meilleure part.

L'innéité, les capacités non héréditaires, l'inspiration, le talent ou le génie, se manifestant en dehors du travail volontaire, s'expliquent par la nature essentielle du psychisme subconscient et par son rôle dans l'origine, le développement et le fonctionnement de l'Etre normal.

L'inspiration est le produit de l'activité, libérée et accrue par cette libération, du psychisme supérieur extra cérébral. Mais cette activité, par la même cause qui la libère, la décentralisation, ne se répercute dans la conscience normale que par éclairs, par intervalles ou par fragments, avec inconstance et irrégularité.

Ce qu'on appelle « travail inconscient » est d'ailleurs rarement inspiration pure. C'est le plus souvent, nous le répétons, le résultat d'une sorte de collaboration du psychisme dit conscient et du psychisme subconscient supérieur.

Le conscient élabore ou amorce le travail ; mais la limitation des capacités cérébrales ne lui permet pas, en dépit de tous les efforts, de le mener à bien. Alors, la collaboration avec le subconscient s'établit, d'une manière latente. Elle se poursuit même et surtout pendant le repos du cerveau ; car le subconscient est dégagé des contingences physiologiques de cet organe et au-dessus de ses limitations. Le caractère inaperçu de cette collaboration fait que leur résultat prend parfois l'apparence d'une révélation.

Le *génie* tient de l'essence même du moi son pouvoir créateur. Il est bon de remarquer que, *théoriquement*, le génie n'implique pas forcément, pour ses manifestations, une évolution mentale supérieure. Il peut apparaître par éclairs et il s'observe, en réalité, à tous les degrés de l'échelle évolutive. Mais, *pratiquement*, pour donner une création durable, le génie nécessite des connaissances étendues des rapports des choses entre elles, connaissances conscientes ou subconscientes qui impliquent une haute évolution antérieure. Il faut remarquer aussi que le génie n'implique pas la perfection. Le génie, dans ses diverses manifestations, scientifiques, philosophiques, artistiques, religieuses, etc... n'est pas à l'abri des désharmonies et des erreurs. Le contrôle réfléchi lui est indispensable, comme nous l'avons montré plus haut. C'est pour cela qu'un homme de génie ne peut rien apporter d'utile à l'humanité s'il n'est pas, en même temps, un homme hautement évolué.

10° Le Supranormal

Il en est de l'apparition du supranormal comme de celle de l'inspiration créatrice ou du génie : elle est conditionnée par un degré de décentralisation suffisant pour briser momentanément la limitation cérébrale de l'Etre.

De la profondeur de la conscience subliminale jailliront alors parfois, comme d'une fenêtre brusquement ouverte dans le cadre opaque de cette limitation, des éclairs éblouissants, quoique éphémères, de divination ; apparaîtront les capacités d'action mento-mentale, où se feront jour des pouvoirs supérieurs à la matière et dégagés des contingences de temps et d'espace.

Ces capacités lucides, ces pouvoirs en apparence illimités, n'ont en réalité rien de merveilleux ou, du moins, ils ne sont ni plus ni moins merveilleux que tous les phénomènes de la vie et de la pensée.

Entre le normal et le supranormal, il n'y a pas de ligne de démarcation, de frontière séparative ; l'un et l'autre relèvent des processus vitaux et leur seule différence vient de ce que le premier nous est familier, ce qui nous donne l'illusion de l'avoir compris ; tandis que le second tient son caractère occulte de ce qu'il était ignoré.

Le supranormal physiologique présente exactement le même mystère que le normal physiologique : la formation normale d'un organisme vivant n'est ni plus ni moins merveilleuse, ni plus ni moins compréhensible que la formation anormale du médiumnisme. C'est, nous le répétons, le même miracle idéoplastique qui forme, aux dépens du corps maternel, les mains, le visage, tous les tissus, l'organisme entier de l'enfant ; ou, aux dépens du corps du médium, les mains, le visage ou l'organisme entier d'une « matérialisation ».

Le supranormal psychologique lui-même n'est qu'une face, la face cachée, du conditionnement normal de l'Etre dont sa conscience apparente n'est que le reflet limité de sa conscience totale. Il y a le même mystère dans la création géniale et dans la lucidité, la même indépendance des contingences, le même reflet divin.

Dans l'ensemble des phénomènes de la vie, de la conscience, de l'évolution de l'Etre, *on ne comprend rien ou bien l'on comprend tout.* On ne comprend rien, si on veut ramener tout l'Etre à l'un de ses principes, surtout au plus grossier, l'organisme matériel ; on comprend tout lorsqu'on envisage le moi divin et permanent dans ses objectivations passagères et diverses.

En somme, il n'y a pas de supranormal ; comme il n'y a pas de miracles ! Le supranormal n'est que la manifestation inhabituelle, élargie par la décentralisation, du moi se révélant dans toutes ses capacités, même les plus supérieures et les plus latentes ; tandis que la vie psychique normale ne comporte que ses manifestations étroites, strictement rétrécies au champ matériel, aux représentations.

La connaissance du « supranormal » prouve simplement qu'il y a, dans le moi, des capacités supérieures inutilisées et inutilisables pendant l'objectivation terrestre, facultés d'action mento-mentale, facultés extra-sensorielles, facultés de divination synthétique et de clairvoyance, enfin facultés dominatrices sur la matière.

On peut admettre, avec Myers, que ces facultés supérieures, qui échappent entièrement à notre volonté pendant la vie terrestre, qui nous sont accessibles d'une manière relative et fragmentaire, à mesure que diminue dans la décentralisation anormale la limitation organique, nous sont accessibles d'une manière plus complète, après la rupture finale de cette limitation par la mort. De plus et surtout, il semble évident que ces facultés, en voie de culture, seront un jour pleinement soumises au moi. Leur usage régulier et normal marquera la vie supérieure, idéalement évoluée, *ou la conscience aura établi son triomphe complet sur l'inconscience originelle.* Alors, il n'y aura plus de « limitation » du moi par le groupement individuel qu'il dirige. Le moi connaîtra tout et pourra tout : Il aura vraiment réalisé ses potentialités diverses et infinies.

11° Le Médiumnisme

Le médiumnisme pose de grands problèmes ; mais ces

problèmes sont relativement simples si nous nous reportons aux notions précédentes :

Le mécanisme de l'action médiumnique peut se résumer ainsi : *décentralisation dans le groupement individuel du médium et manifestations isolées des portions décentralisées.*

Tantôt ces manifestations isolées s'exécutent dans le groupement même, intrinsèquement ; tantôt elles s'exécutent extrinsèquement, par une véritable extériorisation.

On voit quel champ immense est capable d'embrasser l'action médiumnique :

— Extériorisations motrices, sensorielles, dynamiques, intellectuelles ;

— Automatismes divers ;

— Manifestations d'ordre psychologique d'une immense variété ;

— Action isolée du psychisme cérébral ; disjonctions dans le mental avec personnifications de nature et de niveau variable ; manifestations pythiatiques ou suggestives ; manifestations cryptopsychiques, et cryptomnésiques ; manifestations dites supranormales.

Ainsi compris, le médiumnisme est un monde ; monde défiant toute exploration partielle et fragmentaire, se dérobant à toute vision de détail, mais se révélant, dans la majestueuse constitution complexe de l'Être, à la haute et claire vision d'ensemble.

Vouloir expliquer le médiumnisme par des séries d'hypothèses fragmentaires, adaptées seulement à quelques-uns de ses casiers, comme le font certains psychistes, est une entreprise insensée. Aucune des explications partielles ou de détail n'a, ne peut avoir la moindre valeur. On ne peut comprendre le médiumnisme, dans sa prodigieuse diversité, que par la connaissance de ce qu'est l'individu, de ce qu'est son groupement individuel, avec ses possibilités de dissociation relative et momentanée ; par la notion surtout de son essence métaphysique, du dynamo-psychisme créateur objectivé en lui.

Si l'on part de cette conception nouvelle du moi et dans ce cas seulement, il devient aisé de comprendre, dans son infinie diversité, l'action médiumnique.

Cependant, à propos du médiumnisme, il reste et restera toujours des questions sujettes à controverses, même si l'on part des notions précises, ci-dessus exposées, sur la constitution de l'Etre.

Parmi ces questions réservées, deux surtout prêtent à discussion : celle *des personnalités médiumniques* et celle *des enseignements donnés par ces personnalités.*

1. *Personnalités médiumniques.* — Dans toute manifestation d'ordre médiumnique, s'observe une tendance extrêmement marquée à la « personnification ». Les disjonctions mentales, les extériorisations, les phénomènes cryptomnésiques ou cryptopsychiques, les pouvoirs supérieurs sur la matière ne sont généralement pas incohérents ou anarchiques ; ils dénotent un but, ils révèlent une direction. Cette direction est celle d'une personnalité seconde, en apparence distincte du moi.

Souvent la personnalité médiumnique est insignifiante et éphémère.

De même que la menue monnaie du médiumnisme (phénomènes élémentaires d'extériorisation ou ébauches d'action mento-mentale ou de clairvoyance) sont choses courantes dans l'existence, même normale, des médiums, ainsi la tendance aux disjonctions mentales et aux personnifications autonomes apparaît comme un phénomène banal et sans intérêt.

Mais, dans l'atmosphère favorable créée par les séances spiritiques ou à la suite d'entraînement et d'exercice, ou spontanément parfois, les manifestations se précisent et s'accentuent, et la personnification directrice acquiert alors une puissance parfois extrêmement remarquable et digne de la plus grande attention.

Quelle est l'origine et la nature des personnalités médiumniques ? Dans les disjonctions ordinaires, les personnalités secondes, que nous avons vu apparaître par la décentralisation mentale, se comportent généralement comme des personnalités usurpatrices dans le moi. Elles semblent aspirer à remplacer l'autocratie légitime. *Elles déclarent être le vrai moi.* Dans le médiumnisme, leur allure est différente : elles déclarent *être étrangères au moi.* ; elles se donnent comme des entités distinctes : généralement, du moins de nos jours et en occident, comme les « esprits » des morts, et disent n'emprunter au médium que le dynamisme vital et les éléments organiques qui leur manquent pour agir sur le plan matériel.

Les preuves données par les personnalités médiumniques, à l'appui de leur dire, sont le plus souvent très vagues et ne résistent pas à l'examen ; mais parfois elles sont singulièrement nettes. Il s'agit du rappel de la caractéristique du défunt, de souvenirs personnels dans des détails ignorés et minutieux, de sa langue maternelle, de ses traits en cas de téléplastie, de sa signature, etc...

Que penser de cette affirmation ? Est-elle toujours fausse ? Le médiumnisme n'est-il que le domaine du mensonge et de l'illusion ? C'est ce que ne craignent pas d'affirmer nombre de psychistes. Ecoutons leur argumentation :

« Les personnalités médiumniques, disent-ils, peuvent parfaitement n'être, en dépit de leurs affirmations, que des personnalités secondes : Leur genèse, analogue à celle de ces dernières, débutant par une suggestion ou une auto-suggestion, consciente ou subconsciente, leur développement, leur enrichissement obéirait au même mécanisme.

« *Aucune des preuves d'autonomie* et d'indépendance ne saurait être formelle : la différence psychologique de facultés et connaissances avec celles du médium peut s'expliquer simplement par la complexité du mental et l'étendue de la cryptopsychie ; les contradictions d'idées, de caractère, de volonté, peuvent représenter simplement des tendances intimes refoulées par la vie journalière, et se faisant jour avec violence par la soupape du médiumnisme; le supranormal peut appartenir au subconscient médiumnique.

« *Aucune des preuves d'identité* ne saurait être pleinement convaincante : l'origine de toutes les connaissances, même les plus inattendues et les plus secrètes, même celle d'une langue ignorée du médium peut être dans la cryptomnésie, l'action mento-mentale ou la clairvoyance.

« Les preuves nouvelles inventées par les chercheurs anglo-américains (correspondances croisées, communications de la même entité à divers médiums isolés et sans rapports) sont évidemment, au premier abord, déconcertantes et redoutables à notre thèse. Il est clair que des faits aussi précis et extraordinaires que ceux observés, par exemple, par Mme de W. (1), semblent indiquer une volonté directrice bien indépendante et autonome. Mais n'est-ce pas là encore une illusion ? Qui sait si la personnalité n'arrive pas à acquérir, par la culture médiumnique, en plus d'une grande autonomie, un dynamisme passager, au moins pendant la durée de l'expérience, dynamisme emprunté au médium même et lui permettant alors une action à distance sur des médiums différents ?... »

Tout est possible, en effet. Mais il ne faut jamais oublier, quand on raisonne sur le médiumnisme, de tenir compte de toutes les notions que nous avons établies sur la nature et la constitution individuelle. Ces notions qui, acceptées intégralement, nous ont permis de sortir de l'abîme obscur, du chaos de la psycho-physiologie classique, de compren-

---

(1) « Annales des sciences psychiques » : *Contribution à l'étude des correspondances croisées.*

dre enfin le sens et la nature de l'Etre et de l'Univers, *permettent en outre d'affirmer la survivance du moi et son éternelle évolution de l'Inconscient au Conscient.*

Que le moi préexiste et survive au groupement qu'il dirige pendant la durée d'une vie terrestre ; qu'il survive spécialement à l'organisme, son objectivation inférieure pendant cette vie, cela ne saurait faire de doute ; cela doit au moins être admis, *sinon comme une certitude mathématique, du moins comme le résultat d'un calcul de forte probabilité.*

La manifestation, sur le plan matériel, à l'aide d'éléments dynamiques et organiques empruntés au médium, d'un « esprit désincarné » apparaît dès lors comme une indéniable possibilité.

En présence donc d'un fait d'apparence spiritique, une seule attitude s'impose au psychiste instruit : *celle de prendre pour guide le bon sens.* C'est au bon sens, au sain jugement, d'apprécier les affirmations du communicateur.

C'est au nom du bon sens, que les psychistes anglo-américains, au courant de toutes les subtilités déconcertantes des interprétations du médiumnisme intellectuel, ont fini, de guerre lasse, et avec un ensemble impressionnant, par accepter les affirmations catégoriques et répétées des communicateurs.

Après Hodgson, parti d'un scepticisme absolu et déclarant, après 12 ans d'études, qu'il n'y avait plus place, dans son esprit, même pour la possibilité d'un doute sur la survivance et sur la réalité des communications entre vivants et morts ; Hyslop, Myers et récemment O. Lodge ont proclamé très haut la même conviction.

Je laisse au lecteur, désireux de se faire une opinion réfléchie, le soin de lire les publications de ces psychologues et d'apprécier la valeur de leur argumentation (1).

---

(1) Consulter surtout les « *Proceedings* » des sociétés anglo-américaines d'études psychiques et le livre récent d'Olivier Lodge: « *Raymond* ».

S'il m'était permis de donner une impression personnelle sur ce que j'ai observé dans le domaine du médiumnisme, je dirais : alors même qu'on ne saurait, *dans un cas donné*, affirmer la certitude scientifique d'une intervention spiritique, on se trouve obligé, bon gré mal gré, de reconnaître *en bloc*, la possibilité de cette intervention. Pour moi je considère comme probable l'action, dans le médiumnisme, d'entités intelligentes distinctes du médium. Je me base pour cela, non seulement sur les preuves prétendues d'identité données par les communicateurs, preuves sujettes à controverse ; mais sur la nature même des phénomènes élevés et complexes du médiumnisme. Ces phénomènes élevés et complexes démontrent, souvent, *une direction, une intention qu'on ne peut, sans induction arbitraire, rapporter au médium ou aux expérimentateurs*. Nous n'arrivons à en trouver l'origine ni dans la conscience normale du sujet, ni dans sa conscience somnambulique ni dans ses impressions, ses désirs ou ses craintes, directs ou indirects, suggérés ou volontaires. Nous ne pouvons ni provoquer les phénomènes, ni les modifier. Tout se passe réellement comme si l'intelligence directrice était indépendante et autonome. Ce n'est pas tout : Cette intelligence directrice, elle, semble souvent connaître, dans une mesure profonde, ce que nous ignorons ; savoir distinguer ce qui est essence des choses et représentations ; le savoir assez pour être capable de modifier les rapports régissant normalement les représentations, et cela, à son gré, dans l'espace et le temps. En un mot, les phénomènes élevés du médiumnisme paraissent indiquer, nécessiter, proclamer une direction, une connaissance, une puissance dépassant les facultés, mêmes subconscientes, des médiums.

Telle est du moins l'impression profonde que je garde de mes expériences comme du récit de certaines expériences d'autres métapsychistes. On comprendrait alors, si mon impression est juste, pourquoi certaines séries d'expériences célèbres, telles que celles de Crookes ou de Richet, semblent n'avoir eu qu'un but : apporter à des savants éminents une conviction inattendue, par les procédés susceptibles de les frapper davantage.

2. En ce qui concerne les « *enseignements* » donnés par les communicateurs, les difficultés d'appréciation ne sont pas moindres.

Ces enseignements sont de nature et de valeur trop variables pour servir de base à des convictions rationnelles.

Leurs contradictions, que M. Maxwell (1) s'est efforcé de faire ressortir, sont déconcertantes pour qui voudrait se baser uniquement sur elles. Mais ce qui n'est pas moins évident, c'est que ces contradictions sont *naturelles* et *inévitables*.

En effet, en tenant compte, toujours, des notions précédentes, on peut concevoir, à une communication médiumnique, deux origines :

A) La *communication peut provenir exclusivement du médium* :

Elle peut être due soit à l'automatisme cérébral, soit à une disjonction mentale et à une personnification factice, soit à une manifestation cryptomnésique ou cryptopsychique... On comprend alors combien sa valeur peut être variable. Le médiumnisme intellectuel sera tantôt la source de divinations ou de révélations merveilleuses, tantôt et plus souvent de banalités, de mensonges et d'erreurs. Il pourra révéler une inspiration supérieure ; il pourra aussi étaler une déconcertante et niaise incohérence. Il y a tous les degrés, toutes les catégories dans les produits de la disjonction du mental : seuls les ignorants pourront désormais s'en étonner et s'en émouvoir.

« Nous sommes dans notre corps, écrit poétiquement Maeterlinck (2), des prisonniers, profondément ensevelis avec lesquels il (le moi réel, l'hôte inconnu) ne communique

---

(1) Maxwell : « *Les phénomènes psychiques* ».
(2) Maeterlinck : « *L'hôte inconnu* ».

pas quand il veut. Il rode autour des murs, il crie, il avertit, il frappe à toutes les portes ; mais rien ne nous parvient qu'une inquiétude vague, un murmure indistinct que nous traduit parfois un geolier mal éveillé et d'ailleurs, comme nous, captif jusqu'à la mort... En d'autres termes, et pour parler sans métaphores, c'est le médium qui tire, de son langage habituel et de celui que lui suggère l'assistance, de quoi revêtir et identifier les pressentiments, les visions aux formes insolites qui sortent il ne sait d'où. »

Cet hôte inconnu, cet Etre subconscient, n'est pas en réalité un être homogène et un. Il faudrait plutôt l'appeler « le complexus subconscient », capable de se révéler à nous dans les formes et avec les attributs les plus divers.

L'*unité n'appartient qu'au moi réel*, distinct des processus mentaux autant que du revêtement organique, mais gardant en lui la totalité mnésique des représentations.

Pour que le moi, soustrait à la limitation organique, arrive à se révéler dans ses capacités supérieures, et dans l'immensité de ses acquisitions conscientielles latentes, il faut qu'il se rende suffisamment maître de son mental décentralisé.

Une pareille condition est rarement réalisée et c'est pourquoi, le plus souvent, les manifestations cryptopsychiques sont fragmentaires et déviées.

B) *Si la communication provient d'une intelligence distincte du médium*, elle ne pourra être elle-même, le plus souvent et dans une mesure très variable, que fragmentaire et faussée.

En passant par le canal médiumnique, elle sera forcément limitée par le mental et la cérébration du médium. Alors que l'inspiration subconsciente intrinsèque elle-même a déjà tant de peine à se répercuter intacte dans le cerveau, à plus forte raison une inspiration extrinsèque sera-t-elle bornée, diminuée ou déformée.

Ce n'est pas tout : par le seul fait de se communiquer, le communicateur subit un trouble psychique expressément noté par tous les chercheurs, spécialement par les Anglo-Américains. En empruntant la substance du médium, l'Etre se limite, comme il se limite, à la naissance, en se formant un corps avec la substance maternelle. Il subit, par le fait de la communication sur le plan matériel, une sorte de réincarnation relative et momentanée, accompagnée, dans une certaine mesure, comme la réincarnation normale, de l'oubli de sa situation réelle et de la mise en réserve de la majeure partie de ses acquisitions conscientielles.

Si l'on admet la manifestation spiritique, on est obligé de penser que, pendant le cours de sa manifestation par l'intermédiaire du médium, l'Etre se trouve irrésistiblement ramené aux conditions qui le caractérisaient de son vivant.

C'est pour ces raisons, en vertu de ces difficultés primordiales, que les communicateurs peuvent abonder en détails sur leur identité et si difficilement donner des notions précises sur leur situation réelle.

Ces notions, si elles étaient exactes, tendraient à établir l'existence d'un « au-delà » assez peu dissemblable de « l'en deçà ». La « représentation » que s'en ferait l'esprit désincarné rappellerait du moins, sur des « plans » plus subtils et rapportables à ce que nous avons vu de la constitution individuelle, la « représentation » que se fait le moi incarné du monde matériel.

Les renseignements relatifs à l'évolution, au passage de « l'inconscient au conscient » sont plus précis.

Si l'on ne tient compte, comme il est logique, que des messages portant la marque d'une inspiration élevée et d'une volonté supérieure, on voit s'évanouir la plupart des contradictions.

Toutes les communications élevées, toutes, sans exceptions, affirment la survivance de ce qu'il y a d'essentiel dans le moi, et l'évolution indéfinie vers plus de conscience et plus de perfection. Toutes placent l'idéal et la fin de l'humanité au-dessus de tous les dogmatismes. Toutes proclament une morale supérieure de bonté et de justice.

L'évolution progressive de l'inconscient au conscient, n'est pas toujours, cependant, rapportée à la palingénésie. La *pluralité des existences n'est jamais niée, dans les communications élevées, mais elle est souvent sous entendue.* Ainsi en est-il dans les admirables messages reçus par Stainton Moses (1).

Peu importe d'ailleurs. Il est évidemment prudent de ne tenir compte, dans la philosophie de l'évolution individuelle, que des faits et des inductions rationnelles.

C'est sur eux que doit reposer la souveraine beauté et l'éclatante vérité de l'évolution palingénésique. Il n'est nul besoin d'autre révélation.

---

(1) *Enseignements spiritualistes.*

DEUXIEME PARTIE

L'EVOLUTION UNIVERSELLE

CHAPITRE PREMIER

LE PASSAGE DE L'INCONSCIENT AU CONSCIENT DANS L'UNIVERS

1° L'univers conçu comme dynamo-psychisme essentiel et comme représentation

Nous pouvons maintenant, par une vaste induction, reporter à l'univers ce que nous savons de l'individu ; car ce qui est démontré pour l'individu, le microcosme, ne peut qu'être vraisemblable pour l'univers, le macrocosme.

De même que l'individu, l'univers doit être conçu comme représentation temporaire et comme dynamo-psychisme essentiel et réel.

De même que l'organisme de l'individu n'est qu'un produit idéoplastique de son dynamo-psychisme essentiel, de même l'univers n'apparaît que comme la formidable matérialisation de la potentialité créatrice.

Enfin, de même que l'individu, l'univers passe, par l'évolution, du fait des expériences acquises dans et par les représentations, de l'inconscient au conscient.

2° L'évolution, c'est l'acquisition de la conscience

Considérons l'évolution ainsi comprise :

Dans l'Etre, nous avons vu le dynamo-psychisme inconscient originel et créateur enrichi et éclairé, pour ainsi dire, par les acquisitions conscientes. Nous avons noté la tendance progressive et indéfinie à une union, une fusion harmonieuse de l'inconscient et du conscient et nous avons pu induire que la multiplicité des expériences évolutives, intégralement conservées et transmuées en même temps en capacités nouvelles, avait pour résultat *la réalisation de plus en plus vaste de la conscience et sa résorption en elle de l'inconscience primitive.*

Dans l'univers évoluant, il est évidemment de même. D'abord il représente comme un océan d'inconscience ; puis, de cet océan d'inconscience, émergent peu à peu des îlots ou des « icebergs » de conscience. Ces îlots sont d'abord infimes, rares et isolés ; les flots de l'inconscience les dominent et les recouvrent sans cesse. Mais la poussée évolutive continue : les îlots grandissent, se multiplient, se joignent. Ils forment des continents déjà vastes et élevés, dont le sommet rayonne dans la conscience. Mais leur base et leur assise plongent toujours dans l'inconscience dont ils sont issus et dont ils partagent la nature.

Plus tard, dans les phases évolutives supérieures, le domaine de la conscience aura résorbé en lui, à son tour, l'océan primitif de l'inconscience dont il est sorti.

Que ces diverses propositions soient d'ordre philosophique, cela est indéniable ; mais elles ne sont pas métaphysiques, dans le sens propre du mot ; parce que leur base est scientifique et rationnelle.

Quand on dit : *l'évolution est le passage d'un dynamo-psychisme potentiel et inconscient à un dynamo-psychisme réalisé et conscient,* on ne fait pas de la métaphysique : on exprime simplement, dans un langage philosophique, une évidente vérité scientifique ; on tire, de constatations indéniables, un enseignement général d'ordre plus élevé.

3° Les lois évolutives, le problème de la finalité

Considérons l'évolution dans ses détails : nous verrons ce passage s'effectuer très simplement.

La poussée évolutive *primitive*, qui se manifeste par l'apparition des formes végétales et des formes animales inférieures, est *évidemment inconsciente.*

Les expériences de de Vries montrent en effet qu'elle est anarchique et désordonnée. Il y a comme une exubérance de vie manifestée dans tous les sens.

Mais les facteurs secondaires, surtout la sélection et l'adaptation, apparus en même temps que les formes elles-mêmes, jouent leur rôle. Ils ne font pas l'évolution, mais l'évolution se fait désormais conformément à leur influence.

Ces facteurs secondaires font disparaître ou prospérer les formes apparues. Ils aident, en le régularisant, le processus évolutif.

A cette phase primitive en succède une seconde : dès qu'un rudiment de conscience est apparu, il joue un rôle. *La conscience acquise se reverse dans l'inconscient : elle le féconde et l'éclaire.*

Dès lors la poussée créatrice n'est plus anarchique : elle se régularise et se concentre peu à peu ; elle obéit, dans une certaine mesure, aux nécessités ambiantes pour faciliter l'adaptation.

Toutefois elle n'est nullement consciente encore : l'apparition même des grandes espèces, le passage du poisson au batracien, du reptile à l'oiseau, de l'anthropopithèque à l'homme n'a pas été un passage délibérément voulu. Le poisson ne pouvait pas comprendre que la forme batracien est une forme relativement supérieure ; le reptile n'a pas désiré consciemment acquérir des ailes et devenir oiseau ; l'anthropopithèque n'a pas compris que l'espèce homme comporterait une somme plus élevée de réalisations psychiques.

Mais ces passages se sont faits comme sous l'influence obscure d'un besoin ; comme si la fonction, potentiellement antérieure à l'organe, avait conditionné l'organe qui allait apparaître ; *comme si, en un mot, l'évolution avait obéi à un instinct merveilleux.*

S'il y a encore, à cette phase évolutive, des tâtonnements et des erreurs, c'est parce que l'instinct n'est pas infaillible.

Dans la collectivité comme dans l'individu, l'instinct représente la première manifestation du subconscient. Dans la collectivité comme dans l'individu, le subconscient apparait comme *l'intermédiaire entre l'inconscient primitif et le conscient futur*.

Le subconscient n'est plus l'inconscient obscur et chaotique ; il est l'inconscient éclairé déjà par le reflet du conscient réalisé.

De l'inconscient, il tient toutes les potentialités ; du conscient il tient la connaissance générale acquise grâce aux « expériences » vitales et les aspirations réfléchies ou instinctives à la lumière.

Les reversions du conscient dans l'inconscient, que nous avons étudiées chez l'individu, dépassent largement les limites de l'individualité. Grâce à la solidarité essentielle du tout, le conscient acquis individuellement se reverse, en même temps que dans l'inconscient individuel, *dans tout l'inconscient collectif*.

Dès lors, l'évolution des espèces, même inférieures, se trouve guidée, dans une certaine mesure, par une influence supérieure et profonde qui les fait participer au progrès général réalisé.

On comprend ainsi l'apparition des principales espèces et des principaux instincts comme obéissant *à une sorte de finalité ; finalité non pas primitive mais acquise*.

A l'origine de ces principales espèces et de ces principaux instincts, *il y a comme un effort d'activité subconsciente « lucide » qui les crée dans une forme et une caractéristique données, avec leurs capacités et aussi leur limitation dans l'espace et dans le temps. Cet effort d'activité subconsciente lucide se trouve toujours, dans une large mesure, grâce à la finalité acquise, en concordance avec les nécessités de l'ambiance où doivent évoluer les nouvelles espèces*.

La création d'une espèce apparaît, en un mot, comme une réalisation géniale de l'inconscient évoluant vers le conscient.

Finalité acquise, telle est la clef de l'énigme transformiste.

L'évolution, dans son ensemble comme dans ses parties, révèle une finalité évidente, finalité dont la sélection, l'adaptation ni les autres facteurs classiques ne peuvent, nous l'avons vu, rendre compte suffisamment. Mais cette finalité évidente n'est sûrement pas une finalité préétablie, car alors le plan suivant lequel elle se révèle ne comporterait pas de tâtonnements ni d'erreurs.

Il s'agit d'une finalité acquise, *finalité relative, explicable par les reversions du conscient dans l'inconscient et simplement proportionnelle au niveau collectif de conscience atteint*.

La finalité acquise permet seule, par l'*adaptation idéale qu'elle comporte*, le jeu complet des facteurs classiques, sélection naturelle, influence ambiante, sélection sexuelle, ségrégation, isolement, migrations, etc. Seule elle explique comment les formes de vie les plus diverses apparaissent partout où la vie est possible, dans les eaux, sur terre ou dans les airs ; seule elle fait comprendre la variété infinie de ces formes de vie, et leur étroite spécialisation. Seule elle permet de comprendre comment l'apparition et le développement des organes nouveaux correspond avec précision à des besoins précis.

Seule aussi, elle explique comment le développement de ces organes va parfois au-delà du besoin et s'effectue en dehors même des adaptations, comme on le constate par exemple pour les caractères ornementaux.

La tendance à la conscience n'est pas, en effet, seulement la tendance à l'intelligence, *mais la tendance à tout ce qui constitue le psychisme conscient y compris le sens affectif et le sens esthétique*. L'instinct affectif et esthétique, réalisé chez les individus les plus évolués et reversé dans l'inconscient collectif se retrouve, comme l'instinct de perfectionnement organique, dans la finalité acquise et joue un rôle important.

Seule enfin la relativité de puissance de la finalité acquise fait comprendre les erreurs, les tâtonnements, les regressions.

Dans cette longue phase évolutive, l'inconscient pur n'est plus représenté que par l'automatisme des grandes fonctions vitales et surtout par ses potentialités infinies. Le subconscient prédomine :

Chez les invertébrés, il joue un rôle presque exclusif. Ces animaux agissent à peu près en dehors de tout raisonnement, et guidés surtout par leur instinct.

Chez les vertébrés, il y a déjà de larges « franges » d'intelligence. Ces franges ne sont pas, comme le voudrait Bergson, un « déchet » abandonné dans le passage de l'animal à l'homme : il n'y a pas de déchet dans l'évolution. Ces franges d'intelligence sont l'ébauche de la conscience.

Au fur et à mesure de l'accumulation des expériences vitales et psychologiques et de leur réversion dans le subconscient qu'elles illuminent progressivement, la conscience se développe.

Chez l'animal supérieur, cheval, chien, singe, éléphant, etc... la réalisation conscientielle a fait un immense progrès. Les facultés de logique et de raisonnement jouent déjà un rôle important.

En même temps, le rôle apparent de l'instinct diminue. Ses manifestations ne sont plus continues et dominatrices ; elles deviennent limitées et intermittentes. *La conscience tend, en effet, au fur et à mesure de sa réalisation, à briser les bornes où la tyrannie exclusive de l'instinct enfermait l'activité de l'être, et à se substituer à lui.* La prédominance des facultés de logique et de raisonnement sur l'instinct est indispensable pour l'évolution à la conscience ; tandis que l'usage exclusif de l'instinct ou simplement sa prédominance impliquent la stagnation du progrès intellectuel.

Le témoignage de l'insecte, que nous avons déjà eu l'occasion d'invoquer à un autre point de vue, va encore illustrer notre pensée ; il prouve que le progrès organique et la complexité corporelle ne sont pas étroitement associés au progrès mental. L'insecte est très évolué physiquement et très en retard au point de vue conscientiel. La prédominance exclusive de l'instinct a freiné chez lui l'accession à la conscience. Il y a donc eu là, de la part de la nature, comme un aiguillage sur une fausse voie.

Il faut, il est indispensable que l'instinct, sûr mais borné, fasse place à la raison hésitante et faillible, mais infinie du moins dans ses capacités de développement.

Il est indispensable, de plus, que l'instinct évolue en se transformant, fécondé par l'acquisition conscientielle. C'est ce qui s'est produit dans le passage de l'animalité à l'humanité.

Chez l'homme, en effet, l'instinct se dédouble. Il reste en lui un instinct animal, physiologique, qui joue un rôle de moins en moins important. Puis et surtout, il y a un instinct supérieur, qui n'est autre que l'*intuition*.

L'intuition, c'est l'instinct rénové, idéalisé, transmué.

Dès qu'il est apparu, le conscient a joué un rôle considérable. Conditionné par le subconscient, il le conditionne à son tour. Il reçoit de lui ses principales capacités et il reporte en lui ses nouvelles acquisitions, en lui laissant le soin de les conserver et de les transmuer en capacités nouvelles.

Mais le conscient est encore très limité, par les conditions mêmes de l'organisation cérébrale, instrument de l'activité psychique sur le plan physique. Il ne peut utiliser qu'en partie les potentialités inconscientes. Il ne peut surtout rien savoir ou à peu près, des réserves cryptomnésiques. *Il ne se connaît pas lui-même.*

Le résultat de cette limitation et de cette ignorance est de favoriser l'évolution en imposant des efforts multiples et dans tous les sens, en provoquant de nouvelles et multiples expériences ; tandis que la connaissance de l'état réel et les souvenirs passés seraient, dans la phase évolutive actuelle, pour l'Etre pensant, une gêne et un frein ; de

Dr GUSTAVE GELEY.

même que l'usage régulier des hautes capacités subconscientes limiterait l'effort.

Mais cette limitation, cette ignorance ne seront que passagères : toute l'évolution reste gravée dans les parties comme dans le tout.

L'interpénétration, de plus en plus marquée, du subconscient et du conscient amènera nécessairement, dans les phases évolutives supérieures, *une fusion parfaite*. La mémoire complète du passé évolutif, la libre disposition des capacités originelles et acquises, la connaissance étendue de l'univers et la solution des plus haut problèmes métaphysiques deviendront choses régulières et normales. « *L'Inconscient* » sera devenu le « *Conscient* ».

Si nous voulons contempler, d'un coup d'œil, le spectacle de l'évolution tel qu'il s'offre à nous à la lumière des notions nouvelles, nous verrons la *réalisation organique* s'effectuer, suivant la comparaison classique, dans un immense arbre de vie et non pas, comme le voudrait Bergson, dans un feu d'artifice à fusées divergentes.

Les branches diverses, principales et secondaires, représentent les divers groupes de vie végétale et de vie animale, toutes émanées du tronc commun.

Pour la *réalisation conscientielle*, elle s'effectue de l'inconscience complète à la complète connaissance, par des séries de lignes brisées qui, parties de la base, convergent vers le sommet commun.

Ces lignes brisées représentent le va-et-vient perpétuel de la vie à la mort et de la mort à la vie de ce qu'il y a « d'essentiel » dans les éléments psychologiques individualisés dans le moi. La formule palingénésique fait comprendre le retour, par la mort, à la sève centrale et la répartition par la vie, de la monade individualisée à la place qui lui revient, *d'après le degré de plus en plus élevé de sa réalisation conscientielle*.

La série infinie des lignes brisées va ainsi, directement et théoriquement, de l'inconscient primitif au conscient.

Comment se feront, après la forme humaine, qui représente aujourd'hui le sommet atteint sur l'échelle évolutive, les futures réalisations conscientielles ?

Seront-elles corrélatives à une complexité nouvelle de l'organisation physique actuelle ? Nécessiteront-elles des formes nouvelles et plus parfaites ?

Le « surhomme » gardera-t-il l'apparence humaine actuelle ?

A une pareille question, il est impossible de répondre.

On trouve autant d'arguments pour que contre.

Le fait qu'on n'observe pas d'ébauche d'une organisation future ne signifie rien, si la théorie des mutations est vraie. Il peut y avoir, dans notre subconscient, dans le subconscient universel, préparation latente, *élaboration obscure et lente d'une forme nouvelle, qui se réalisera brusquement, quand les conditions seront favorables*.

Cette forme nouvelle serait conforme à toutes nos aspirations conscientes, reversées dans le subconscient.

Elle apparaîtrait avec un organisme moins grossier, moins assujetti aux nécessités matérielles, plus libre vis-à-vis du temps et de l'espace, reflétant enfin notre idéal d'intelligence, d'équilibre, de jeunesse, de force, de santé; de liberté, de beauté et d'amour.

Cette forme de vie et de conscience dominerait la matière au lieu de subir, comme aujourd'hui, son douloureux esclavage.

Mais une organisation plus subtile que l'organisation humaine est-elle compatible avec les nécessités du milieu ambiant terrestre ?

Se réalisera-t-elle seulement dans d'autres mondes ?

Est-elle déjà réalisée ailleurs ?

Autant de problèmes actuellement insolubles, et plus faits pour tenter les poètes que les philosophes.

CHAPITRE II

EXPLICATION DES DIFFICULTÉS ÉVOLUTIVES

Si nous reprenons chacune des difficultés de l'évolution dans le transformisme classique, nous les verrons disparaître à la lumière de la conception que nous venons d'exposer.

On comprend ce qu'est l'apparition d'un monde et son évolution, formidable matérialisation du dynamo-psychisme universel.

— *On comprend comment le plus peut sortir du moins :* puisque l'immanence créatrice, qui est forcément à l'essence même des choses, possède toutes les capacités potentielles de réalisation.

— On comprend *l'origine des espèces et des instincts* par l'élan vital de l'immanence créatrice. L'évolution est ainsi marquée par une véritable matérialisation de l'idée, matérialisation progressive discontinue ; poussée d'abord anarchique et inconsciente, puis subconsciente et « lucide », conforme aux nécessités évolutives, s'effectuant d'après une sorte de finalité acquise, quoique irraisonnée, et finalement, dans l'avenir, consciente et voulue.

— On comprend les *transformations brusques* créatrices des espèces, et la *cristallisation immédiate et définitive des caractères essentiels des nouvelles espèces,* par le fait que la poussée créatrice serait discontinue, sinon en fait, du moins en apparence et en apparence intermittente.

A la question : *pourquoi la poussée créatrice est-elle intermittente ?* il est facile en effet de répondre : elle n'est intermittente que dans ses manifestations apparentes ; elle est continue, quoique latente dans l'intervalle de ses manifestations.

Ainsi l'apparition d'une espèce nouvelle est préparée et déterminée par une *élaboration subconsciente*, qui passe inaperçue. Elle se fait peu à peu dans l'Idée directrice avant d'être brusquement transposée dans la matière.

Ce fait n'a rien d'extraordinaire : s'il est vrai que la nature ne fasse pas de saut, il n'en est pas moins certain que, dans la nature, toute manifestation d'activité semble intermittente, précédée et suivie d'un repos apparent, pendant lequel se prépare, d'une manière obscure, un renouveau d'activité.

On peut comparer *l'œuvre de la nature à celle d'un artiste*. La comparaison ne sera pas vaine et illusoire ; elle sera vraiment instructive, parce que le travail de la nature, comme le travail de l'artiste, est basé, avant tout, sur l'inconscient.

L'un et l'autre affectent des modalités de même ordre.

Premier cas : l'artiste accueille ses inspirations subconscientes sans les provoquer, sans les contrôler, sans les juger, dans toute leur variété et leur intégrité.

Ses productions seront caractérisées par une sorte d'exubérance luxuriante, incoordonnée et anarchique. Ce sera alors l'œuvre de la critique de faire une sélection : quelques-unes seulement des productions de l'artiste iront à la postérité ; la plupart tomberont dans l'oubli ou resteront inaperçues et avortées.

C'est ce qui se passe dans la nature, pour la phase primaire de l'évolution ; la poussée créatrice est d'abord anarchique et désordonnée. Une luxuriance formidable de formes primaires, végétaux ou animaux inférieurs, apparaît ainsi.

Mais alors les forces naturelles, représentées par les facteurs classiques de l'évolution, font leur œuvre de sélection et ne laissent subsister qu'une partie des formes primitives.

Deuxième cas : L'artiste ne dirige toujours pas consciemment, en majeure partie, ses inspirations ; il les subit. Mais ces inspirations ne sont plus anarchiques ; elles obéissent, dans une large mesure, aux suggestions inaperçues et multiples de l'« ambiance » où vit l'artiste ; aux désirs intimes réfléchis et irréfléchis, aux ambitions et aux besoins ; aux mille contingences du temps, du milieu et de la race, qu'il subit sans s'en douter. *L'œuvre subconsciente de l'artiste, même si elle n'est pas voulue par un acte précis de volonté, sera cependant ordonnée dans une large mesure et régularisée, concentrée pour ainsi dire.* Il y aura pourtant place encore, à côté de réalisations magnifiques, pour des erreurs, des exagérations ou des oublis, des tâtonnements, etc...

D'autre part, l'influence ambiante nécessitera une longue maturation dans la subconscience, pour la mise au jour des productions nouvelles.

Les œuvres de l'artiste seront intermittentes et inégales.

Ainsi en est-il dans la nature, depuis le premier degré de réalisation conscientielle. Les créations ne sont plus exubérantes et anarchiques. Les apparitions intermittentes des principales espèces et des instincts sont *conformes aux nécessités ambiantes et aux besoins vitaux, obéissent à la finalité acquise.* Mais il y a encore, tout comme dans l'œuvre de l'artiste, à côté de réalisations géniales, des erreurs, des imperfections, des oublis, des exagérations, des tâtonnements...

Enfin troisième cas : L'artiste contrôle ses productions, et ces productions sont conformes, d'une façon parfaite, au sens esthétique, à l'élévation intellectuelle et morale, à l'éducation supérieure, à tout ce qui fait un génie à la fois lumineux, créateur et conscient.

Cet artiste là n'existe pas encore.

De même cette phase idéale n'est pas encore réalisée dans la nature.

Le génie conscient et la création supérieure, vraiment divinisée, seront le résultat de l'évolution future qui achèvera de résorber l'inconscient dans le conscient ; réalisera les formes de vie rigoureusement conformes à la loi supérieure, enfin dégagée et précise ; évitera les tâtonnements, les erreurs et le mal ; connaîtra tout et pourra tout.

En somme :
L'évolution collective, comme l'évolution individuelle, peut être résumée dans la formule : *passage de l'inconscient au conscient.*

Dans l'individu, l'être apparent, soumis à la naissance et à la mort, limité dans ses capacités, éphémère dans sa durée, n'est pas l'être réel ; il n'en est que la représentation illusoire, atténuée et fragmentaire.

L'être réel, apprenant peu à peu à se connaître lui-même et à connaître l'univers, c'est l'étincelle divine, en voie de réaliser sa divinité, infinie dans ses potentialités, créatrice, éternelle.

Dans l'univers manifesté, les différentes apparences des choses ne sont, elles-mêmes, que la représentation illusoire, atténuée et restreinte de l'unité divine se réalisant dans une évolution indéfinie.

La constitution des mondes et des individus n'est ainsi que la réalisation progressive de la conscience éternelle, par la multiplicité progressive de créations temporaires ou d'objectivations.

TROISIEME PARTIE

LES CONSEQUENCES

PESSIMISME OU OPTIMISME

CHAPITRE PREMIER

LE PESSIMISME UNIVERSEL ET SA REFUTATION

Un grand prince arabe du X⁰ Siècle, dont le règne marqua l'apogée du khalifat de Cordoue, commençait ainsi son testament :

« J'ai maintenant régné plus de cinquante ans, toujours victorieux, toujours heureux ; chéri de mes sujets, redouté de leurs ennemis, entouré du respect universel ! Tout ce que les hommes désirent m'a été prodigué par le ciel. Gloire, science, honneurs, trésors, richesses, plaisirs, amour, j'ai joui de tout, j'ai tout épuisé !

« Et maintenant, au seuil de la mort, évoquant devant mon souvenir tous les instants passés de ce long espace d'apparente félicité, j'ai calculé le nombre de jours où je me suis senti véritablement heureux : je n'ai pu en trouver que onze !

« Mortels, appréciez, par mon exemple, la valeur exacte de la vie terrestre ! »

Ce cri navrant de pessimisme, poussé par un être d'élite, exceptionnellement privilégié, fait mieux comprendre la plainte permanente et monotone de l'aristocratie intellectuelle de l'humanité.

M. Jean Finot a fait ressortir, dans toutes les époques, toutes les civilisations, l'immense courant pessimiste qui semble irrésistiblement l'entraîner (1).

« Voici un peuple gai et de philosophie douce. Il passe pour être le fournisseur généreux des médicaments contre

---

(1) J. Finot : *Progrès et Bonheur.*

l'humeur empoisonnée dont souffrent ses voisins. On lui attribue la conception de la vie la plus riante, la plus harmonieuse. C'est le peuple français. Pourtant, il suffit de s'arrêter devant ses esprits représentatifs, pour les voir rongés par tous les maux, en commençant par celui de penser et finissant par celui d'aimer. Que ce soient Musset, Taine, Baudelaire, Maupassant, Dumas fils, Renan, Zola, les Goncourt, Leconte de Lisle, Anatole France ou Sully Prudhomme, des parisiens ou des provinciaux, des cosmopolites, des poètes, penseurs ou philosophes : tous nous montrent, derrière leurs phrases mélodieuses et le sourire conventionnel, une âme bouleversée...

« Leurs aînés, comme Chateaubriand, Sainte-Beuve ou Lamartine, laissent voir du reste des drames analogues se jouant dans leur conscience. Que dire enfin de Bossuet, de Racine, de Corneille et de tant d'autres auteurs illustres ?... De toutes les cimes de la pensée française se dégage la tristesse et la désolation... Voltaire, le plus pondéré, le plus attaché à la vie, annonce avec gravité quelque part : « Le bonheur n'est qu'un rêve et la douleur est réelle »... Ailleurs il nous dira : « Je ne sais ce qu'est la vie éternelle, mais je sais que celle-ci est une mauvaise plaisanterie. »

« Pour Diderot, « on n'existe qu'au sein de la douleur et des larmes. » « On n'est que des jouets de l'incertitude, de l'erreur, du besoin, de la maladie, de la méchanceté, des passions et l'on vit parmi des fripons et des charlatans de toutes sortes. »

Les moralistes font chorus avec les dégoûtés de la vie. La Rochefoucauld, Charron, La Bruyère, Chamfort ou Vauvenarges, tous poussèrent le même cri déchirant : « La vie ne vaut pas la peine d'être vécue ! » Les écrivains d'autres pays se distinguent peut-être par des désespoirs moins harmonieux et plus criards... »

M. Finot examine successivement l'état d'esprit dominant dans les littératures, philosophies et religions, dans tous les temps et dans tous les lieux, et trouve, toujours et partout, la même vague pessimiste submergeant les rares régions ensoleillées ou illusionnées d'optimisme.

Schopenhauer n'a guère fait que condenser puissamment, dans son œuvre, tout le pessimisme épars. Sa philosophie, qui résume en elle l'ensemble des vérités connues de son époque, qui en est la philosophie vraiment naturelle et vraie, ne pouvait être que pessimiste : « Travailler et souffrir pour vivre ; vivre pour travailler et souffrir » semblait la devise naturelle et fatale, non seulement de l'humanité, mais de toute la vie.

Depuis Schopenhauer, des vérités nouvelles ont illuminé la philosophie naturelle : l'évolutionnisme s'est imposé.

Quelles vont être ses conclusions ? Cèderont-elles aussi au pessimiste ? Permettent-elles d'envisager rationnellement le règne du bonheur ?

Pour de Hartmann, l'évolutionnisme et le pessimisme vont de pair : « L'éthique de Hartmann, remarque M. Harald Hoffding (1) se rattache intimement à sa théorie pessimiste. Pour lui, il y a une contradiction irréductible entre la civilisation et le bonheur. Les progrès de la civilisation sont marqués par un recul du bonheur. Plus l'appareil de la vie est compliqué, plus il y a des raisons de malheur. La sensibilité à la douleur devient plus grande, et la réflexion croissante perce plus facilement les illusions. La civilisation laisse grandir plus vite les besoins que les moyens de les satisfaire. C'est pourquoi il faut choisir, de la civilisation ou du bonheur, de la théorie de l'évolution ou de celle du bonheur. Le bonheur suppose le calme et la paix, et, pour cette raison, entraînera la stagnation et la dissolution. L'évolution mène toujours plus loin, jusqu'à ce que toutes les possibilités soient épuisées. »

M. Jean Finot a vigoureusement combattu les conceptions de l'évolutionnisme pessimiste. Pour lui, l'évolution-

---

(1) HARALD HÖFFDING : « *Histoire de la philosophie moderne* ».

nisme bien compris conduit à des conceptions optimistes, non pas celles de l'optimisme béat de Sir John Lubbock ; mais à un optimisme rationnel, basé sur l'histoire des progrès de l'humanité à tous les points de vue.

Si, en effet, nous considérons le progrès dans tous ses domaines, social, individuel, scientifique, légal, médical, hygiénique, etc., nous voyons nettement, dans la suite des temps, une diminution considérable des raisons de souffrir.

L'humanité a entrepris une lutte, de plus en plus efficace, contre une nature marâtre, contre le froid, la chaleur, la faim, la distance, les maladies, etc. ; de plus et surtout, les mœurs n'ont cessé de s'adoucir. Tout le démontre : en même temps qu'une diminution des souffrances, l'évolution comporte une augmentation du champ des capacités de connaître et des facultés de sentir.

Mathématiquement, le bonheur, la prédominance des joies doit résulter de ce double mouvement en sens inverse : *augmentation du champ de la conscience et des facultés de sentir, par suite des sources de joie ; raréfaction corrélative des motifs de souffrir.*

Nous voici en présence de deux thèses opposées, toutes deux basées sur l'évolutionnisme. Laquelle est la vraie ?

Seul l'examen impartial des faits peut nous le dire :

Si l'on ne considère que l'humanité actuelle, il est évident que la thèse pessimiste est encore la seule soutenable. Il n'est pas besoin, pour l'appuyer, de déclamations pathétiques ni de longs raisonnements. Il n'est même pas besoin d'évoquer le spectacle actuel de l'immense folie humaine, mettant au service du mal la toute puissance de la science, dans une guerre mondiale destructrice de toute beauté et de toute joie ; ni même le spectacle de certaines catastrophes individuelles, monnaie courante de la vie.

Il suffit de prendre une existence humaine, moyenne,

normale, celle d'un homme de situation et d'intellect ordinaires ; et à la considérer froidement.

En quoi consiste cette existence ?

Elle consiste à travailler un quart de siècle pour acquérir les moyens de vivre ; à lutter pendant un autre quart de siècle, au milieu des soucis perpétuels, pour faire donner à ces moyens un rendement suffisant ; puis à mourir sans savoir au juste pourquoi on a vécu. « Vouloir sans motif, toujours souffrir, toujours lutter, puis mourir, et ainsi de suite, dans les siècles des siècles, jusqu'à ce que la croûte de notre planète s'écaille en tous petits morceaux ! » s'écrie Schopenhauer.

Que de douleurs et de tristesses, de soucis et de chagrins pendant le petit quart de siècle où l'homme « jouit » de son acquit : jeunesse éphémère avec ses illusions bientôt flétries ; vie usée à se préparer à vivre ; espoirs toujours déçus et toujours renaissants ; quelques fleurs cueillies en passant au bord du chemin et presque aussitôt fanées ; quelques instants de repos, puis la marche ardue qui reprend. Soucis personnels ; soucis de famille ; labeur rude et sans relâche ; chagrins, désillusions et déceptions. Voilà pour le commun des mortels. Pour ceux qui ont un « idéal » c'est pire encore : quelques ivresses dans la poursuite de l'illusion et constatations navrées de l'impuissance à l'atteindre. Quel est l'homme qui, faisant à son déclin, à l'exemple du grand khalife, le compte de ses jours de bonheur, arriverait à en trouver onze ? Quel est celui même qui trouverait un seul jour, un jour entier de bonheur ?

Si l'on considérait la vie contemporaine comme le sommet de l'évolution, le pessimisme de Schopenhauer serait mille fois justifié.

Oui, dit-on, mais l'humanité et la vie n'ont encore réalisé qu'une faible part de leurs possibilités de bonheur.

Le progrès est ininterrompu. La comparaison avec les siècles passés permet d'entrevoir ce que donneront les siècles futurs. Bien mieux, il n'est pas interdit d'espérer, de l'évolution humaine, un triomphe sur la matière même ; la réalisation d'un organisme largement soustrait à la maladie, une vieillesse reculée ; un psychisme plus conscient, plus dégagé non seulement de l'ignorance, mais surtout des sentiments bas et méchants qui sont l'apanage de l'humanité actuelle. On peut espérer une ère de moins de douleurs, de misères, de maladies répugnantes. On peut entrevoir, en un mot, au lieu d'une nuit épaisse de malheurs et de souffrances, éclairée de quelques rayons de joie éphémères et vagues, une aurore de bonheur, dont des ombres légères de douleur résiduelle ne feront que mieux ressortir l'éclatante et harmonieuse beauté !

Oui, on peut espérer tout cela ! On peut concevoir l'humanité arrivant à jouir de cet idéal ; mais cette humanité ne verra son triomphe établi que sur les hécatombes des humanités passées.

Ainsi, pendant les siècles des siècles, les hommes auront souffert, pour que leurs derniers descendants, privilégiés, arrivent enfin au bonheur ; un bonheur qu'ils n'auront pas plus mérité que leurs ancêtres n'avaient mérité leurs misères !

Tous les efforts, les peines, les douleurs infinies des premiers auront abouti à un seul résultat : l'édification monstrueuse de ce privilège pour les derniers.

Il y a, dans cette conception, une injustice telle, qu'elle suffirait à ramener irrésistiblement au pessimisme philosophique.

Mais ce n'est pas tout. La conception même d'une humanité idéalement privilégiée, évoluée et heureuse, pêche par sa base. Cette humanité verrait sa vie heureuse empoisonnée par l'idée de l'anéantissement prochain et fatal. La pensée de la mort, fin de tout, ne serait plus supportable pour des êtres hypersensibles que le malheur de tous les jours n'aurait pas préparés au sacrifice de la vie.

L'homme futur, nous dit-on, cheminera sur une route

large et facile, dans un pays de rêve où la joie le pénètrera par tous les sens ! Erreur ! Le paysage de rêve, il ne fera que l'entrevoir, par les interstices des tombes innombrables qui borneront la route : tombes des ancêtres, des parents, des amis les plus chers, des enfants parfois et surtout sa propre tombe, placée droit devant lui, tombe énorme, tombe effrayante et qui, à chaque pas fait en avant, lui masquera davantage la vue et l'horizon ! A chaque tournant de la vie, à chaque étape, à chaque joie, sonnera à son oreille le glas funèbre : « frère il faut mourir »...

Pour que la vision change; pour que la pensée de la mort se dépouille de son caractère stérilisateur et de son apparence de malédiction, il faut donner à l'idée évolutionniste son complément naturel : l'enseignement de la palingénésie. Alors, tout s'éclaire : les tombes ne sont plus des tombes ; asiles passagers pour la fin de la vie, comme les lits de repos pour la fin de la journée, elles ne sauraient plus inspirer l'effroi ni cacher l'horizon ; elles ne font que marquer une étape nouvelle dans l'ascension bénie à la conscience et à la vie. Au delà de la tombe, nous voyons désormais, par une prescience infaillible, la marche reprendre, de plus en plus aisée, avec des horizons nouveaux, une vue plus large et plus belle, dans une communion plus intime, plus pure et plus heureuse avec l'infini.

De même que disparaît, par l'idée palingénésique, le caractère funèbre de la mort, de même s'écroule le monument d'injustice édifié par l'évolutionnisme classique. Il n'y a plus, dans l'évolution, de sacrifiés ni de privilégiés. Tous les efforts, individuels et collectifs, toutes les souffrances auront abouti à l'édification du bonheur et à la réalisation de la justice — mais bonheur et justice pour tous.

Le but et le sens de la vie nous sont dès lors accessibles et nous les trouvons conformes à nos espérances idéalistes.

Il n'y a plus de place, dans notre conception de l'univers, pour une philosophie pessimiste, laquelle ne découlait que d'une vision incomplète et fausse des choses.

Non, l'essence une, de quelque nom qu'on l'appelle, créatrice des représentations sans nombre, n'aboutit pas simplement à se matérialiser dans une vaine fantasmagorie de mondes, de formes et d'êtres, sans passé, sans lendemain, *représentations absurdes, mondes d'incohérence, de non sens ou de folie*, vains fantômes évanouis presque aussitôt que créés, évanouis sans laisser de traces !

Non, l'essence une n'aboutit pas, à plus forte raison, à créer des mondes de douleur, *ne faisant que servir de cadre à la souffrance universelle, souffrance imméritée, inutile, inféconde !*

Les représentations fugitives ne sont ni incohérentes ni malheureuses ; c'est grâce à elles et par elles que l'essence unique, seule réalité, arrive peu à peu, par les expériences innombrables qu'elles comportent, à se connaître progressivement elle-même, individuellement et collectivement, dans les parties et dans le tout.

Les représentations, enfin comprises, révèlent une harmonie souveraine ; d'elles se dégage le but suprême, la finalité vraiment divine. L'harmonie, c'est l'accord immanent des unes aux autres, la solidarité étroite des parcelles individualisées du principe unique et leur union irréfragable dans le tout. Le but, c'est l'acquisition de la conscience, le passage indéfini de l'inconscient au conscient ; c'est par ce passage, le dégagement de toutes les potentialités ; c'est *la réalisation, dans l'évolution, de la* SOUVERAINE INTELLIGENCE, *de la* SOUVERAINE JUSTICE, *du* SOUVERAIN BIEN.

CHAPITRE II

RÉALISATION DE LA SOUVERAINE CONSCIENCE

— *Ce qu'il y a « d'essentiel » dans l'univers est indestructible et éternel ; permanent à travers les apparences transitoires des choses.*
— *Ce qu'il y a d'essentiel dans l'univers passe, par l'évolution, de l'inconscient au conscient.*
— *La conscience individuelle fait partie intégrante de ce qu'il y a d'essentiel dans l'univers et évolue, indestructible et éternelle elle-même, de l'inconscient au coonscient.*

De ces trois données primordiales de notre philosophie, la première est admise unanimement. Elle est à la base, du moins, de tous les grands systèmes philosophiques de tous les temps.
La repousser, ce serait proclamer la banqueroute absolue de l'esprit philosophique ; ce serait nier la philosophie même. D'ailleurs, cette donnée n'est plus seulement aujourd'hui une vue de l'esprit, vue géniale, certes, mais vue à priori. Elle repose, nous l'avons démontré, sur une base positive solide.
L'*intuition*, le *raisonnement* et les *faits* sont d'accord pour nous montrer, sous les innombrables représentations formelles, temporaires et spatiales, donc illusoires comme le temps et l'espace, un dynamo-psychisme seul doué d'unité et de permanence, c'est-à-dire seul *réel*.

— La deuxième notion, bien que prêtant davantage à discussion, est imposée vraiment par toutes les considérations relatives à l'évolution. Le passage de l'inconscient au conscient est ce qu'il y a de plus frappant, de moins niable dans l'évolution. La progression des espèces et des êtres comporte des tâtonnements, des erreurs, des arrêts et même des régressions ; *mais le développement conscientiel, dans son ensemble, est ininterrompu.*

Il y a plus de conscience générale à l'époque secondaire, époque des reptiles, qu'à l'époque primaire, époque des invertébrés et des poissons ; et plus de conscience générale encore à l'époque tertiaire, époque des mammifères et à l'époque quaternaire, époque de l'humanité.

Dans la comparaison des espèces entre elles, il n'est qu'un criterium certain de la supériorité évolutive : c'est celui de la conscience acquise. Ce qui fait cette supériorité, ce n'est pas la complexité ni la perfection organique ; ce n'est pas la puissance physique ; ce n'est pas l'adaptation à telle ou telle fonction privilégiée, le vol par exemple ; c'est uniquement le degré de conscience acquise.

Evoluer, c'est vraiment prendre conscience de son état réel, de l'état du monde ambiant, des rapports établis entre l'être vivant et son milieu, entre son milieu et le milieu universel.

Le développement des arts et des sciences, le perfectionnement des moyens mis en œuvre pour nous soustraire à la douleur ou satisfaire à nos besoins *ne sont pas en eux-mêmes des buts d'évolution. Ils ne sont que la conséquence de la réalisation du but essentiel, qui est l'acquisition d'une conscience de plus en plus vaste* et tout progrès général est conditionné par l'augmentation préalable du champ de la conscience.

Tout cela n'est pas nié ni niable, et il n'est besoin que d'une induction parfaitement légitime pour admettre, au sommet de l'évolution et dans la mesure où nous pouvons concevoir ce sommet, la réalisation d'une conscience générale infiniment vaste et quasi-omnisciente, d'une conscience vraiment divine comportant la solution de tous les problèmes.

RÉALISATION DE LA SOUVERAINE CONSCIENCE

Le domaine de la conscience, comme nous l'avons dit, est appelé à se substituer peu à peu à l'océan primitif de l'inconscience dont il est issu.

Si les deux premières données de notre philosophie sont indiscutables et généralement indiscutées, il n'en est pas de même de la troisième. La permanence et le développement indéfini de la conscience individuelle sont niés par la plupart des philosophes, même par ceux qui ont professé notre conception générale des choses.

Averrhoes et Schopenhauer sont d'accord, à ce sujet, avec les matérialistes contemporains. Pour eux la conscience personnelle est fonction cérébrale, apparaît avec l'organisme et disparaît avec lui. Ce n'est, comme lui, qu'une représentation passagère et éphémère, liée indissolublement à sa propre représentation.

Nous soutenons, au contraire, que la conscience individuelle est partie intégrante de ce qu'il y a d'essentiel et de permanent dans l'Etre, qu'elle préexiste et survit à toutes les organisations successives, à toutes les objectivations ou représentations de l'essence éternelle ; conservant le souvenir intégral de ces représentations et s'augmentant, degré par degré, de toute expérience acquise par elles.

Sans doute, la permanence de la conscience individuelle est contraire aux apparences, parce que la majeure partie de son acquit demeure subconscient et latent pendant la durée d'une existence terrestre et il n'est pas étonnant que cette permanence n'apparaisse à la foule vulgaire comme une absurdité, à moins qu'elle ne soit, pour elle, simple article de foi.

Par contre, il est regrettable autant que surprenant qu'un philosophe aussi génial que Schopenhauer, ait partagé, sans la discuter, l'opinion de la foule.

La permanence de la conscience individuelle a en sa faveur, une double démonstration, démonstration scientifique et démonstration métaphysique.

Il est tout naturel que la démonstration scientifique, basée sur des connaissances de fait encore ignorées du temps de Schopenhauer, ait échappé à ce dernier. Par contre, il est plus difficile de comprendre son aveuglement ou son parti-pris vis-à-vis de la démonstration métaphysique.

Les preuves métaphysiques de la permanence de la conscience individuelle sont au nombre de deux.

Une première preuve nous est offerte par le spectacle même de la nature.

La nature, remarque Schopenhauer, semble, toujours et en tout, considérer la mort, cette mort si redoutable en apparence, comme un incident sans importance. Elle exprime ce témoignage « en livrant la vie de chaque animal
« et de l'homme lui-même à la merci des hasards les plus
« insignifiants, sans intervenir pour la sauver. — Considé-
« rez l'insecte placé sur votre chemin ; la moindre dévia-
« tion, le mouvement le plus involontaire de votre pied
« décide de sa vie ou de sa mort. Voyez la limace des
« bois, dépourvue de tout moyen de fuir, de résister, de
« donner le change à son adversaire, de se cacher, vérita-
« ble proie pour le premier venu. Voyez le poisson se
« jouer, inconscient, dans le filet prêt à se fermer ; la gre-
« nouille trouver dans sa propre paresse un obstacle à la
« fuite où elle trouverait le salut ; voyez l'oiseau qui ne
« sent pas le faucon planer sur lui ; les brebis que du
« fond du buisson le loup dénombre et couve du regard.
« Armés d'une courte prévoyance, tous ces êtres promè-
« nent sans malice leur existence au milieu des dangers
« qui les menacent à tout moment. Abandonner ainsi sans
« retour ces organismes construits avec un art inexprima-
« ble non seulement à l'instinct de pillage des plus forts,
« mais encore au hasard le plus aveugle, à la fantaisie du
« premier venu ou à l'espièglerie de l'enfant, n'est-ce pas,
« de la part de la nature, déclarer que l'anéantissement de

« ces individus lui est chose indifférente ? C'est ce qu'elle
« énonce très clairement, et elle ne ment jamais. Eh bien,
« si la mère de toutes choses s'inquiète aussi peu de jeter
« ses enfants sans protection entre mille dangers toujours
« menaçants, ce ne peut être que par l'assurance que, s'ils
« tombent, ils retombent dans son propre sein, où ils sont
« à l'abri, et qu'ainsi leur chute n'est qu'une plaisanterie...
« Si notre regard pénétrait assez loin au fond des choses,
« nous nous rangerions à l'avis de la nature. Aidés de la
« réflexion, nous devons expliquer cette sécurité absolue,
« cette indifférence de la nature en face de la mort des
« individus, par ce fait que la destruction d'un tel phéno-
« mène n'en atteint pas le moins du monde l'essence pro-
« pre et véritable. »

L'argumentation du grand penseur ne concerne pas seulement la vie ; elle s'adapte merveilleusement à la conscience.

La conscience personnelle est aussi éphémère que la vie terrestre à laquelle elle semble liée. Bien mieux, la nature ne semble pas attacher de prix spécial au degré d'élévation et d'étendue de la conscience personnelle. Elle soumet aux mêmes aléas l'intellectualité inférieure de la foule imbécile, masse amorphe, poussière d'humanité et l'intellectualité supérieure des grands hommes qui s'efforcent de la guider ; la conscience élémentaire du moujik, à peine au-dessus, s'il l'est, de l'animalité, et la conscience géniale d'un Newton, d'un Pasteur ou d'un Schopenhauer !

Abandonner ainsi sans retour ces intelligences merveilleuses, dont l'apparition a nécessité, dans l'évolution, des efforts séculaires inexprimables, intelligences qui synthétisent vraiment ce que cette évolution a réalisé de plus parfait, au hasard aveugle, à la merci de l'accident banal, à la contamination de l'organisme par un microbe ou simplement à son usure sénile, c'est, de la part de la nature, déclarer que la disparition de la conscience personnelle, si élevée soit-elle, lui est indifférente ou, ce qui revient au même, *c'est déclarer que cette disparition n'est qu'une disparition apparente.*

Oui, si la mère de toutes choses s'inquiète aussi peu de ce qu'elle a réalisé de mieux, la conscience personnelle, ce ne peut être que par l'assurance que, lorsque cette conscience personnelle semble disparaître, elle demeure à l'abri dans son propre sein.

Que notre regard pénètre assez loin au fond des choses et nous nous rangeons à l'avis de la nature.

Nous savons alors comment expliquer cette sécurité absolue, cette indifférence de la nature en présence de la disparition de la conscience personnelle ; cette fin, en effet, n'est par la fin, car elle ne saurait atteindre l'essence propre et véritable de l'Etre, ni sa conscience réalisée, comme elle et avec elle, étincelle divine, préexistante, survivante, éternelle.

Qu'importe alors la mort ? Elle ne détruit qu'une apparence, une représentation temporaire. L'individualité vraie, indestructible, conserve, en de les assimilant, toutes les acquisitions de la personnalité transitoire ; puis, baignée de nouveau pour un temps dans l'eau du Lethé, elle va matérialiser une personnalité nouvelle et continuer ainsi son évolution indéfinie. Oui, c'est là ce que la nature nous enseigne, très clairement ; et la nature ne ment jamais !

A cette première preuve métaphysique, vient s'adjoindre une deuxième, non moins remarquable. Si la réalisation de la conscience est vraiment le résultat indéniable de l'évolution, il n'est plus possible de concevoir la disparition totale, l'anéantissement de la conscience de l'individualité.

Supposons, en effet, l'évolution générale très avancée, avancée idéalement jusqu'à un degré voisin de l'omniscience (et cette évolution à ce degré se réalisera nécessairement un jour). A la conscience universelle, omnisciente, rien ne saurait échapper, dans le temps ni dans l'espace, relativités sans valeur pour elle.

Dès lors, comment cette conscience universelle aurait-elle, en elle-même, toutes les connaissances hormis une seule, celle des états individuels réalisés pendant l'évolution ? Cela est impossible. La conscience universelle contiendra forcément la somme des consciences individuelles ; elle en sera précisément le total.

Donc, de deux choses l'une : ou l'évolution ne réalise pas la conscience ; ou, si elle la réalise, elle comporte nécessairement le souvenir et la notion de toutes les consciences.

Peu importe d'ailleurs, au point de vue philosophique, que ce souvenir et cette notion ne soient acquis que tardivement, au sommet idéal de l'évolution, alors que sera réalisée l'omniscience ; ce qui est essentiel, c'est qu'ils ne soient pas anéantis. La question temps est sans valeur. En somme, ce qu'il est permis philosophiquement de soutenir, et cela seulement, c'est que la conscience de l'individualité se perd, temporairement, après la destruction de l'organisme ; mais non qu'elle peut être anéantie ; c'est qu'elle devient latente et reste latente, jusqu'à ce que la somme de conscience générale atteinte la fasse revivre, après l'avoir tirée de son sommeil.

Or, cette conception ne diffère de la nôtre que par une modalité philosophiquement sans importance, celle du temps. Essentiellement, elle est la même.

Telles sont les deux preuves métaphysiques en faveur de la permanence de la conscience individuelle.

Evidemment ces preuves n'ont que la valeur habituelle des démonstrations métaphysiques. Malgré leur force indéniable, elles ne sauraient tenir lieu de démonstration scientifique.

La démonstration scientifique, c'est tout notre livre. En se reportant aux chapitres précédents, le lecteur verra comment nous avons pu établir, nettement et positivement, au moins comme le résultat d'un rigoureux calcul de probabilité, que la conscience individuelle reste indestructible et permanente, même quand elle devient ou demeure subconscience et latente.

Toute vie nouvelle, disons-nous, comporte une restriction temporaire de l'individualité. Toute incorporation ou représentation sur le plan matériel implique une limitation de toutes les activités psychiques dans un sens donné, celui du champ d'action cérébral et de la mémoire organique qui lui est propre.

Mais, au-dessous de la mémoire cérébrale et restée cryptoïde en majeure partie, demeure, indélébile et permanente, toute la mémoire profonde, tout l'ensemble des acquisitions passées.

Cela, nous l'avons démontré, et nous n'avons pas à revenir sur cette démonstration.

Au point de vue qui nous occupe en ce chapitre, c'est-à-dire au point de vue du dégagement de la conception, optimiste ou pessimiste, de l'univers, nous devons simplement nous demander si la limitation de l'Etre, dans les représentations matérielles et du fait de ces représentations, est un bien ou un mal. Pour nous, il n'est pas douteux qu'elle ne soit un bien. Elle l'est, que l'on considère l'Etre *dans son présent, dans son passé, dans son avenir.*

L'ignorance, en ce qui concerne le présent, est un bien.

Il est nécessaire que l'Etre croie son champ d'action borné de la naissance à la mort et qu'il ignore, en majeure partie, ses acquisitions antérieures comme ses capacités latentes.

Tout d'abord, en effet, la crainte de la mort, liée à cette ignorance de sa situation vraie, est indispensable à l'Etre. Sans cette crainte salutaire, l'Etre ne ferait pas rendre à sa vie actuelle tout ce qu'elle peut permettre d'effort. Il aspirerait trop facilement au changement. La moindre imperfection, le moindre trouble morbide dans son organisme lui seraient insupportables ; le suicide serait monnaie courante.

L'ignorance des acquisitions antérieures n'est pas moins indispensable. Sans elle, l'Etre aurait une tendance irrésistible à travailler toujours dans le même sens, par suite de la loi du moindre effort. Il se plierait difficilement, sauf exceptions, à un travail nouveau, impliquant un surcroît de fatigue et serait entraîné, presque irrésistiblement, dans une évolution unilatérale qui n'aboutirait qu'à une spécialisation hypertropique et monstrueuse.

L'ignorance des facultés dites transcendantes est, plus encore, une nécessité absolue ; car l'usage régulier, normal et pratique de ces facultés supprimerait virtuellement l'effort. L'exemple de l'instinct est infiniment instructif à cet égard. L'instinct n'est pas autre chose que la forme inférieure, primaire, de l'intuition, et il comporte, comme elle, une sorte de divination.

Or, que voyons-nous dans la psychologie animale comparée ?

C'est que, partout où il a prédominé, l'instinct a freiné l'évolution intellectuelle.

L'insecte possède un instinct merveilleux, auquel il obéit aveuglément. L'insecte a évolué avec une parfaite sécurité, mais son évolution l'a conduit dans une impasse et tout progrès conscientiel lui semble positivement interdit.

Considérons, au contraire, le vertébré. L'instinct infaillible a cédé la place à la réflexion faillible, mais féconde parce qu'elle implique et nécessite l'effort. Aussi, chez lui, le progrès conscientiel est ininterrompu et il permet toute espérance. Ce qui est vrai de l'instinct l'est, à plus forte raison, des facultés mystérieuses indépendantes des contingences de temps et d'espace. Supposons un homme pouvant disposer, dans la vie courante, de ces facultés ; possédant à son gré, la lecture de pensée, la vision à distance, la lucidité. Quel besoin cet homme aurait-il de réfléchir, de calculer ses actes, de prévoir, de lutter ? Pour lui pas d'erreur, mais aussi pas d'effort. Pas d'effort, donc pas de développement conscientiel. Comme l'insecte, cet homme ne serait qu'un merveilleux mécanisme.

L'évolution ainsi aiguillée n'aurait pas abouti à la conscience supérieure ; mais à une sorte de somnambulisme hypersensible permettant de tout connaître sans rien comprendre : le surhomme n'eût été qu'un automate transcendant. Il est donc bon, il est indispensable que les facultés les plus élevées, comme tout le trésor psychologique accumulé par l'Etre dans son évolution, restent et demeurent, dans l'état actuel de cette évolution, en majeure partie, subconscients et latents.

Leur caractère latent n'empêche pas ces facultés subconscientes de jouer, dans l'existence terrestre, un rôle considérable et même primordial. Ce sont elles qui constituent le fonds propre de l'Etre, lui donnent sa caractéristique essentielle. Leurs manifestations sont d'ailleurs suffisamment latentes pour ne pas gêner l'effort, tout en étant suffisamment actives pour l'aider et le guider.

Il y a là un équilibre merveilleux, bien que rarement parfait. La plupart des Etres les ignorent trop. Chez eux, elles sont en léthargie. D'autres les connaissent trop. Ils en souffrent dans la constatation de leur impuissance à réaliser leurs aspirations les plus hautes. Mais cette souffrance est la rançon du génie.

L'ignorance du passé, comme l'ignorance du présent, est un bien, un grand bien.

Seul l'Etre idéalement évolué pourra, sans inconvénient, connaître toute la formidable accumulation d'expériences, de sensations et d'émotions, d'efforts et de luttes, de joies et de douleurs, d'amour et de haine, de sentiments bas ou élevés, de sacrifices ou d'actes égoïstes, de tout, en un mot, ce qui l'a constitué peu à peu sous ses personnalités multiples et l'a distingué, spécialisé tour à tour.

S'il avait, ne fut-ce que dans un éclair, cette connaissance formidable, l'homme vulgaire en serait foudroyé ! Il a assez du poids de ses erreurs ou soucis présents. Comment supporterait-il, en surcroît, le poids des douleurs passées, de la sottise et de la bassesse, des passions animales qui l'ont agité, de la monotonie incommensurable de vies banales ; les regrets d'existences privilégiées ou les remords d'existences criminelles ?

L'oubli entraîne, par bonheur, l'assoupissement des haines et passions stérilisatrices et détend, dans une juste mesure, les chaines qui lient trop étroitement les êtres les uns aux autres et limitent dans le même champ leurs mouvements.

Tout souvenir du passé ne pourrait que gêner l'Etre dans son effort présent.

L'ignorance de l'avenir, enfin, est encore plus indispensable, encore plus salutaire, dans les phases inférieures de l'évolution conscientielle. Pour la masse, cette ignorance est un grand bienfait. En effet, la foule médiocre ou basse est adéquate aux conditions de la vie actuelle. Elle est adaptée à ses petites passions, à ses désirs mesquins, à ses courtes joies comme à son long cortège de misères.

Même les balbutiements de l'art, quand elle les saisit, ne sauraient l'élever à la conception, à la vision d'un monde supérieur. Elle trouve tout naturel (et c'est bien heureux), de vivre dans une terre de luttes et de souffrances, et grâce à son ignorance, elle ne se révolte pas vainement contre l'inévitable. Elle trouve normal (et c'est providentiel) de voir son activité absorbée presque tout entière par la recherche de la nourriture ou la lutte contre les éléments hostiles. Ses préoccupations restent d'ordre inférieur et misérable ,comme le cadre qui les a créées. Elle ne doit pas avoir d'autre perspective que celle de l'effort présent et elle ne saurait supporter la perspective de l'effort surhumain et indéfini.

Pour l'élite même, l'inconscience de l'avenir est encore

un bien. Elle souffrirait davantage, sans cette inconscience, de voir, telles qu'elles sont, l'humanité et la vie actuelle. Quelle misère que le rendement si médiocre de tant d'efforts, l'inutilité apparente de tant de douleurs ! Quelle misère que ce qui s'est encore réalisé de mieux dans le cours de l'évolution humaine : le charme idéal de la beauté féminine ou le génie sublime du penseur, restent enchaînés à un organisme aussi débile, à ses fonctions basses et répugnantes, à ses tares et à ses maladies ! Pour se résigner à cette misère, il faut n'avoir nulle idée d'un monde supérieur de lumière et d'amour. Quelques hommes d'élite, bien rares, ont, plus ou moins nettement, pareille intuition. Dans l'état évolutif actuel, ce ne sont pas des privilégiés. La mélancolie des hommes vraiment supérieurs n'a souvent pas d'autre motif que cette inconsciente échappée sur un avenir trop beau ; si lointain qu'il équivaut à un rêve chimérique et vain... Mis en face de la réalité tangible, il ne leur reste, hélas ! de la vision surhumaine, que le découragement de l'effort, le dédain des choses présentes, une ombre de tristesse sur toute leur vie...

On le voit, de cette ignorance où est l'Etre de sa situation présente, de son passé, de son avenir, il n'y a pas lieu de déduire une conclusion pessimiste. Cette ignorance fait partie des maux inévitables, nécessaires et féconds.

D'ailleurs, dans notre philosophie, l'ignorance est essentiellement passagère, liée aux phases inférieures de l'évolution. Elle est, en partie, atténuée ou suspendue temporairement et dans une juste mesure pendant le cours même de l'évolution et elle est appelée à faire place, un jour, à la connaissance complète et parfaite.

S'il est vrai — comme tout le démontre — que l'incorporation implique une restriction, une limitation de l'individualité consciente dans un sens donné, il semble évident que la séparation de l'organisme s'accompagne de l'élargissement des limites de cette individualité. Dans la mesure que permet son évolution, sa conscience acquise, l'Être peut alors saisir ce qui le concerne et lui échappait de par la limitation cérébrale. C'est ce qui a lieu, en partie, par la décentralisation métapsychique et c'est ce qui a lieu, à fortiori, par la mort. Suivant toute probabilité, voici comment les choses se passent dans ce dernier cas :

Pour l'animal ou l'homme très inférieur, la phase d'existence qui suit la mort est courte et obscure. Privée de l'appui des organes physiques, la conscience, encore éphémère, chancelle et s'obscurcit. L'appel de la matière s'exerce aussitôt avec une force irrésistible, et le mystère palingénésique s'accomplit sans retard.

Pour l'homme suffisamment évolué, au contraire, la mort fait éclater le cercle restreint dans lequel la vie matérielle avait enfermé une conscience qui le débordait, cercle de la profession, de la famille, de la patrie. L'être se trouve emporté au delà des pensées et souvenirs habituels, des amours et des haines, des passions et des habitudes.

Dans la mesure où le permet son évolution actuelle, il se souvient du passé et il a la préscience de l'avenir. Il peut juger le chemin parcouru. Il apprécie le résultat de sa conduite et de ses efforts. Bien des choses qui, dans le cours de sa vie, avaient eu, pour lui, une importance considérable, lui paraissent alors, vues de haut, mesquines et misérables.

Les grandes joies comme les grandes douleurs, les agitations disproportionnées aux résultats, les passions qui ravagent une vie, les ambitions qui la dévorent, tout cela se trouve alors réduit à sa juste mesure ; tout cela ne tient plus qu'une place infime dans l'enchaînement des souvenirs conscientiels.

Parmi les liens passés, il en est de fragiles. Ils s'évanouissent comme un brouillard léger à l'aurore. Il en est de tenaces ; ils font partie de la chaîne infrangible de la destinée et ne peuvent être dénoués que peu à peu.

Cette période extra-organique n'est pas seulement une

phase de recueillement, de synthèse générale, d'auto-jugement. C'est aussi et surtout une période infiniment active *d'assimilation psychologique*. Alors s'opère, dans le calme, la fusion des expériences nouvelles aux expériences anciennes et *l'identification à l'Etre des états de conscience enregistrés pendant la vie.*

Cette assimilation est indispensable à l'unification de l'individualité, à l'harmonie psychique. Il est vraisemblable, nous l'avons déjà dit, que les désordres de la personnalité, si curieux et si mystérieux, ne proviennent que du défaut d'assimilation psychologique par l'Etre avant sa vie présente et de la tendance décentralisatrice et divergente des éléments mentaux mal assimilés par le moi.

En somme, les phases successives de vie organique et de vie extra-organique semblent avoir, dans l'évolution, un rôle distinct et complémentaire l'un de l'autre.

Pour la vie organique : activité analytique, limitée dans un sens donné, permettant le maximum d'efforts dans ce sens ; avec obnubilation momentanée de tout ce qui, dans l'Etre, dépasse le but immédiat et le cadre de l'existence actuelle.

Pour la vie extra-organique : activité synthétique, avec vision d'ensemble, travail d'assimilation mentale, de préparation à de nouveaux efforts.

Dans la chaîne des existences, une vie terrestre n'a pas plus d'importance relative qu'une journée dans le cours de cette vie. Une vie, un jour ; l'un et l'autre ont, dans l'évolution, une importance comparable et une véritable analogie.

Il y a de bons jours et de mauvais jours ; il y a de bonnes vies et de mauvaises vies ; des jours et des vies profitables ; des jours et des vies perdus.

Un jour, une vie, ne peuvent s'apprécier isolément, mais doivent l'être par rapport avec les jours et les vies précédents. De même ils s'enchaînent et se commandent. Il n'existe pas de labeur ou de souci exclusivement limités à une vie ni à un jour. On ne fait pas le programme d'une journée ni d'une vie sans tenir compte des jours ni des vies passés ; des jours ni des vies à venir. C'est dans l'intervalle de deux existences que l'être suffisamment évolué prépare son programme d'avenir. Comme les jours, les vies sont séparées par une période de repos apparent, mais en même temps de labeur fécond, d'assimilation et de préparation. De même qu'au réveil bien des problèmes se trouvent résolus comme par enchantement, de même, à l'aurore d'une vie, l'Etre semble guidé dans ses premiers pas et marche avec sécurité, comme mené par la main, dans la voie qu'il s'est tracée mais qu'il ignore une fois né, et qu'il suit aveuglément.

C'est ainsi que, d'existence en existence, par la multiplicité prodigieuse des expériences enregistrées et assimilées, l'Etre arrive, peu à peu, aux phases supérieures de vie, celles qui sont réservées au développement complet de sa conscience, à l'omni-conscience réalisée.

L'omni-conscience doit s'étendre, idéalement, au présent, au passé, à l'avenir. C'est dire qu'elle réaliserait une sorte de divination actuellement incompréhensible. Mais ce que nous pouvons inférer logiquement, du moins, c'est un état de connaissance de soi et de l'univers assez étendu pour supprimer l'oubli du passé, permettre l'usage régulier et normal des facultés transcendantes et métapsychiques, laisser entrevoir les merveilles de l'évolution libre, heureuse, de l'évolution sortie enfin des ténèbres de l'ignorance, des chaînes de la nécessité, des déchirements de la douleur.

Dr GUSTAVE GELEY.

CHAPITRE III

REALISATION DE LA SOUVERAINE JUSTICE.

La réalisation de la souveraine justice est assurée, avec une certitude absolue, mathématique, dans la conception palingénésique.

L'individu conscient n'étant jamais que ce qu'il s'est fait lui-même, au cours de son évolution, dans l'immense série de ses représentations, il en résulte que tout ce qui entre dans le champ de sa conscience réalisée est son œuvre propre, le fruit de ses travaux, de ses efforts, de ses souffrances ou de ses joies.

Chacun de ses actes, bons ou mauvais, heureux ou malheureux ; chacun de ses penchants même a une répercussion forcée, des réactions inévitables dans l'une ou l'autre de ses existences.

C'est là le jeu de la *justice immanente*, jeu fatal, inéluctable. La justice immanente commence à se manifester, le plus souvent, dans le cours même d'une vie, prise isolément ; mais alors il est bien rare qu'elle soit vraiment équitable. Envisagée d'une manière aussi restreinte, elle apparaît faillible et éminemment disproportionnée.

Au contraire, dans une série suffisamment longue d'existences, elle devient parfaite, mathématiquement parfaite. Les contingences heureuses ou malheureuses se sont en effet sûrement contrebalancées et il ne reste plus, comme résultat certain, à l'actif de l'individu, que le résultat de sa conduite.

La justice immanente n'est pas seulement individuelle ; *elle est aussi collective.*

Elle est collective de par la solidarité essentielle d

monades individuelles. Grâce à cette solidarité essentielle, les reversions du conscient dans l'inconscient ne sont jamais des reversions exclusivement individuelles. Les acquisitions conscientielles et la transmutation des connaissances en capacités sont fatalement collectives, dans une mesure d'ailleurs inanalysable, mais certaine. De même les actes individuels ont une répercussion inévitable, quoique non définie, sur les conditions vitales de tout ce qui pense, de tout ce qui vit, de tout ce qui est. Ainsi est assurée une sorte de collaboration générale dans l'évolution, grâce à laquelle tout effort dans le sens indiqué par la loi morale ou toute violation de cette loi a sa réaction collective en plus de sa réaction individuelle.

On ne saurait trop insister sur ce point : il n'y a pas de responsabilité exclusivement individuelle à un acte quelconque, bon ou mauvais ; comme il n'y a pas à cet acte, de sanction exclusivement individuelle.

Tout ce qui se fait, tout ce qui se pense, en bien ou en mal ; tout ce qui se traduit par une impression émotive, une joie ou une douleur, chez un individu quelconque, se répercute à tous et s'assimile à tous. C'est pourquoi les actes d'un individu ou d'une collectivité, d'une famille, d'une nation, d'une race, ne sauraient être appréciés simplement, au point de vue moral ou social, comme ne regardant que cet individu ou cette collectivité.

Il n'y a pas de déchéance ou de progrès qui ne soient solidaires. Sans doute la solidarité collective va, en apparence, en décroissant de la famille à la patrie, de la patrie à la race, de la race à l'humanité, de l'humanité à l'univers ; mais ces répercussions, ainsi décroissantes, par degrés, dans les représentations, demeurent intégralement dans l'essence constitutive des choses.

Et c'est pourquoi les calculs égoïstes, de la part des individus, des familles ou des nations, sont pure aberration.

La grande loi de solidarité a été, de tous temps, proclamée par les grands philosophes comme par les grands moralistes.

Leur voix n'avait pas trouvé d'écho. Puisse la démonstration scientifique avoir plus d'influence sur la misérable humanité !

La conception de la justice immanente par la palingénésie entraîne de vastes et grandioses conséquences.

Au point de vue métaphysique et religieux : elle rend vaine la notion puérile de sanctions surnaturelles ou d'un jugement divin. Le moins qu'on puisse dire, en effet, de cette notion, c'est qu'elle est inutile et factice.

Au point de vue moral : elle offre une base solide aux enseignements idéalistes.

On conçoit immédiatement, en effet, ses conséquences pratiques. Elle impose, avant tout, le travail et l'effort ; non pas l'effort isolé, la lutte pour la vie égoïste, mais l'effort solidaire.

Les sentiments bas et inférieurs, la haine, l'esprit de vengeance, l'égoïsme, la jalousie, sont incompatibles avec cette notion de l'évolution solidaire et de la justice immanente. C'est tout naturellement que l'homme parvenu à la connaissance de l'évolution palingénésique évitera tout acte nuisible à autrui et l'aidera dans la mesure de ses moyens.

Confiant dans la sanction naturelle, il pardonnera sans peine les méfaits dont il a été victime. Il ne verra d'ailleurs, dans les imbéciles, les méchants ou les criminels que des êtres inférieurs, quand ce ne sont pas des malades.

Il saura se résigner aux inégalités naturelles et passagères, résultat inévitable de la loi de l'effort individuel dans l'évolution ; mais il fera son possible pour amener la suppression des inégalités disproportionnées, des divisions factices, des préjugés malfaisants.

Il étendra enfin sa bonté et sa pitié jusqu'aux animaux, auxquels il évitera, le plus possible, la souffrance et la mort.

On a fait, cependant, au point de vue moral, quelques objections à l'idée palingénésique.

On a dit que l'oubli des existences antérieures supprimait les prétendues sanctions. Comment cela serait-il possible ? L'oubli d'un fait ne supprime pas les conséquences de ce fait.

— D'ailleurs, nous l'avons vu, l'oubli n'est que relatif et momentané ; il n'atteint que la mémoire cérébrale et non la mémoire subconsciente, la mémoire propre du moi.

— L'oubli n'est que provisoire. Le passé, tout entier conservé dans la conscience supérieure, appartient à l'Etre dans son intégralité et lui sera un jour à jamais et pleinement accessible.

Enfin, il importe peu que l'Etre, pendant la vie terrestre, ignore la raison profonde de sa situation. Il en a pleinement la responsabilité et il en subit pleinement les conséquences.

— *Une autre objection faite à la théorie palingénésique est basée sur l'existence de la douleur chez des êtres trop faiblement évolués* pour qu'elle puisse être considérée comme une sanction : « Quel crime, a-t-on dit, aurait bien pu commettre, dans une existence antérieure, le cheval accablé de coups par une brute alcoolique, ou le chien torturé par un vivisecteur ! »

Il y a, dans ce raisonnement, une erreur fondamentale : le mal n'est pas nécessairement la sanction du passé. Il est au contraire bien plus fréquemment, dans l'état évolutif actuel, la conséquence du niveau inférieur général de cet état évolutif. Voir systématiquement dans la souffrance d'un être quelconque la conséquence d'actes antérieurs serait donc une grossière faute de logique. Ce qu'il est permis d'affirmer, au contraire, c'est que *la sanction vraie, celle de la justice immanente, est toujours rigoureusement proportionnée au degré de libre arbitre, c'est-à-dire au niveau d'élévation intellectuelle et morale de l'Etre* (1).

Cette sanction ne pèse évidemment que sur les êtres suffisamment avancés. Elle pèse d'autant plus qu'ils sont plus avancés, parce que, de toute certitude, leur conduite réfléchie, aura, au fur et à mesure de leur élévation, une influence de plus en plus grande sur leur progression, sur leur condition de vie.

— Une dernière objection, d'ordre moral, a encore été faite à l'idée de justice immanente dans la formule palingénésique. C'est la suivante :

Si un acte ne se traduit pas, au point de vue sanction, par une réaction rigoureusement égale, il n'y a pas de justice absolue, mais seulement une demi-justice.

S'il se traduit par une réaction rigoureusement égale, alors, il n'y a pas de progrès évolutif. Il y a enchaînement du mal, par le mal, au mal ; répercussion indéfinie du mal dans un cercle vicieux.

Cette objection en réalité ne porte que sur les mots. La justice absolue peut parfaitement se concevoir par des sanctions non pas égales mais équivalentes. Il est clair que la justice immanente comporte une large élasticité. Une action mauvaise ne se traduira pas automatiquement par un châtiment égal, comportant lui-même cette action mauvaise ; ni par une sorte de loi du talion qui, pour être naturelle n'en serait pas moins odieuse.

La réaction est toujours égale à l'action ; mais, par le fait même de l'évolution, la réaction s'affine, se spiritualise pour ainsi dire, au fur et à mesure du progrès conscientiel. Elle se transpose peu à peu de la matière à l'idée. Dès lors, la conception du châtiment tend à aboutir à celle

---

(1) Voir *L'Etre subconscient*.

du regret ou du remords et de l'effort concordant d'amélioration et de réparation.

On le voit, la conception palingénésique dans l'évolution assure la réalisation de la souveraine justice comme elle assure celle de la souveraine conscience. Elle nous permet de retrouver partout, dans l'univers, l'harmonie ordonnée sous l'incohérence apparente et la justice absolue sous les apparentes iniquités. Ainsi comprise l'idée palingénésique est tellement belle et satisfaisante qu'il est permis de dire, avec M. Ch. Lancelin : « Si par malheur elle n'avait pas été instituée par Dieu, si elle était exclue de la réalité des choses, l'homme, pour seulement l'avoir rêvée, se serait montré plus grand et meilleur que Dieu ! » (1).

---

(1) CHARLES LANCELIN : « *La Réincarnation* ».

CHAPITRE IV

REALISATION DU SOUVERAIN BIEN

Dans l'évolution telle que nous l'avons comprise, la réalisation progressive du souverain bien apparaît avec une évidence indiscutable.

Alors que le pessimisme rationnel provenait d'une vue fragmentaire, et par conséquent faussée de l'univers, les conclusions contraires, toutes d'un idéalisme optimiste, ressortent de sa vision étendue et complète.

Cette vision synthétique permet, avant tout, la solution aisée et totale du problème du mal.

Tout d'abord, avec l'idée palingénésique, le mal n'a plus l'importance absolue, intégrale, définitive, qui lui était attribuée. *Le mal n'a jamais qu'une importance relative et il est toujours réparable.*

Considérons le plus grand des maux apparents : la mort.

La mort non seulement n'est plus « le roi des épouvantements » mais elle perd totalement le caractère de malédiction que lui avait imprimé l'aveuglement de la créature, bornée par ses organes grossiers et enfermée dans les limites de l'illusion matérielle.

Dans l'évolutionnisme palingénésique, la mort n'est plus un mal, sauf quand elle est prématurée et apporte une gêne et un retard dans l'évolution individuelle.

Intercalée dans le jeu normal de la vie éternelle, survenant à son heure, quand l'organisme a donné tout son rendement, *la mort est la grande régulatrice.* Elle place l'individu, nous l'avons déjà dit, dans des conditions d'effort successif très variées et empêche ainsi le développement conscientiel dans un sens unilatéral. La mort a un autre rôle encore, non moins utile, bien que l'Etre aveugle se refuse généralement à en comprendre la nécessité ou même se révolte contre elle ; la mort brise des liens qui, sans elle, tendraient précisément à maintenir l'Etre dans la voie unique de sa dernière vie ; dans la limitation même dont il a subi l'empreinte.

Sans doute cette brisure est douloureuse ; elle sépare brutalement l'Etre de ses habitudes, de ses moyens et de ses affections ; mais ce sacrifice, *relatif et réparable*, est indispensable au progrès.

La brisure est loin d'ailleurs d'être toujours un mal ; en même temps qu'elle prive l'être de ces moyens bienfaisants, elle l'arrache aussi aux contingences nuisibles, à la jalousie, à la haine, à la maladie, à l'impuissance ; ou simplement à une ambiance stérilisatrice. Elle force l'Etre de laisser, avec un organisme usé, des habitudes transmuées désormais en routine stérile.

Un autre mal apparent, de même ordre que la mort, c'est l'ignorance où est l'Etre incarné de sa situation réelle, et l'oubli du passé, du long passé. Comme la mort, et nous l'avons déjà démontré, cette ignorance, cet oubli sont les conditions essentielles du progrès évolutif.

Ce qui est vrai de la mort et de l'ignorance est vrai de tous les maux.

Aec l'idée palingénésique, le mal, on ne saurait trop le répéter, perd le caractère d'absolu, d'irréparable qui le rendait insupportable.

Envisagé à la lumière de cette idée, le monde, la vallée des misères et des larmes, apparaît sous un aspect tout différent.

Sans doute, la douleur est encore partout ; mais la douleur permanente n'est plus. Il n'y a plus de catastrophes totales. De même qu'il n'y a pas d'anéantissement, il n'y a pas de mal absolu dans l'évolution palingénésique. Il y a de mauvaises vies, comme dans une vie isolée il y a de mauvais jours ; mais, somme toute, les contingences heureuses ou malheureuses s'équilibrent dans l'ensemble et sont sensiblement égales pour tous.

Dès lors, on comprend le pourquoi et le comment du mal. Le mal n'est pas le résultat de la volonté, de l'impuissance ou de l'imprévoyance d'un créateur responsable.

Le mal n'est pas davantage le résultat d'une déchéance.

Le mal est l'accompagnement inévitable de l'éveil de la conscience. L'effort nécessaire pour le passage de l'inconscient au conscient ne peut pas ne pas être douloureux. Chaos, tâtonnements, luttes, souffrances ; tout cela est la conséquence de l'ignorance primitive et de l'effort pour en sortir.

L'évolution n'est que la constatation de ces tâtonnements, de ces luttes, de ces souffrances. Mais si elle a sa base dans l'inconscience, l'ignorance et le mal, elle a son sommet dans la lumière, le savoir, le bonheur.

Le mal, en un mot, n'est que la *mesure de l'infériorité des êtres et des mondes. Il est, dans les phases inférieures de leur évolution, la rançon de ce bien suprême : l'acquisition de la conscience.*

Le mal n'ayant qu'un caractère essentiellement provisoire, il n'est pas difficile de se faire une idée de ce que sera le bien futur, réalisé dans les phases supérieures de l'évolution.

Tout d'abord, aura disparu l'idée de l'anéantissement. On ne craindra plus la mort, ni pour les siens, ni pour soi. On l'envisagera comme aujourd'hui on envisage le repos de la fin de la journée, c'est-à-dire comme une simple condition, d'ailleurs bienfaisante, de l'activité du lendemain.

On n'aura d'ailleurs, nulle raison de désirer sa venue prématurée, car la vie sera marquée par une large prédominance d'événements heureux, et une grande raréfaction des occasions de souffrance.

La maladie sera vaincue ; les accidents exceptionnels. La vieillesse, retardée, ne sera plus la hideuse dévastatrice, empoisonnant l'existence de ses tares ou de ses infirmités. Au lieu de commencer ses ravages, comme maintenant, avant même la maturité, elle ne surviendra que dans les dernières années, laissant à l'homme, jusqu'au bout, ses forces physiques et intellectuelles, sa santé et son enthousiasme.

L'organisme se sera, au fur et à mesure du développement conscientiel, sinon transformé, du moins perfectionné et idéalisé. Le type de beauté physique sera la règle, avec une variété infinie empêchant toute monotonie.

Les causes de souffrance, dues à la nature, aux nécessités vitales et physiologiques, à un état social et humain encore digne des sauvages, seront très atténuées, grâce aux progrès de tout ordre.

Les souffrances morales auront, elles-mêmes, diminué de fréquence et d'importance. On conçoit mal, dans une humanité évoluée, les peines sans nombre dues aujourd'hui à la haine, à la jalousie, à l'amour. On ne conçoit plus l'amour comme autre chose que ce qu'il devrait être : une source de joies ; alors qu'il est actuellement la grande cause de souffrances et trop souvent assimilable à la pire des maladies mentales !

Les souffrances qu'on peut appeler d'ordre philosophique, enfin, disparaîtront par le seul fait que l'humanité aura des choses, de la destinée et de la fin de l'univers, de sa propre destinée et de sa propre fin, une vision nette, précise et vraie.

En même temps que la diminution et la raréfaction des causes de souffrance, se manifestera, naturellement et nécessairement, un accroissement corrélatif des causes de joie.

Le développement intuitif et conscientiel, psychique et métapsychique, esthétique et moral décupleront les émotions heureuses ; ils rendront possible et certaine une moisson de **bonheur** encore insoupçonnée.

La réalisation du souverain bien, en un mot, accompagnera, nécessairement et inévitablement la réalisation de la souveraine conscience et de la souveraine justice.

CONCLUSION.

Si, maintenant, au terme de notre tâche, nous jetons un coup d'œil d'ensemble sur le chemin parcouru, nous trouvons une raison majeure de croire à la fois au sens optimiste de l'univers et à la vérité de l'interprétation, dans ses grandes lignes, que nous en avons donnée.

Une seule hypothèse, celle du *dynamo-psychisme essentiel s'objectivant en représentations et passant, de par ces représentations, de l'inconscient au conscient*, nous suffit pour tout comprendre, dans la seule limite de nos facultés actuellement réalisées.

Considérons ce que permet cette hypothèse :

En PHYSIOLOGIE, elle rend compte, par la notion précise et démontrée d'un dynamisme centralisateur et directeur, de l'édification de l'organisme, de sa forme spécifique, de son fonctionnement, de son maintien, de ses réparations, de ses métamorphoses embryonnaires, des lois de l'hérédité, des actions dynamiques extra-corporelles, des phénomènes d'extériorisation, des matérialisations idéoplastiques.

En PSYCHOLOGIE, par la démonstration d'un psychisme supérieur indépendant du fonctionnement cérébral et la distinction du moi d'avec les états de conscience, elle interprète clairement la complexité du mental, les différenciations entre la conscience et la subsconscience°; explique toutes ces énigmes : dissociations de la personnalité, modalités du psychisme subconscient, innéité, cryptopsychie, cryptomnésie, inspiration, génie, instinct et intuition. Elle interprète l'hypnotisme, le supranormal, le médiumnisme, les actions mento-mentales, la télépathie et la lucidité. Elle donne même la clé des états névropathiques et de la folie essentielle, états dont la pathogénie était restée l'opprobre de la médecine.

En SCIENCES NATURELLES, elle révèle le facteur essentiel et primordial de l'évolution et remet à leur place exacte les facteurs classiques d'adaptation et de sélection. Elle fait comprendre l'origine des espèces et dégage les lois de la finalité naturelle, de la finalité acquise.

En PHILOSOPHIE, enfin, elle donne de l'univers et de l'individu, de leur destinée et de leur fin, une interprétation adéquate à tous les faits ; débarrassée du verbalisme et des abstractions. Elle ébauche la démonstration précise de la grande hypothèse métaphysique sur la nature des choses.

Elle apporte au problème du mal, pierre d'achoppement de toutes les théologies, une solution à la fois très simple, très claire et parfaitement satisfaisante.

En révélant à l'individu la raison de ses souffrances, elle lui confirme la légitimité de ses espérances de justice et de bonheur et lui en affirme la réalisation dans le développement indéfini de la conscience éternelle.

Sans doute, dans toutes ces explications et démonstrations, il ne faut chercher encore que les grandes lignes, ne voir qu'une synthèse d'ensemble. Une immense quantité de détails restent à connaître. Un formidable travail d'analyse est tout entier à exécuter. Mais ce travail, qui semblait jusqu'à présent dépasser les forces humaines, sera facilité désormais par l'idée générale.

La doctrine de l'Inconscient au Conscient, sa systématisation bien établie sera le fil d'Ariane, guide ténu, mais subtil et sûr.

Sans doute surtout, il reste à élucider les grandes énigmes de la métaphysique ; mais dès maintenant, du moins, *l'illusion de l'inconnaissable est dissipée.*

L'esprit humain connaît ses faiblesses actuelles, mais il sait aussi, désormais, ses potentialités. Il ne cherchera plus la réponse à ces grandes énigmes dans une intuition, for-

•cément limitée et faillible, ni dans de puériles « initiations » ni dans des dogmes surannés. Il attend tout du développement ininterrompu de la conscience. Il sait qu'il viendra un temps où cette conscience, suffisamment vaste, sera capable, dans un effort suprême, de briser toutes les limitations; d'atteindre même l'inaccessible, de comprendre même l'incompréhensible : la chose en soi ; l'infini ; Dieu.

En attendant et dès maintenant, l'esprit humain peut trouver, dans l'ébauche de la philosophie scientifique, une satisfaction qu'il n'avait pas encore connue, parce que cette ébauche découle d'un *calcul de probabilité basé sur tous les faits ; en accord avec tous les faits.*

Il semble impossible qu'une erreur générale soit le résultat de l'accord de tant de faits ; que la conclusion soit fausse alors que tous les prémisses sur lesquelles elle repose sont bien établis et irréfutables.

Comme l'a écrit Schopenhauer : « Le déchiffrement du monde dans ses rapports à ce qui y apparaît doit trouver sa confirmation en lui-même, dans l'unité qu'il établit entre les phénomènes si divers de la nature, unité qu'on n'apercevrait pas sans lui. Lorsqu'on se trouve en présence d'une écriture dont l'alphabet est inconnu, on poursuit les essais d'explications jusqu'à ce qu'on soit arrivé à une combinaison donnant des mots intelligibles et des phrases cohérentes. Alors aucun doute ne demeure sur l'exactitude du déchiffrement ; car il n'est pas possible d'admettre que l'unité établie entre tous les signes de l'écriture soit l'œuvre du pur hasard et qu'elle pût être réalisée en donnant aux diverses lettres une valeur toute autre. D'une manière analogue, le déchiffrement du monde doit porter sa confirmation en lui-même. Il doit répandre une lumière égale sur tous les phénomènes du monde et accorder ensemble même les plus hétérogènes, de sorte que toute opposition disparaisse entre les plus divers. Cette confirmation intrinsèque est le critérium de l'interprétation ».

Comme Schopenhauer, nous réclamons, pour notre œuvre, l'épreuve de ce critérium. Qu'est-elle, en effet, notre œuvre, sinon la suite logique de la sienne, son adaptation à tous les faits nouveaux ? Nous n'avons rien changé d'essentiel à sa philosophie : nous lui apportons simplement *l'ébauche d'une démonstration scientifique de sa vérité* et nous lui offrons son complément naturel : *une réforme idéaliste* imposée par les découvertes contemporaines.

Ainsi compris, notre livre « *De l'Inconscient au Conscient* » ne pouvait être qu'un plan et ce plan devra subir bien des retouches, être peu à peu mis au point et complété.

Mais son mérite est d'indiquer, de laisser entrevoir, du moins, ce que sera un jour, une fois parachevé, le monument de la philosophie scientifique, la justesse de ses proportions, l'harmonie de son ensemble et sa beauté.

Cette beauté, cette harmonie, symboles de vérité, promettent plus qu'une satisfaction de l'esprit et du cœur, comportent plus qu'une émotion scientifique ou métaphysique : une émotion profondément et intensément religieuse, dans toute la force et la bonne signification du terme.

« La religion particulière aux philosophes, a écrit Averrhoes, est d'étudier ce qui est ; car le culte le plus sublime qu'on puisse rendre à Dieu est la connaissance de ses œuvres, laquelle nous conduit à le connaître lui-même dans toute sa réalité. C'est là, aux yeux de Dieu, la plus noble des actions, tandis que l'action la plus vile est de taxer d'erreur et de vaine présomption celui qui rend à la divinité ce culte plus noble que tous les autres cultes ; qui l'adore par cette religion, la meilleure de toutes les religions. »

Sous l'égide de ces belles paroles, je présente avec confiance mon livre, à titre égal, aux croyants, aux philosophes et aux savants.

Il s'adresse, en effet, par dessus les divergences d'opinions ou de méthodes, à tous ceux qui ont au cœur le culte de l'Idéal.

Taourirt-Paris 1915-1918.

TABLE DES MATIÈRES

	Pages
Préface. — But et méthode	1

LIVRE PREMIER

L'UNIVERS ET L'INDIVIDU D'APRÈS LES THÉORIES SCIENTIFIQUES ET PHILOSOPHIQUES CLASSIQUES. — ETUDE CRITIQUE 1

PREMIÈRE PARTIE.

LES THÉORIES NATURALISTES CLASSIQUES DE L'ÉVOLUTION 5

Avant-propos 5

CHAPITRE PREMIER. — *Les facteurs classiques sont impuissants à faire comprendre l'origine même des espèces* 9

CHAPITRE II. — *Les facteurs classiques sont impuissants à faire comprendre l'origine des instincts* 19

CHAPITRE III. — *Les facteurs classiques sont incapables d'expliquer les transformations brusques créatrices des nouvelles espèces* 24

CHAPITRE IV. — *Les facteurs classiques sont incapables d'expliquer la « cristallisation » immédiate et définitive des caractères essentiels des nouvelles espèces* 28

CHAPITRE V. — *Le témoignage de l'insecte* 30

CHAPITRE VI. — *Les facteurs classiques sont im-*

puissants à résoudre la difficulté générale d'ordre philosophique relative à l'évolution qui, du simple fait sortir le complexe et du moins fait sortir le plus 33

DEUXIÈME PARTIE.

LES CONCEPTIONS CLASSIQUES DE L'INDIVIDUALITÉ PHYSIOLOGIQUE ET PSYCHOLOGIQUE 35

Avant-propos 37

CHAPITRE PREMIER. — *L'individualité physiologique* 41
PARAGRAPHE PREMIER. — Difficultés relatives à la conception polyzoïste 41

PARAG. 2. — Difficultés relatives à la forme spécifique, à l'édification, au maintien et aux réparations de la personnalité 42
PARAG. 3. — Le problème des métamorphoses embryonnaires et post-embryonnaires 48
PARAG. 4. — L'histolyse de l'insecte 49

CHAPITRE II. — *Le problème de la physiologie dite supranormale* 52
PARAG. 1. — Les matérialisations 52
PARAG. 2. — L'unité de substance organique 65
PARAG. 3. — L'évidence d'un dynamisme supérieur 67
PARAG. 4. — Conditionnement du dynamisme par l'idée 68
PARAG. 5. — Les modalités secondaires de la physiologie supranormale 71
PARAG. 6. — Conception classique et conception nouvelle de l'individu physiologique. Résumé 74

CHAPITRE III. — *L'individualité psychologique* 77

Parag. 1. — Le moi considéré comme synthèse
d'états de conscience 77
Parag. 2. — Le moi considéré comme produit
de fonctionnement du système nerveux. Parallélisme psycho-physiologique 80
Parag. 3. — Faits de la psychologie normale
en contradiction avec la thèse du parallélisme 81

Chapitre IV. — *La psychologie subconsciente* .. 87
Parag. 1. — La cryptopsychie 87
Parag. 2. — La cryptomnésie 92
Parag. 3. — Les altérations de la personnalité 98

Chapitre V. — *Le subconscient dit supranormal* 99
Parag. 1. — La psychologie supranormale con-
ditionne la physiologie supranormale 99
Parag. 2. — Les actions mento-mentales 99
Parag. 3. — La lucidité 102
Parag. 4. — Les phénomènes spiritoïdes 104

Chapitre VI. — *Les théories classiques du sub-
conscient* 106
Théories physiologiques
Parag. 1. — Théorie de l'automatisme 106
Parag. 2. — Théorie de la morbidité 111
Théories psychologiques
Parag. 3. — Pétitions de principe 116
Parag. 4. — Disjonctions artificielles et expli-
cations verbales 118
Parag. 5. — Théorie du Prof. Jastrow 122
Para. 6. — Théorie de M. Ribot 124
Parag. 7. — Conclusions de l'examen de la psy-
cho-physiologie classique 125

Chapitre VII. — *Les inductions psychologiques
rationnelles basées sur le subconscient* 127

PARAG. 1. — Le subconscient est l'essence même de la psychologie individuelle 127

PARAG. 2. — L'impuissance de la psychologie classique en face de la cryptopsychie et de la cryptomnésie 129

PARAG. 3. — Absence de parallélisme entre le subconscient, d'une part, l'état de développement du cerveau, l'hérédité et les acquisitions d'ordre sensoriel ou intellectuel, d'autre part 134

PARAG. 4. — Absence de parallélisme entre les manifestations du subconscient et l'activité du cerveau 136

PARAG. 5. — Absence de parallélisme entre la cryptomnésie et la physiologie cérébrale 138

PARAG. 6. — Absence de localisations cérébrales pour le subconscient 139

PARAG. 7. — Absence de parallélisme entre le subconscient et les capacités organiques ou sensorielles 139

PARAG. 8. — Impossibilité du parallélisme entre les capacités organiques et le subconscient supranormal 140

PARAG. 9. — Le subconscient, loin d'être conditionné par l'organisme déborde de partout ses capacités et le conditionne entièrement 142

PARAG. 10. — Conclusions générales de la psycho-physiologie rationnelle 143

TROISIÈME PARTIE.

LES THÉORIES PHILOSOPHIQUES DE L'ÉVOLUTION .. 145

Avant-propos 147

CHAPITRE PREMIER. — *L'évolutionnisme providentiel et dogmatique* 151

PARAG. 1. — Tentatives de conciliation de l'évolutionnisme avec l'idée providentielle et dogmatique 151

Parag. 2. — Objection basée sur les erreurs et les tâtonnements constatés dans l'évolution .. 153

Parag. 3. — Objection basée sur la constatation du mal universel 155

Parag. 4. — Le néo-manichéisme 162

Chapitre II. — *Le monisme* 165

Chapitre III. — *L'évolution créatrice de M. Bergson* 169

Parag. 1. — Exposé des théories bergsoniennes 169

Parag. 2. — Critique des théories bergsoniennes. La méthode 180

Parag. 3. — Enseignements bergsoniens en concordance avec les faits 184

Parag. 4. — Enseignements indémontrables ou indémontrés 185

Parag. 5. — Contradictions et imprécisions 186

Parag. 6. — Enseignements contraires à des faits bien établis 188

Les faits de psychologie subconsciente prouvent, contrairement aux théories bergsoniennes, l'identité de nature entre l'animal et l'homme 188

Chapitre IV. — *La philosophie de l'Inconscient. Exposé général* 196

Parag. 1. — La démonstration de Schopenhauer 197

Parag. 2. — Le pessimisme de Schopenhauer .. 202

Parag. 3. — La systématisation de de Hartmann 204

Parag. 4. — Critique de la distinction spécifique entre l'inconscient et le conscient 206

LIVRE II

De l'Inconscient au Conscient

Avant-propos 211

PREMIÈRE PARTIE.

L'ÉVOLUTION INDIVIDUELLE. LE PASSAGE DE L'INCONSCIENT AU CONSCIENT DANS L'INDIVIDU 217

CHAPITRE PREMIER. — *L'individu conçu comme dynamo-psychisme essentiel et comme représensations* 219
PARAG. 1. — Les bases scientifiques de cette conception 219
PARAG. 2. — L'individu considéré comme représentations 222
PARAG. 3. — Le moi considéré comme dynamo-psychisme essentiel 225
CHAPITRE II. — *Le dynamo-psychisme essentiel passe, par les représentations évolutives, de l'Inconscient au Conscient* 229
PARAG. 1. — Le conscient et l'inconscient s'interpénètrent et se conditionnent réciproquement 230
PARAG. 2. — Le dynamo-psychisme inconscient ou subconscient tend à devenir un dynamo-psychisme conscient 231

CHAPITRE III. — *Synthèse de l'individu* 236
PARAG. 1. — Les objectivations ou représentations du dynamo-psychisme individuel, primordiales et secondaires 236
PARAG. 2. — La représentation organique et le dynamisme vital 237
PARAG. 3. — Les représentations mentales et le moi réel 243

PARAG. 4. — Inductions métaphysiques sur l'origine et l'avenir de l'individualité 247

CHAPITRE IV. — *L'interprétation de la psychologie d'après les notions nouvelles* 251
PARAG. 1. — La psychologie normale 251
PARAG. 2. — La psychologie anormale 253
PARAG. 3. — Les états névropathiques 255
PARAG. 4. — La neurasthénie 259
PARAG. 5. — L'hystérie 261
PARAG. 6. — La folie essentielle 262
PARAG. 7. — L'hypnotisme 263
PARAG. 8. — Les altérations de la personnalité 265
PARAG. 9. — Le travail intellectuel et ses modalités. Le génie 268
PARAG. 10. — Le supranormal 270
PARAG. 11. — Le médiumnisme 272

DEUXIÈME PARTIE.

L'ÉVOLUTION UNIVERSELLE. LE PASSAGE DE L'INCONSCIENT AU CONSCIENT DANS L'UNIVERS 283

CHAPITRE PREMIER : PARAG. 1. — *L'Univers conçu comme dynamo-psychisme essentiel et comme représentation* 285
PARAG. 2. — Son évolution n'est que l'acquisition de la conscience 285
PARAG. 3. — Les lois évolutives. La succession des espèces. La finalité acquise 286

CHAPITRE II. — *Explication des difficultés évolutives. Conclusions* 294

TROISIÈME PARTIE.
LES CONSÉQUENCES, OPTIMISME OU PESSIMISME ? .. 299

CHAPITRE PREMIER. — *Le pessimisme universel*

et sa réfutation par le passage de l'Inconscient au Conscient 301

Chapitre II. — *Réalisation de la souveraine conscience* 309

Chapitre III. — *Réalisation de la souveraine justice* 324

Chapitre IV. — *Réalisation du souverain bien* ... 330

Conclusion 335

Paris. — Typ. A. Davy, 52, rue Madame. — *Téléphone : Saxe 04-19*

LIBRAIRIE FÉLIX ALCAN

EXTRAIT DU CATALOGUE

BLONDEL (D' Ch.), docteur ès lettres, agrégé de philosophie. **La conscience morbide.** *Essai de psycho-pathologie générale.* 1914. 1 vol. in-8............ 6 fr.
BOIGEY (M.). **Introduction à la médecine des passions.** 1914. 1 vol. in-16...... 3 fr. 50
DIDE (M.), médecin en chef des asiles. **Les idéalistes passionnés.** 1913. 1 vol. in-16. 2 fr. 50
— **Les Émotions et la Guerre.** 1 vol. in-8............................. 5 fr.
DUGAS et MOUTIER. **La dépersonnalisation.** 1911. 1 vol. in-16.......... 2 fr. 50
DUPRAT. **L'instabilité mentale**, essai sur les données de la psycho-pathologie. 1899. 1 vol. in-8... 5 fr.
— **Les causes sociales de la folie.** 1900. 1 vol. in-12................. 2 fr. 50
— **Le mensonge.** 2ᵉ édit. revue. 1 vol. in-16........................ 2 fr. 50
DURKHEIM (Em.), professeur à la Sorbonne. **Le suicide.** 2ᵉ édit., 1912. 1 vol. in-8. 7 fr. 50
GAUSSEN (Ch.). **La mélancolie présénile.** *Étude psychologique et clinique.* 1911. 1 vol. gr. in-8... 7 fr.
GELEY (D'). **L'Être subconscient.** 4ᵉ édition. 1 vol. in-16............. 2 fr. 50
GRASSET (J.), professeur à la Faculté de médecine de Montpellier. **Demifous et demiresponsables.** 3ᵉ édit., 1914. 1 vol. in-8.................................. 5 fr.
GURNEY, MYERS et PODMORE. **Les hallucinations télépathiques**, adaptation de l'anglais par L. MARILLIER. Préface du Prof. Ch. RICHET. 5ᵉ édit., 1911. 1 vol. in-8.... 7 fr. 50
HARTENBERG, **Psychologie des neurasthéniques.** 1909. 2ᵉ édit., 1 vol. in-16... 3 fr. 50
HESNARD (A.). **Les troubles de la personnalité dans les états d'asthénie psychique.** *Étude de psychologie clinique.* Préface de M. le Prof. RÉGIS. 1909. 1 vol. gr. in-8. 6 fr.
JASTROW (J.). **La Subconscience.** Préface de P. JANET. 1 vol. in-8...... 7 fr. 50
LAUVRIÈRE (E.). **Edgar Poë.** *Sa vie et son œuvre. Étude de psychologie pathologique.* (Couronné par l'Académie de médecine.) 1905. 1 vol. in-8................. 10 fr.
MASSELON (R.), médecin adjoint de l'asile de Clermont. **La mélancolie**, étude médicale et psychologique. 1906. 1 vol. in-16. cart................................. 4 fr.
MIGNARD (M.), médecin des asiles d'aliénés. **La joie passive.** *Étude de psychologie pathologique.* Préface de M. le D' G. DUMAS. 1910. 1 vol. in-16, cartonné.... 4 fr.
MORTON PRINCE, prof. de pathologie du système nerveux à l'École de médecine de « Tufts college », médecin spécialiste des maladies nerveuses aux hôpitaux de Boston. **La dissociation d'une personnalité.** *Étude biographique de psychologie pathologique,* trad. de l'anglais par R. RAY et J. RAY. 1911. 1 vol. in-8....................... 10 fr.
— **La psychologie du Kaiser.** *Étude de ses sentiments et de son obsession.* 1915. 1 broch. in-8... 0 fr. 60
MURISIER, professeur à l'Université de Neufchâtel. **Les maladies du sentiment religieux.** 3ᵉ édit., 1909. 1 vol. in-12.. 2 fr. 50
MYERS. **La personnalité humaine.** *Sa survivance. Ses manifestations supranormales,* traduit par le D' JANKÉLÉVITCH. 3ᵉ édit., 1910. 1 vol. in-8............... 7 fr. 50
NORDAU (Max). **Dégénérescence.** 7ᵉ édit., 1909. 2 vol. in-8.......... 17 fr. 50
PASCAL (C.), médecin des asiles publics d'aliénés. **La démence précoce.** *Étude psychologique, médicale et médico-légale.* 1911. 1 vol. in-16, cart. à l'angl.... 4 fr.
PHILIPPE et BONCOUR (G.-Paul). **Les anomalies mentales chez les écoliers.** *Étude médico-pédagogique.* (Couronné par l'Institut.) 3ᵉ édit., 1913. 1 vol. in-16........ 2 fr. 50
— **L'éducation des anormaux.** *Principes d'éducation physique, intellectuelle, morale.* 1910. 1 vol. in-16... 2 fr. 50
RIBOT (Th.), de l'Institut. **Les maladies de la mémoire.** 25ᵉ édit., 1914. 1 vol. in-16. 2 fr. 50
— **Les maladies de la volonté.** 30ᵉ édit., 1914. 1 vol. in-16........ 2 fr. 50
— **Les maladies de la personnalité.** 16ᵉ édit., 1911. 1 vol. in-16... 2 fr. 50
ROGUES DE FURSAC. **L'avarice**, *essai de psychologie morbide.* 1911. 1 vol. in-16. 2 fr. 50
SAINT-PAUL (G.), médecin-major de l'armée. **Le langage intérieur et les paraphasies** *(la fonction endophasique).* 1904. 1 vol. in-8........................... 5 fr.
SÉRIEUX (P.) et CAPGRAS (J.), médecins en chef des asiles de la Seine. **Les folies raisonnantes.** *Le délire d'interprétation.* 1907. 1 vol. in-8................. 7 fr.
SOLLIER (P.). **Psychologie de l'idiot et de l'imbécile.** 2ᵉ édit., 1901. 1 vol. in-8, avec planches... 5 fr.
Traité international de psychologie pathologique, publié sous la direction du D' A. MARIE, médecin en chef de l'asile de Villejuif.
VAN BRABANT (W.). **Psychologie du vice infantile.** 1910. 1 vol. gr. in-8..... 3 fr. 50
Voir *Bibliothèque de philosophie contemporaine*, catal. spéc. envoyé sur demande.

JOURNAL DE PSYCHOLOGIE NORMALE ET PATHOLOGIQUE

DIRIGÉ PAR LES DOCTEURS

Pierre JANET, de l'Institut, et **Georges DUMAS**
Professeur au Collège de France. Professeur à la Sorbonne.

Fondé en 1903. — Paraît tous les deux mois.

ABONNEMENT (du 1ᵉʳ janvier). Un an : France et Étranger, **14 fr.** — La livraison. **2 fr. 60**

205-19. — Coulommiers. Imp. PAUL BRODARD. — 4-19.

www.ingramcontent.com/pod-product-compliance
Lightning Source LLC
Chambersburg PA
CBHW070856170426
43202CB00012B/2098